学 / 者 / 文 / 库 / 系 / 列

大学生体质健康教育与课程体系改革研究

方　新　温彩云　著

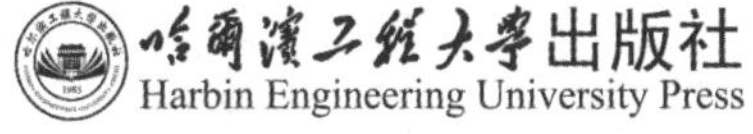

哈爾濱工程大學出版社
Harbin Engineering University Press

内容简介

本书系统探讨了大学生体质健康教育的背景、现状、理论框架、实施策略及挑战与对策，通过国内外案例研究，分析了影响大学生体质健康的多种因素，并提出了相应的改进策略，旨在构建完善的大学生体质健康教育体系，提升大学生体质健康水平，促进全面发展。

本书适合高校师生、体育教育工作者及健康教育研究者阅读。

图书在版编目(CIP)数据

大学生体质健康教育与课程体系改革研究 / 方新，温彩云著. -- 哈尔滨 ：哈尔滨工程大学出版社，2025. 1. -- ISBN 978-7-5661-4684-7

Ⅰ. G807.4

中国国家版本馆 CIP 数据核字第 2025SZ2444 号

大学生体质健康教育与课程体系改革研究

DAXUESHENG TIZHI JIANKANG JIAOYU YU KECHENG TIXI GAIGE YANJIU

选题策划 夏飞洋
责任编辑 夏飞洋
封面设计 李海波

出版发行 哈尔滨工程大学出版社
社　　址 哈尔滨市南岗区南通大街 145 号
邮政编码 150001
发行电话 0451-82519328
传　　真 0451-82519699
经　　销 新华书店
印　　刷 哈尔滨午阳印刷有限公司
开　　本 787 mm×1 092 mm　1/16
印　　张 14.5
字　　数 280 千字
版　　次 2025 年 1 月第 1 版
印　　次 2025 年 1 月第 1 次印刷
书　　号 ISBN 978-7-5661-4684-7
定　　价 58.00 元

http://www.hrbeupress.com
E-mail:heupress@hrbeu.edu.cn

前　言

在当今社会,大学生的体质健康问题备受关注。随着生活方式的改变、学习压力的增加以及各种环境因素的影响,大学生的体质健康状况面临着诸多挑战。因此,深入研究大学生体质健康教育具有重要的现实意义和紧迫性。

本书以大学生体质健康教育为主题,旨在全面探讨大学生体质健康的现状、影响因素以及相应的教育策略。通过对国内外研究现状的梳理,明确了本研究的定位,为后续的研究工作奠定了基础。

在研究内容上,本书首先对大学生体质健康状况进行了分析,包括现状调查和影响因素研究。通过调查方法与样本选择,对大学生的体质健康现状进行了详细的了解,并从生活方式、学习压力和运动习惯等方面探讨了其对体质健康的影响。

其次,本书构建了大学生体质健康教育的理论框架,阐述了体质健康教育的理论基础、目标与原则。在此基础上,提出了大学生体质健康教育的实施策略,包括课程体系改革与构建、课外体育活动的组织与指导以及体质健康监测与评估。

再次,为了更好地说明大学生体质健康教育的实践情况,本书还进行了案例研究,分别选取了国内和国外高校的体质健康教育案例进行分析与评价,为实际工作提供了有益的参考。

同时,本书也深入探讨了大学生体质健康教育所面临的挑战,如教育资源不足、学生参与度低和教育评价体系不完善等问题,并提出了相应的应对策略与建议。

最后,本书总结了研究结论,指出了体质健康教育的必要性与紧迫性、多维度内容、个性化与差异化以及长效机制等方面的内容。同时,也对研究的贡献与不足进行了反思,并对未来的研究方向和发展前景进行了展望。

本书得到了铜仁学院博士科研启动基金项目(No. trxyDH2301)的资助,希望本书的出版能够为广大教育工作者、学生以及相关研究人员提供有益的参考,共同推动大学生体质健康教育事业的发展,提高大学生的体质健康水平。

著　者

2024 年 5 月

前言

目　　录

第1章　大学生体质健康的现状与问题

1.1　大学生体质健康的重要性

1.1.1　个人发展

大学生作为国家和社会未来的栋梁,其体质健康状况对于个人的成长和发展具有至关重要的意义。在当今竞争激烈的社会环境中,良好的体质健康是大学生顺利完成学业、实现个人目标的基石。

首先,具备较强的身体素质能够提高大学生的学习效率。学习是大学生的首要任务,而良好的体质能够为大脑提供充足的氧气和营养物质,使大脑保持清醒和活跃,从而提高注意力、记忆力和思维能力。研究表明,经常参加体育锻炼的学生在学习成绩上往往表现更为出色,他们能够更快地掌握知识,更好地应对学习中的各种挑战。例如,有氧运动可以促进血液循环,提高心肺功能,增强大脑的供氧量,有助于提高学习效率;而力量训练则可以增强肌肉力量和耐力,提高身体的稳定性和协调性,使学生在学习过程中更加专注和持久。

其次,良好的体质健康有助于大学生增强自信心和自尊心。通过参加体育锻炼,大学生可以不断挑战自己的身体极限,提高自己的运动能力和技能水平,从而获得成就感和满足感。这种成就感和满足感能够转化为自信心和自尊心,使大学生在面对学习和生活中的困难时更加勇敢和坚定。此外,良好的体质健康还能够改善大学生的外貌形象,使他们更加自信地展示自己的风采,从而提高人际交往能力和社会适应能力。

最后,良好的体质健康是大学生实现职业发展的重要保障。在当今社会,许多职业都对身体素质有着较高的要求,例如军人、警察、消防员、运动员等。

即使是一些普通的职业,也需要员工具备一定的体力和耐力,以应对工作中的各种压力和挑战。因此,拥有良好的体质健康,能够使大学生在就业市场上更具竞争力,为自己的职业发展打下坚实的基础。例如,一些企业在招聘时会优先考虑身体素质好的应聘者,因为他们认为这些人具有更强的工作能力和适应能力;而一些职业如导游、销售等,需要员工经常外出奔波,只有具备良好的身体素质才能更好地完成工作任务。

1.1.2 心理健康

身体健康与心理健康是相互关联、相互影响的。大学生正处于人生的重要发展阶段,面临着学习、生活、社交等多方面的压力,容易出现各种心理问题。而通过体育锻炼等方式保持良好的体质,有助于缓解学习和生活中的压力,减少焦虑、抑郁等心理问题的发生,促进大学生的心理健康。

首先,体育锻炼是一种有效的减压方式。在运动过程中,身体会分泌出内啡肽和多巴胺等神经递质,这些物质能够使人产生愉悦感和幸福感,从而缓解压力和焦虑情绪。此外,运动还可以转移注意力,让大学生暂时忘记学习和生活中的烦恼,使身心得到放松和恢复。例如,当大学生感到学习压力过大时,可以选择去跑步、游泳或打球等运动方式来释放压力,调整心态。

其次,体育锻炼有助于培养大学生的意志品质和抗挫折能力。在运动过程中,大学生需要克服各种困难和挑战,如疲劳、伤痛、竞争等,这有助于培养他们的毅力、耐力和坚韧精神。同时,运动也能够让大学生学会如何面对困难,提高他们的心理承受能力和应对能力。例如,在参加体育比赛时,大学生可能会遇到失败和挫折,但通过总结经验教训,不断努力训练,他们可以逐渐提高自己的运动水平和竞技能力,同时也能培养自己的抗挫折能力和积极向上的心态。

最后,体育锻炼有助于促进大学生的人际交往和社会适应能力。在参加体育活动时,大学生可以结交到更多的朋友,扩大自己的社交圈子,增强人际交往能力。同时,体育活动中的团队合作和竞争也能够让大学生学会如何与他人合作和沟通,提高他们的团队协作能力和社会适应能力。例如,在参加篮球比赛时,大学生需要与队友密切配合,共同完成比赛任务,这有助于培养他们的团队合作精神和沟通能力;而在比赛中与对手竞争,则能够让大学生学会如何尊重对手,遵守规则,提高他们的竞争意识和社会适应能力。

1.1.3 社会责任

大学生是社会的重要组成部分,他们的体质健康状况直接影响着国家的整体素质和综合国力。拥有健康的体魄,能够更好地为社会做出贡献,承担起国家和民族发展的重任。

首先,大学生作为国家的未来建设者和接班人,他们的体质健康状况关系到国家的长远发展。一个国家的繁荣富强离不开国民的健康体魄,而大学生作为高素质人才的代表,其体质健康状况更是关系到国家的未来竞争力。只有拥有健康的体魄,大学生才能更好地学习和掌握先进的科学文化知识,为国家的科技进步和经济发展做出贡献。例如,在科研领域,需要科研人员具备良好的身体素质和精力,才能承担起繁重的科研任务,取得创新性的科研成果;在国防建设领域,需要军人具备强健的体魄和顽强的意志,才能保卫国家的安全和领土完整。

其次,大学生的体质健康状况也影响着社会的和谐稳定。随着社会的发展和进步,人们的生活方式和工作方式发生了很大的变化,一些不良的生活习惯和工作方式导致了许多健康问题的出现,如肥胖、高血压、糖尿病等。这些健康问题不仅影响着个人的生活质量,也给社会带来了沉重的负担。大学生作为社会的中坚力量,应该树立正确的健康观念,养成良好的生活习惯和运动习惯,为社会树立榜样,带动更多的人关注健康,促进社会的和谐发展。例如,大学生可以通过参加志愿者活动,向社会宣传健康知识和运动理念,提高公众的健康意识和健康素养;同时,大学生也可以积极参与到社区体育活动中,带动社区居民参与体育锻炼,营造良好的社会氛围。

最后,大学生的体质健康状况也关系到国家的形象和国际竞争力。在国际交往中,一个国家的国民素质和健康状况是国家形象的重要组成部分。拥有健康的体魄和良好的精神风貌的大学生,能够向世界展示中国的青春活力和国家形象,增强国家的国际影响力和竞争力。例如,在国际体育赛事中,中国大学生运动员的优异表现,不仅为国家赢得了荣誉,也向世界展示了中国大学生的良好形象和精神风貌。

综上所述,大学生体质健康的重要性不言而喻。无论是对于个人的成长和发展,还是对于国家和社会的未来,都具有极其重要的意义。因此,我们应该高度重视大学生体质健康问题,采取有效措施加强大学生体质健康工作,提高大学生的体质健康水平,为培养德智体美劳全面发展的社会主义建设者和接班人奠定坚实的基础。

1.2 大学生体质健康的现状

1.2.1 身体素质方面

近年来,随着我国经济的快速发展和人们生活水平的提高,大学生的营养状况得到了显著改善,但与此同时,大学生的身体素质却呈现出下降的趋势。

在体能方面,根据相关调查数据显示,大学生的耐力、力量、速度等身体素质指标均有所下降。例如,在长跑项目中,许多大学生难以达到合格标准;在引体向上、仰卧起坐等力量测试中,不少学生的表现也不尽如人意。此外,大学生的柔韧性和协调性也有待提高,这在一定程度上影响了他们的运动能力和日常生活质量。

1.2.2 健康意识方面

尽管大学生对健康的重要性有一定的认识,但在实际行动中,他们的健康意识还较为薄弱。许多大学生存在着不良的生活习惯,如熬夜、饮食不规律、缺乏运动等。这些不良生活习惯不仅影响了他们的身体健康,也容易导致各种慢性疾病的发生。

此外,大学生对心理健康的重视程度也不够。在面对学习、生活和就业等方面的压力时,许多大学生缺乏有效的应对方法,容易出现焦虑、抑郁等心理问题。然而,他们往往对这些心理问题缺乏足够的认识,不愿意主动寻求帮助,导致问题进一步恶化。

1.2.3 体育锻炼方面

体育锻炼是提高大学生体质健康水平的重要途径,但目前大学生的体育锻炼情况并不乐观。一方面,大学生对体育锻炼的兴趣不高,参与度较低。许多学生认为体育锻炼是一项枯燥乏味的活动,缺乏积极性和主动性。另一方面,学校的体育课程设置和教学方法也存在一些问题,无法满足学生的需求和兴趣，导致学生对体育课程的重视程度不够，参与度不高。

此外，学校的体育设施和场地也存在不足的情况，无法为学生提供良好的锻炼环境。这在一定程度上限制了学生的体育锻炼活动，影响了他们体质健康水平的提高。

1.3 大学生体质健康存在的问题

1.3.1 学业压力过大

随着社会的竞争日益激烈，大学生面临着越来越大的学业压力。为了在学业上取得优异的成绩，许多大学生不得不花费大量的时间和精力在学习上，从而忽视了体育锻炼。长时间的学习和缺乏运动，容易导致大学生身体素质下降，出现疲劳、免疫力下降等问题。

此外，学业压力过大还会对大学生的心理健康产生负面影响。过度的学习压力容易导致大学生出现焦虑、抑郁等心理问题，这些心理问题又会进一步影响他们的身体健康，形成恶性循环。

1.3.2 不良生活习惯

大学生正处于青春发育期，他们的生活习惯和行为方式对体质健康有着重要的影响。然而，当前许多大学生存在着不良的生活习惯，如熬夜、吸烟、酗酒、过度使用电子产品等。

熬夜是大学生中普遍存在的现象，长期熬夜会打乱人体的生物钟，影响身体的正常代谢和修复功能，导致免疫力下降、记忆力减退等问题。吸烟和酗酒不仅对呼吸系统和消化系统造成损害，还会增加患心血管疾病和癌症的风险。过度使用电子产品，如手机、电脑等，会导致大学生长时间保持一个姿势，容易引发颈椎病、腰椎病等问题。

1.3.3 缺乏运动意识和运动习惯

虽然大学生对健康的重要性有一定的认识，但他们普遍缺乏运动意识和运动习惯。许多大学生认为运动是一件辛苦的事情，缺乏主动参与运动的积极性。此外,一些大学生对运动的认识存在误区,认为只有在健身房进行高强度的运动才算是真正的运动,而忽视了日常生活中的运动机会,如步行、爬楼梯等。

缺乏运动意识和运动习惯,使得大学生的身体素质逐渐下降,容易出现肥胖、心血管疾病等健康问题。同时,缺乏运动也会影响大学生的心理健康,导致他们出现焦虑、抑郁等情绪问题。

1.3.4 学校体育教育存在不足

学校体育教育是提高大学生体质健康水平的重要途径,但目前我国学校体育教育存在一些不足之处。首先,学校对体育教育的重视程度不够,在课程设置、教学资源分配等方面存在不合理的现象。一些学校为了追求升学率,将体育课程边缘化,减少了体育课程的课时和教学内容。

其次,学校体育教学方法单一,缺乏创新性和趣味性。许多体育教师仍然采用传统的教学方法,注重技能的传授,而忽视了学生的兴趣和个性发展。这种教学方法难以激发学生的学习兴趣和积极性,导致学生对体育课程的参与度不高。

最后,学校的体育设施和场地不足,无法满足学生的体育锻炼需求。一些学校的体育场地狭小,体育器材陈旧,无法为学生提供良好的锻炼环境。这在一定程度上限制了学生的体育锻炼活动,影响了他们体质健康水平的提高。

1.3.5 社会环境的影响

随着社会的发展和科技的进步,人们的生活方式发生了很大的变化。现代社会中,人们越来越依赖交通工具和电子设备,缺乏足够的体力活动。这种生活方式的改变,对大学生的体质健康产生了负面影响。

此外,社会上对健康的宣传和引导不够,导致大学生对健康的认识存在偏差。一些商家为了追求经济利益,推出了一些高热量、高脂肪、高糖分的食品,这些食品容易导致大学生肥胖和其他健康问题。同时,社会上对运动的重视程度不够,缺乏良好的运动氛围,也影响了大学生参与运动的积极性。

1.4 大学生体质健康的现状分析

本研究旨在深入分析大学生体质健康的现状,从身体素质、健康意识和生活方式三个方面进行探讨。通过对相关数据的收集和分析,发现大学生在体能下降、肥胖问题、运动能力不足、健康知识缺乏、自我保健意识淡薄、对体质健康重视程度不够、久坐不动、饮食不规律和睡眠不足等方面存在诸多问题。这些问题不仅影响大学生的个人健康,也给整个社会的未来发展带来潜在风险。因此,提高大学生的体质健康水平已成为当务之急,需要学校、家庭和社会共同努力,采取有效的措施加以改善。

大学生作为国家的未来和希望,其体质健康状况不仅关系到个人的成长和发展,也关系到国家的繁荣和富强。近年来,随着社会经济的发展和人们生活方式的改变,大学生体质健康问题日益凸显,引起了社会各界的广泛关注。因此,深入了解大学生体质健康的现状,分析存在的问题及其原因,提出相应的对策和建议,对于提高大学生的体质健康水平,促进其全面发展具有重要的现实意义。

1.4.1 身体素质方面分析

1. 体能下降

在当今大学生群体中,部分学生在耐力、力量、速度等方面的体能指标呈现出下降的趋势,这一现象在一些体能测试项目中表现得尤为明显。例如,长跑作为一项考验耐力的运动,许多大学生在该项测试中的成绩不尽如人意。原本应该是年轻人具备优势的项目,却出现了越来越多的学生难以达到合格标准的情况。此外,仰卧起坐和引体向上等项目也反映出大学生在力量方面的不足。这些项目不仅需要一定的肌肉力量,还需要良好的身体协调性和耐力,而不少大学生在这些方面存在明显的欠缺。

造成大学生体能下降的原因是多方面的。首先,现代社会的生活方式发生了巨大变化,交通工具的便捷使得人们的日常运动量减少,大学生也不例外。其次,电子设备的普及使得大学生们更多地沉迷于虚拟世界,缺乏户外活动和体育锻炼的积极性。此外,学校体育教育的不足也是一个重要因素。一些学校对体育课程的重视程度不够，课程设置不合理，教学内容和方法缺乏创新性和吸引力，导致学生对体育课程的兴趣不高，参与度不足。

2. 肥胖问题

随着生活水平的提高和饮食习惯的改变，大学生中的肥胖率呈现出上升的趋势。过多的脂肪不仅影响了大学生的外貌形象，更对他们的身体健康造成了严重的威胁。肥胖是多种慢性疾病的重要危险因素，如心血管疾病、糖尿病、高血压等。这些疾病不仅会给大学生的生活带来诸多不便，还会增加他们的医疗负担，甚至可能影响到他们的未来职业发展和生活质量。

大学生肥胖问题的产生与多种因素有关。一方面，高热量、高脂肪、高糖分的食物在大学生的饮食中占据了较大比例。快餐、饮料、油炸食品等成了许多大学生的日常选择，这些食物往往含有过多的热量和不健康的脂肪，容易导致体重增加。另一方面，大学生的运动量不足也是导致肥胖的一个重要原因。如前所述，现代生活方式的改变使得大学生们缺乏足够的身体活动，能量消耗减少，从而容易导致脂肪堆积。此外，一些大学生存在不良的饮食习惯，如暴饮暴食、吃夜宵、饮食不规律等，这些习惯也会影响身体的新陈代谢，增加肥胖的风险。

3. 运动能力不足

一些大学生缺乏基本的运动技能和运动习惯，对体育活动的兴趣不高，导致运动能力相对较弱。这不仅影响了他们在体育课程中的表现，也使得他们在日常生活中难以保持良好的身体状态。运动能力不足还可能会影响到大学生的心理健康，使他们更容易产生焦虑、抑郁等负面情绪。

造成大学生运动能力不足的原因主要有以下几个方面。首先，中小学阶段的体育教育存在一定的问题。在一些地区，中小学体育课程往往被忽视，教学质量不高，学生没有得到充分的体育锻炼和运动技能培养。这使得部分大学生在进入大学后，基础运动能力较差，难以适应大学体育课程的要求。其次，大学体育课程的设置和教学方法也有待改进。一些大学体育课程内容单一，缺乏趣味性和挑战性，难以激发学生的学习兴趣。此外，部分教师的教学方法不够灵活，过于注重技能的传授，而忽视了学生的个体差异和兴趣培养，导致学生对体育课程产生抵触情绪。最后，大学生自身的因素也不可忽视。一些大学生对体育活动存在错误的认识，认为体育锻炼只是为了应付考试，而没有意识到体育锻炼对身体健康和心理健康的重要性。此外，一些大学生缺乏毅力和自律性，难以坚持长期的体育锻炼。

1.4.2 健康意识方面分析

1. 健康知识缺乏

虽然大学生普遍接受过一定的健康教育，但对健康知识的掌握程度仍然不够。许多学生对营养均衡、运动科学、心理健康等方面的知识了解不足，缺乏正确的健康观念。在营养均衡方面，不少大学生对食物的营养价值和搭配缺乏了解，导致饮食结构不合理。他们往往只注重口感和喜好，而忽视了食物的营养成分。例如，一些学生喜欢吃高热量、高脂肪的食物，而忽视了蔬菜、水果等富含维生素和矿物质的食物的摄入。在运动科学方面，许多大学生对运动的原理、方法和注意事项了解不够。他们不知道如何根据自己的身体状况和运动目标选择合适的运动项目和运动强度，也不知道如何避免运动损伤。在心理健康方面，一些大学生对心理健康的重要性认识不足，对常见的心理问题如焦虑、抑郁等缺乏了解，不知道如何进行自我调节和寻求帮助。

大学生健康知识缺乏的原因主要有以下几个方面。首先，学校健康教育的内容和方法存在不足。一些学校的健康教育课程内容陈旧，缺乏针对性和实用性，教学方法单一，难以激发学生的学习兴趣。其次，社会对健康知识的宣传力度不够。虽然现在有很多健康知识的宣传渠道，但一些宣传内容过于专业或抽象，难以被大学生理解和接受。此外，大学生自身的学习态度和方法也存在问题。一些大学生对健康知识的学习不够重视，缺乏主动学习的意识和能力，只是被动地接受学校和社会的健康教育。

2. 自我保健意识淡薄

部分大学生在日常生活中不注重自我保健，如不按时作息、过度使用电子产品、吸烟饮酒等，这些不良习惯对身体健康造成了潜在的威胁。不按时作息会打乱人体的生物钟，影响身体的正常代谢和免疫系统功能。长期熬夜还会导致睡眠不足、记忆力下降、免疫力降低等问题。过度使用电子产品，如手机、电脑等，会对眼睛、颈椎、腰椎等部位造成损伤，增加近视、颈椎病、腰椎间盘突出等疾病的发病风险。吸烟饮酒对身体健康的危害更是众所周知，吸烟容易导致肺癌、心血管疾病等多种疾病，饮酒则会对肝脏、心脏、神经系统等造成损害。

大学生自我保健意识淡薄的原因主要有以下几个方面。首先，大学生正处于青春期，自我约束能力和自律性相对较差，容易受到外界因素的影响而养成不良习惯。其次，一些大学生对健康问题的认识不足，没有意识到不良习惯对身体健康的危害。他们往往认为自己年轻，身体好，不会轻易生病，因此对自我保健不够重视。此外，社会环境的影响也是一个重要因素。在一些社交场合，吸烟饮酒等行为被视为一种社交方式，这也在一定程度上影响了大学生的自我保健意识。

3. 对体质健康的重视程度不够

一些大学生没有充分认识到体质健康的重要性，将更多的时间和精力投入到学习和社交活动中，忽视了自身的健康状况。他们认为只要学习成绩好、社交能力强，就能够在未来的社会中取得成功，而忽视了身体健康是实现这些目标的基础。这种对体质健康的忽视不仅会影响大学生的当前生活质量，还可能会对他们的未来发展产生不利影响。

大学生对体质健康重视程度不够的原因主要有以下几个方面。首先，社会对人才的评价标准存在一定的偏差。在当前的社会环境下，学习成绩和社交能力往往被视为衡量一个人是否优秀的重要标准，而体质健康则往往被忽视。这种评价标准的偏差使得大学生们更加注重学习和社交活动，而忽视了体质健康。其次，学校对体质健康的宣传和教育力度不够。一些学校虽然开展了一些体质健康宣传活动，但往往形式单一，内容枯燥，难以引起学生的共鸣。此外，一些家长对孩子的体质健康也不够重视，只关注孩子的学习成绩，而忽视了孩子的身体健康。

1.4.3 生活方式方面分析

1. 久坐不动

随着互联网的普及和学习任务的加重，大学生在课余时间往往长时间坐在电脑前或书桌前，缺乏足够的身体活动。久坐不动的生活方式会对大学生的身体健康产生诸多不利影响。首先，长时间久坐会导致血液循环不畅，增加心血管疾病的发病风险。其次，久坐还会对颈椎、腰椎等部位造成压力，容易引发颈椎病、腰椎间盘突出等疾病。此外，缺乏运动还会导致肌肉萎缩、骨质疏松等问题，影响身体的正常功能。

造成大学生久坐不动的原因主要有以下几个方面。首先，互联网的发展使得大学生们可以通过电脑和手机获取大量的信息和娱乐内容，这使得他们更容易沉迷于虚拟世界，而忽视了身体活动。其次，学习任务的加重也是导致大学生久坐不动的一个重要原因。为了完成学业任务,许多大学生需要长时间坐在书桌前学习,缺乏足够的时间进行体育锻炼和户外活动。此外,一些大学生缺乏运动意识和运动习惯,对体育锻炼的重要性认识不足,不愿意主动参加体育活动。

2. 饮食不规律

许多大学生存在饮食不规律的问题,如不吃早餐、暴饮暴食、偏好高热量、高脂肪食物等,这些不良饮食习惯容易导致营养失衡和消化系统疾病。不吃早餐会影响身体的新陈代谢,导致上午的精力不足,影响学习和工作效率。暴饮暴食则会加重胃肠道的负担,容易引发消化不良、胃炎、胃溃疡等疾病。偏好高热量、高脂肪食物会导致摄入的能量过多,容易引起肥胖和其他慢性疾病。

大学生饮食不规律的原因主要有以下几个方面。首先,大学生的生活节奏较快,学习和社交活动较为繁忙,导致他们没有足够的时间和精力来合理安排饮食。其次,一些大学生缺乏营养知识,对食物的营养价值和搭配缺乏了解,不知道如何选择健康的食物。此外,一些大学生存在不良的饮食习惯,如为了减肥而过度节食或为了满足口腹之欲而暴饮暴食等。

3. 睡眠不足

由于学习压力、社交活动等原因,大学生的睡眠时间普遍不足,睡眠质量也有待提高。长期睡眠不足会影响身体的正常代谢和免疫系统功能,增加患病的风险。睡眠不足还会导致注意力不集中、记忆力下降、情绪波动等问题,影响学习和生活质量。

造成大学生睡眠不足的原因主要有以下几个方面。首先,学习压力是导致大学生睡眠不足的一个重要原因。为了应对各种考试和作业,许多大学生需要花费大量的时间和精力进行学习,导致睡眠时间被压缩。其次,社交活动也是影响大学生睡眠的一个因素。一些大学生喜欢参加各种社交活动,如聚会、社团活动等,这些活动往往会占用大量的时间,导致睡眠时间减少。此外,一些大学生存在不良的睡眠习惯,如睡前玩手机、看电视等,这些习惯会影响睡眠质量,导致入睡困难和睡眠浅等问题。

1.5 提高大学生体质健康的对策

1.5.1 减轻学业压力

学校和教师应该合理安排教学任务和课程设置,避免给学生过多的学业压力。同时,教师应该注重培养学生的学习方法和学习能力,提高学生的学习效率,让学生在轻松愉快的氛围中学习。此外,学校还可以开展一些心理健康教育活动,帮助学生缓解学习压力,保持良好的心理状态。

1.5.2 培养良好的生活习惯

大学生应该养成良好的生活习惯,合理安排作息时间,保证充足的睡眠。同时,要注意饮食健康,多吃蔬菜水果,少吃高热量、高脂肪、高糖分的食物。此外,大学生应该戒烟限酒,减少对身体的损害。最后,要合理使用电子产品,避免过度依赖,注意保护眼睛和颈椎。

1.5.3 增强运动意识和培养运动习惯

学校和社会应该加强对运动的宣传和推广,让大学生认识到运动的重要性。学校可以开设一些运动健康课程,向学生传授运动知识和技能,培养学生的运动兴趣和爱好。同时,学校还可以组织各种形式的体育活动和比赛,营造良好的运动氛围,激发学生参与运动的积极性。

大学生自身也应该增强运动意识,主动参与运动。可以根据自己的兴趣和身体状况选择适合自己的运动项目,如跑步、游泳、篮球、瑜伽等。并且要养成定期运动的习惯,每周至少进行三次以上的运动,每次运动时间不少于 30 分钟。

1.5.4 改进学校体育教育

学校应该重视体育教育,加大对体育教育的投入,完善体育课程设置和教学内容。体育课程应该注重培养学生的体育兴趣和爱好,提高学生的体育技能和身体素质。同时,学校应该加强体育教师队伍建设,提高体育教师的专业素质和教学水平。

在教学方法上,学校应该采用多样化的教学方法,如游戏教学法、情境教学法、合作学习法等,激发学生的学习兴趣和积极性。此外,学校还应该加强对体育教学的评价和考核,建立科学合理的评价体系,促进学生的全面发展。

1.5.5 营造良好的社会环境

政府和社会应该加强对健康的宣传和引导,营造良好的运动氛围。可以通过举办各种形式的体育赛事和活动,提高公众对运动的关注度和参与度。同时,政府应该加大对体育设施和场地的建设投入,为公众提供更多的运动场所和设施。

此外,社会应该加强对食品行业的监管,规范食品市场秩序,减少高热量、高脂肪、高糖分食品的生产和销售。同时,媒体也应该加强对健康知识的宣传和普及,提高公众的健康意识和健康素养。

总之,大学生体质健康问题是一个关系到国家和民族未来的重要问题。我们应该充分认识到大学生体质健康的重要性,采取有效措施提高大学生的体质健康水平。只有这样,才能培养出德智体美劳全面发展的社会主义建设者和接班人,为实现中华民族伟大复兴的中国梦奠定坚实的基础。

第 2 章　大学生体质健康状况调查

对大学生体质健康状况进行调查和分析具有重要的现实意义和长远价值，有助于提高大学生的整体健康水平，促进学校体育工作的开展，为社会培养更多的健康人才，同时也是大学生体质健康教育与课程体系改革的有力支撑。

2.1　大学生体质健康状况调查结果

大学生体质健康状况调查采用网络平台问卷方式进行，从 10 所普通大学 500 名学生中进行随机问卷（见附录），问卷内容主要从体质健康综合状况、饮食习惯、心理健康状况、对体质健康的认知和态度，这四个方面进行问答。共发出 500 份，收回 425 份，有效问卷 425 份，有效率 85%，可作为研究结论的依据。我们对这 425 份问卷结果进行列表分析如下。

2.1.1　大学生体质健康状况

1. 大学生体质健康状况调查结果

表 2-1　体质健康综合状况

问题	选项	人数	比例/%
身体健康状况	非常好	150	35.29
	较好	200	47.06
	一般	50	11.76
	较差	0	0
	非常差	25	5.88

表 2-1(续)

问题	选项	人数	比例/%
体育锻炼习惯	每周锻炼 3 次及以上	50	11.76
	每周锻炼 1~2 次	60	14.12
	偶尔锻炼	252	59.29
	几乎不锻炼	63	14.82
每次锻炼时间	30 分钟以下	320	75.29
	30~60 分钟	60	14.12
	60~90 分钟	22	5.18
	90 分钟以上	23	5.41
锻炼目的(多选)	增强体质	380	89.41
	减肥塑形	30	7.06
	缓解压力	10	2.35
	兴趣爱好	62	14.59
	社交需求	10	2.35
	其他	20	4.71
因身体原因影响学习或生活	经常	150	35.29
	偶尔	120	28.24
	很少	88	20.71
	从未	67	15.76
慢性疾病	高血压	20	4.71
	糖尿病	3	0.71
	心脏病	21	4.94
	肥胖症	44	10.35
	其他	52	12.24
	无	285	67.06

表 2-1(续)

问题	选项	人数	比例/%
视力状况	正常	120	28.24
	轻度近视(300 度以下)	230	54.12
	中度近视(300~600 度)	50	11.76
	高度近视(600 度以上)	25	5.88
睡眠状况	很好,每天能保证 7~8 小时的睡眠时间	156	36.71
	较好,每天能保证 6~7 小时的睡眠时间	205	48.24
	一般,每天能保证 5~6 小时的睡眠时间	55	12.94
	较差,每天睡眠时间不足 5 小时	9	2.12

2. 大学生体质健康状况调查结论

通过以上列表分析,可以得出以下结论:

(1)在身体健康状况方面,大部分学生认为自己的身体状况较好或非常好,但仍有一定比例的学生认为自己的身体状况一般或非常差。

(2)体育锻炼习惯方面,大部分学生只是偶尔锻炼或几乎不锻炼,且每次锻炼时间较短,30 分钟以下的占比较高。

(3)锻炼目的主要是增强体质,其次是兴趣爱好。

(4)有相当一部分学生有过因身体原因而影响学习或生活的经历。

(5)患有慢性疾病的学生比例相对较低,但仍需引起重视。

(6)视力问题较为普遍,大部分学生存在近视情况。

(7)睡眠状况方面,大部分学生的睡眠情况较好或一般,但仍有少数学生睡眠较差。

2.1.2　大学生饮食习惯

1. 大学生饮食习惯调查结果

表 2-2　饮食习惯

分类	选项	人数	比例/%
饮食习惯是否规律	非常规律,每天按时进餐	181	42.59
	比较规律,偶尔会有不按时进餐的情况	150	35.29
	不太规律,经常会不按时进餐	52	12.24
	非常不规律,进餐时间很随意	42	9.88
饮食结构(可多选)	谷类	251	—
	蔬菜	150	—
	水果	100	—
	肉类	255	—
	蛋类	85	—
	奶类	110	—
	豆类	66	—
	油脂类	185	—
	其他	25	—
是否有吃零食的习惯	经常吃	162	38.12
	偶尔吃	42	9.88
	很少吃	200	47.06
	几乎不吃	21	4.94
是否有饮酒的习惯	经常饮酒	无	0
	偶尔饮酒	32	7.53
	很少饮酒	281	66.12
	从不饮酒	112	26.35
是否有吸烟的习惯	经常吸烟	10	2.35
	偶尔吸烟	51	12.0
	曾经吸过,现已戒烟	2	0.47
	从不吸烟	362	85.18

2. 大学生饮食习惯调查结论

通过以上列表分析,可以看出:

(1)在饮食习惯是否规律方面,大部分学生的饮食习惯较为规律,其中非常规律和比较规律的学生占比较高。

(2)饮食结构方面,各类食物都有一定的选择人数,但具体比例需要根据总人数进行进一步计算。

(3)吃零食的习惯中,经常吃和很少吃的学生占比较大。

(4)饮酒习惯方面,很少饮酒和从不饮酒的学生占绝大多数,经常饮酒的学生没有。

吸烟习惯方面,从不吸烟的学生占比最高,经常吸烟和偶尔吸烟的学生占比较少。

2.1.3 大学生心理健康状况调查

1. 大学生心理健康状况调查结果

表 2-3 心理健康状况

问题	选项	人数	比例/%
是否经常感到焦虑或压力过大	经常	110	25.88
	偶尔	220	51.76
	很少	80	18.82
	从未	15	3.53
是否有过抑郁情绪或心理问题	经常	0	0
	偶尔	55	12.94
	很少	185	43.53
	从未	185	43.53
遇到心理问题时的选择	自我调节	155	36.47
	向朋友倾诉	220	51.76
	寻求家人的帮助	30	7.06
	咨询专业心理医生	10	2.35
	其他	10	2.35

表 2-3(续)

问题	选项	人数	比例/%
对学校的心理健康教育和咨询服务是否满意	非常满意	180	42.35
	满意	110	25.88
	一般	101	23.76
	不满意	10	2.35
	非常不满意	24	5.65

2. 大学生心理健康状况调查结论

从以上分析可以看出：

(1)在焦虑或压力方面，大部分学生偶尔会感到焦虑或压力过大，经常感到焦虑或压力过大的学生占比也较高。

(2)在抑郁情绪或心理问题方面，偶尔和很少有此类问题的学生占比较大，而经常有此类问题的学生人数为 0。

(3)当遇到心理问题时，向朋友倾诉是学生们最常选择的解决方式，其次是自我调节。

对学校的心理健康教育和咨询服务，大部分学生表示满意或非常满意，但也有一定比例的学生表示一般、不满意或非常不满意。

2.1.4　大学生对体质健康的认知和态度调查结果

表 2-4　对体质健康的认知和态度

问题	选项	人数	比例/%
大学生体质健康的重要性	非常重要	285	67.06
	重要	88	20.71
	一般	10	2.35
	不太重要	0	0
	不重要	0	0
对学校的体育课程和体育活动的评价	非常满意	130	30.59
	满意	125	29.41
	一般	102	24.00
	不满意	55	12.94
	非常不满意	23	5.41

表 2-4(续)

问题	选项	人数	比例/%
学校加强大学生体质健康工作的措施(多选)	增加体育课程的数量和质量	230	—
	完善体育设施和场地	160	—
	开展更多样化的体育活动	288	—
	加强健康教育和宣传	88	—
	建立科学的体质健康监测和评价体系	301	—
	其他	2	—
对自己未来的体质健康状况的期望	保持良好的健康状态	225	52. 94
	逐步改善健康状况	178	41. 88
	维持现状即可	20	4. 71
	不太关注	2	0. 47

2. 大学生对体质健康的认知和态度调查结论

从以上分析可以看出：

(1)大部分学生认为大学生体质健康非常重要,占比达到 67. 06%,认为重要的占 20. 71%,仅有 2. 35%的学生认为一般,不太重要和不重要的选项无人选择。这表明学生普遍对体质健康的重要性有较高的认识。

(2)对学校的体育课程和体育活动的评价中,满意和非常满意的学生占比较高,分别为 29. 41%和 30. 59%,但也有一定比例的学生表示一般(24. 00%)、不满意(12. 94%)和非常不满意(5. 41%),说明学校在体育课程和活动方面还有改进的空间。

(3)在学校加强大学生体质健康工作的措施方面,学生们提出了多种建议。其中,开展更多样化的体育活动得到了最多学生的支持(288 人),其次是建立科学的体质健康监测和评价体系(301 人),增加体育课程的数量和质量(230 人),完善体育设施和场地(160 人),加强健康教育和宣传(88 人),仅有 2 人提出了其他建议。

(4)对于自己未来的体质健康状况,超过半数的学生希望保持良好的健康状态(52. 94%),41. 88%的学生希望逐步改善健康状况,仅有 4. 71%的学生认为维持现状即可,不太关注的学生占比 0. 47%。这反映出学生对自己的体质健康状况有较高的期望,并希望通过积极的措施来实现。

总体而言,学生对体质健康的重要性有较高的认识,对学校的体育课程和活动有一定的期望和建议,同时对自己未来的体质健康状况也有积极的期望。学校可以根据学生的需求和建议,进一步加强大学生体质健康工作,提高学生的身体素质和健康水平。需要注意的是,由于表格中“学校加强大学生体质健康工作的措施(多选)”部分的人数无法直接计算比例,因此在分析时需要根据具体情况进行综合考虑。

2.2　大学生体质健康状况调查结果分析

2.2.1　体质健康综合状况分析

1. 身体健康状况方面

(1)认为自己身体状况较好或非常好的原因

越来越多的学生对自己的身体状况持有积极的看法,认为自己的身体状况较好或非常好。这其中的原因是多方面的,以下将从几个主要方面进行探讨。

首先,许多学生保持着相对健康的生活方式,这是他们认为自己身体状况良好的重要原因之一。合理的饮食在维持身体健康方面起着至关重要的作用。这些学生注重饮食的均衡,摄入足够的蔬菜、水果、蛋白质和碳水化合物,避免过多地食用高热量、高脂肪和高糖分的食物。他们懂得如何选择营养丰富的食材,以满足身体的各种需求,从而为身体提供充足的能量和养分,维持身体的正常运转。

其次,适量的运动也是保持身体健康的关键因素。这些学生积极参与各种体育活动,如跑步、游泳、篮球等。运动不仅能够增强心肺功能、提高肌肉力量和耐力,还能够促进新陈代谢,帮助身体排出毒素。通过定期的运动,学生们能够感受到自己身体的活力和健康状况的提升,这也增强了他们对自己身体状况的信心。

再次,良好的作息习惯同样对身体健康有着深远的影响。这些学生懂得合理安排自己的时间,保证充足的睡眠。他们遵循规律的作息时间表,避免熬夜和过度劳累。充足的睡眠有助于恢复体力、增强免疫力,使身体能够更好地应对各种挑战。此外,他们还懂得如何有效地管理压力,通过适当的放松和休闲活动来缓解学习和生活中的压力,保持身心的平衡。

最后,年轻人的身体机能通常较强,这也是他们对自己身体状况感到乐观的一个重要原因。在这个年龄段,身体的各个器官和系统都处于生长和发育的阶段,具有较强的自我修复和适应能力。一些轻微的健康问题,如感冒、咳嗽等,可能不会对他们的整体自我感觉产生太大影响,因为他们的身体能够迅速地恢复健康,使他们能够继续保持积极的生活态度和良好的身体状态。

总之,学生们认为自己身体状况较好或非常好,是多种因素共同作用的结果。健康的生活方式、年轻人较强的身体机能以及对轻微健康问题的较好应对能力,都使得他们对自己的身体充满信心。然而,我们也应该意识到,保持良好的身体状况需要长期的坚持和努力。学生们应该继续保持健康的生活方式,定期进行体检,及时发现和处理潜在的健康问题,以确保自己的身体能够始终保持良好的状态,为未来的学习、工作和生活打下坚实的基础。

(2)认为自己身体状况一般或非常差的原因

在学生群体中,有部分学生认为自己的身体状况一般或非常差,这背后存在着多种原因。

不良的生活习惯是影响身体健康的一个重要因素。如今,许多学生都有熬夜的习惯,无论是因为学习任务繁重还是沉迷于电子设备,长时间的熬夜会打乱人体的生物钟,影响身体的正常代谢和修复功能。饮食不规律也是一个普遍问题,有些学生为了节省时间,常常不吃早餐或者随意应付午餐和晚餐,导致营养摄入不均衡,身体无法获得足够的能量和养分来维持正常的运转。此外,缺乏运动也是一个不容忽视的问题。随着科技的发展,学生们的课余时间更多地被电子设备占据,很少主动进行体育锻炼,这使得身体的免疫力下降,容易受到疾病的侵袭。

除了不良的生活习惯,学习压力和心理压力也是导致学生身体状况不佳的重要原因。在当前的教育环境下,学生们面临着激烈的竞争和繁重的学业任务,为了取得好成绩,他们往往需要付出大量的时间和精力。长时间的学习和考试压力会使学生感到焦虑、紧张和疲劳,这些负面情绪如果得不到及时地缓解和释放,会对身体健康产生不良影响。例如,长期的焦虑和紧张可能导致失眠、头痛、消化不良等身体症状,而过度的疲劳则会使身体的抵抗力下降,容易引发各种疾病。

此外,一些学生可能还面临着家庭、社交等方面的压力,这些压力也会对他们的心理健康产生影响，进而影响到身体健康。例如，家庭关系不和谐、与同学之间的矛盾等问题都可能给学生带来心理负担，使他们处于一种压抑的状态，从而影响身体的健康。

综上所述，部分学生认为自己身体状况一般或非常差，是由多种因素共同作用的结果。为了改善学生的身体状况，学校和家长应该重视学生的健康教育，引导他们养成良好的生活习惯，合理安排学习和休息时间，同时关注学生的心理健康，帮助他们缓解压力，保持积极乐观的心态。只有这样，才能让学生们拥有健康的身体和良好的精神状态，更好地投入到学习和生活中去。

2. 体育锻炼习惯方面

(1) 大部分学生偶尔锻炼或几乎不锻炼的原因

在当今的大学生群体中，我们不难发现，大部分学生偶尔锻炼或几乎不锻炼的现象较为普遍。这一现象背后，存在着多方面的原因。

首先，大学生的学业压力较大是一个重要因素。随着社会的发展和竞争的加剧，大学生面临着越来越多的学业任务和挑战。他们需要花费大量的时间和精力在课堂学习、作业完成、考试准备等方面，这使得他们可能没有足够的时间和精力投入到体育锻炼中。为了取得好成绩，他们往往会选择将更多的时间用于学习，而忽视了身体锻炼的重要性。

其次，一些学生对体育锻炼的重要性认识不足，缺乏锻炼的动力和兴趣。在他们的观念中，体育锻炼可能只是一种可有可无的活动，而没有意识到它对身体健康和心理健康的积极影响。他们可能更倾向于将时间花在其他娱乐活动上，如玩游戏、看电影等，而对体育锻炼缺乏热情。此外，一些学生可能由于自身身体素质较差或曾经在体育锻炼中遇到过挫折，从而对体育锻炼产生了恐惧和抵触情绪，进一步降低了他们参与锻炼的积极性。

最后，学校的体育设施和课程设置也可能存在一些问题，无法满足学生的需求。一方面，一些学校的体育设施可能不够完善，场地有限、器材陈旧等问题使得学生在进行体育锻炼时受到限制。另一方面，学校的体育课程设置可能不够合理，教学内容单一、教学方法陈旧等问题可能导致学生对体育课程失去兴趣。此外，学校可能对体育锻炼的宣传和引导不够，没有营造出良好的体育锻炼氛围，也使得学生对体育锻炼的重视程度不够。

为了改变这一现状，提高大学生的体育锻炼意识和参与度，我们需要采取一系列的措施。学校可以加强对学生的健康教育，提高他们对体育锻炼重要性的认识,培养他们的锻炼兴趣和习惯。同时,学校应该加大对体育设施的投入,改善体育场地和器材条件,为学生提供更好的锻炼环境。此外,学校还可以优化体育课程设置,丰富教学内容和教学方法,提高体育课程的吸引力和实效性。作为学生自身,也应该认识到体育锻炼的重要性,合理安排时间,积极参与体育锻炼,增强自己的身体素质和健康水平。

总之,大部分学生偶尔锻炼或几乎不锻炼的原因是多方面的,需要学校、家庭和学生自身共同努力,才能有效地提高大学生的体育锻炼意识和参与度,促进他们的全面发展。

(2)每次锻炼时间较短的原因

在当今快节奏的生活中,学生们面临着诸多的学业压力和时间限制,这使得他们在进行体育锻炼时,往往出现每次锻炼时间较短的情况。除了时间紧张这一显而易见的因素外,还有其他一些重要原因值得我们深入探讨。

首先,许多学生没有制定合理的锻炼计划是导致锻炼时间短的一个关键因素。一个合理的锻炼计划应该包括明确的目标、具体的锻炼内容、适宜的强度和频率以及合理的时间安排。然而,大部分学生在进行锻炼时,往往只是凭借一时的兴趣或冲动,没有经过深思熟虑的规划。这样的锻炼方式缺乏系统性和持续性,很容易导致学生在锻炼过程中感到迷茫和无助,从而无法坚持下去,最终使得每次锻炼的时间都比较短暂。

其次,缺乏毅力和耐心也是学生锻炼时间短的一个重要原因。锻炼是一个需要长期坚持的过程,它不仅需要我们付出体力,更需要我们具备坚强的意志品质。然而,一些学生在面对锻炼过程中的困难和挫折时,往往容易产生退缩和放弃的想法。他们可能会觉得锻炼过于辛苦,或者在短期内看不到明显的效果,从而失去了继续坚持的动力。这种缺乏毅力和耐心的表现,使得他们在锻炼时很容易中途放弃,无法保证每次锻炼的时间和质量。

最后,学生们对锻炼的认识不足也可能影响他们的锻炼时间。有些学生认为锻炼只是为了应付考试或者保持身体健康,而没有真正意识到锻炼对个人综合素质的提升和发展的重要性。这种错误的认识使得他们在锻炼时缺乏积极性和主动性,只是敷衍了事,导致每次锻炼的时间都很短。

为了解决学生每次锻炼时间较短的问题,我们需要采取一系列的措施。学校和家长应该加强对学生的健康教育,帮助他们树立正确的锻炼观念,让他们认识到锻炼的重要性和益处。同时,学校可以开设专门的体育课程和讲座,向学生传授科学的锻炼方法和技巧，帮助他们制定合理的锻炼计划。此外，家长也应该鼓励学生积极参与体育锻炼，为他们提供必要的支持和帮助，培养他们的毅力和耐心。

总之，学生每次锻炼时间较短的原因是多方面的，需要我们从多个角度进行分析和解决。只有通过学校、家长和学生的共同努力，才能够提高学生的锻炼意识和积极性，保证他们每次锻炼的时间和质量，从而促进他们的身心健康和全面发展。

3. 锻炼目的方面

(1)增强体质是主要目的的原因

随着人们健康意识的日益提高，越来越多的人开始关注自身的健康状况。尤其是大学生群体，他们正处于人生的黄金时期，更加意识到身体健康的重要性。增强体质成了他们追求的主要目标之一，这其中有着诸多重要的原因。

首先，身体健康是一切的基础。没有良好的身体素质，我们很难在学习、工作和生活中发挥出最佳水平。大学生们面临着繁重的学业压力，如果身体虚弱，容易感到疲劳和精神不振，从而影响学习效率。通过锻炼来增强体质，可以提高身体的耐力和精力，使他们能够更好地应对学习的挑战，取得优异的成绩。

其次，预防疾病是增强体质的重要意义之一。现代社会中，各种疾病的发病率不断上升，给人们的健康带来了严重的威胁。通过锻炼，我们可以提高身体的免疫力，增强身体对疾病的抵抗力，降低患病的风险。例如，适量的运动可以促进血液循环，增强心肺功能，有助于预防心血管疾病、呼吸系统疾病等慢性疾病的发生。对于大学生来说，保持健康的身体，不仅可以减少疾病带来的痛苦和经济负担，还可以为未来的发展打下坚实的基础。

最后，增强体质还可以改善心理健康。运动可以促进身体内啡肽的分泌，这是一种天然的抗压荷尔蒙，能够帮助人们缓解压力、焦虑和抑郁等负面情绪，提升心理健康水平。大学生在面对学业压力、人际关系等问题时，容易产生心理压力。通过锻炼，他们可以释放内心的压力，获得积极的情绪体验，增强自信心和自尊心，更好地适应大学生活的各种挑战。

例如，我们可以看到越来越多的大学生积极参与到各种体育活动中。有的同学加入了学校的篮球队、足球队，通过团队运动不仅锻炼了身体，还培养了团队合作精神和竞争意识；有的同学则选择了跑步、游泳等有氧运动，这些运动可以有效地提高心肺功能，增强身体的耐力；还有的同学热衷于瑜伽、太极等运动,这些运动可以帮助他们放松身心,缓解压力。

总之,增强体质是大学生们锻炼的主要目的。通过锻炼来提高身体素质,不仅可以预防疾病,还可以改善心理健康,提高学习和生活的质量。大学生们应该树立正确的健康观念,积极参与到各种体育活动中,养成良好的运动习惯,为自己的未来创造一个健康、美好的人生。

(2)兴趣爱好是其次目的的原因

在探讨学生参与体育活动的目的时,我们发现兴趣爱好是锻炼其次目的的一个重要原因。对于部分学生来说,他们对某些特定的体育项目怀有浓厚的兴趣,这种兴趣成了他们积极参与体育活动的强大动力。

以篮球为例,许多学生热爱篮球运动。他们被篮球的魅力所吸引,痴迷于球场上的奔跑、跳跃、投篮和团队协作。对这些学生而言,参与篮球运动不仅仅是为了锻炼身体,更重要的是能够满足他们对篮球的热爱。在课余时间,他们迫不及待地奔向篮球场,与伙伴们一起尽情挥洒汗水。在这个过程中,他们享受到了篮球带来的快乐,同时也提高了自己的篮球技能。通过参与篮球运动,这些学生不仅满足了自己的兴趣需求,还在不知不觉中达到了一定的锻炼效果。他们的身体素质得到了提升,心肺功能得到了增强,协调性和灵活性也有所改善。

再比如游泳,这也是许多学生钟爱的体育项目。对于喜欢游泳的学生来说,水中的自由感和舒适感是他们无法抗拒的。他们热衷于在水中畅游,感受水流的力量和身体的轻盈。游泳不仅能够满足他们对水的亲近感,还能帮助他们锻炼全身的肌肉,提高耐力和肺活量。这些学生在享受游泳乐趣的同时,也为自己的身体健康打下了坚实的基础。

此外,像瑜伽、羽毛球、乒乓球等体育项目,也都各自吸引着一批对其感兴趣的学生。这些学生因为对这些项目的热爱而积极参与其中,他们在追求兴趣的过程中,实现了锻炼身体的目标。

总之,部分学生对某些体育项目的浓厚兴趣是他们参与体育活动的重要原因之一。通过参与这些项目,他们既满足了自己的兴趣需求,又获得了一定的锻炼效果。这种以兴趣为导向的体育参与方式,不仅能够让学生更加积极主动地投入到体育活动中,还能够培养他们的体育兴趣和爱好,为他们的终身健康奠定基础。

4.有相当一部分学生有过因身体原因而影响学习或生活的经历

(1)如前所述,不良的生活习惯和较大的学习、心理压力可能导致学生身体出现各种问题,从而影响到他们的学习和生活。

在当今社会,学生们面临着诸多挑战和压力。许多学生养成了不良的生活习惯,比如熬夜、过度使用电子设备、饮食不规律等。熬夜会打乱人体的生物钟,影响身体的正常代谢和修复功能,导致学生在白天感到疲惫、注意力不集中,学习效率低下。过度使用电子设备不仅会对眼睛造成伤害,还可能引发颈椎病等问题,影响学生的身体健康。饮食不规律则容易导致营养不良、肠胃问题等,使学生的身体处于亚健康状态。

与此同时,学生们还承受着较大的学习压力。繁重的课业任务、频繁的考试以及升学的竞争,都让学生们感到焦虑和紧张。长期处于这种高压状态下,学生的心理容易出现问题,如焦虑症、抑郁症等。这些心理问题不仅会影响学生的情绪和心理健康,还可能进一步导致身体上的不适,如头痛、失眠、免疫力下降等。

为了学生的健康成长,我们应该重视这个问题,引导学生养成良好的生活习惯,减轻他们的学习压力,让他们能够拥有一个健康、快乐的学习和生活环境。学校可以加强健康教育,培养学生的健康意识和良好的生活习惯。家长也应该关注孩子的身心健康,给予他们足够的关爱和支持,帮助他们缓解学习压力。只有这样,我们才能让学生们在健康的轨道上茁壮成长,为他们的未来奠定坚实的基础。

(2)在现代社会中,环境因素对学生的健康产生着不可忽视的影响。其中,空气污染和电磁辐射是两个较为突出的问题。

空气污染是一个全球性的挑战,尤其在城市地区更为严重。汽车尾气、工业废气的排放以及建筑工地的扬尘等,使得空气中充满了各种有害物质,如二氧化硫、氮氧化物、颗粒物等。学生们每天在这样的环境中学习和生活,长时间暴露在污染的空气中,容易导致呼吸道疾病的发生。例如,雾霾天气时,空气中的颗粒物浓度增加,学生们可能会出现咳嗽、喉咙疼痛、呼吸困难等症状。长此以往,还可能会引发哮喘、支气管炎等慢性疾病,严重影响学生的身体健康和学习效率。

另一个环境因素是电磁辐射。随着科技的飞速发展,电子设备在学生的生活中扮演着越来越重要的角色。手机、电脑、电视等设备在给学生带来便利的同时,也产生了大量的电磁辐射。虽然电磁辐射的强度在安全标准范围内,但长期接触仍可能对学生的健康产生一定的影响。研究表明,过度暴露在电磁辐射下可能会影响学生的神经系统和免疫系统,导致头痛、失眠、记忆力下降等问题。例如,一些学生长时间使用手机,不仅会对视力造成损害,还可能因为电磁辐射的影响而出现注意力不集中、情绪波动等情况。

此外,现代社会中的噪声污染也不容忽视。交通噪声、建筑施工噪声等不仅会影响学生的学习和休息,还可能导致听力下降、心理压力增加等问题。在学校周边,如果存在过多的噪声源,学生们在课堂上就难以集中注意力,影响学习效果。长期处于噪声环境中,还可能会引发焦虑、抑郁等心理疾病。

综上所述,现代社会的环境因素如空气污染、电磁辐射和噪声污染等,都可能对学生的健康产生一定的影响。为了保障学生的健康成长,我们应该采取有效的措施来减少这些环境因素的危害。政府应加强对环境污染的治理,提高空气质量,减少电磁辐射的排放。学校和家长也应该教育学生养成良好的生活习惯,合理使用电子设备,减少噪声污染的影响。只有全社会共同努力,才能为学生创造一个健康、美好的学习和生活环境。

5. 患有慢性疾病的学生比例仍需引起重视

(1)比例相对较低的原因

在探讨大学生患慢性疾病比例相对较低的原因时,我们不得不首先关注到他们所处的年龄阶段。大学生正处于年轻时期,这个阶段是人生中身体机能最为活跃和强盛的时期之一。

年轻的身体赋予了大学生相对较强的身体机能。他们的新陈代谢旺盛,各个器官系统都处于良好的运行状态。心脏有力地跳动,能够为身体提供充足的氧气和养分;肺部能够高效地进行气体交换,确保身体细胞得到足够的氧气供应;消化系统能够有效地消化和吸收食物中的营养物质,为身体提供能量和维持正常的生理功能。这些强大的身体机能使得大学生在面对各种外界因素的挑战时,具有更强的适应能力和抵抗力。

此外,大学生的抵抗力也相对较好。他们的免疫系统较为活跃,能够迅速识别和抵御病原体的入侵。在日常生活中,即使接触到一些病菌和病毒,他们的身体也能够迅速做出反应,产生相应的抗体来对抗这些病原体,从而避免感染和疾病的发生。相比之下,中老年人由于身体机能的逐渐衰退,免疫系统的功能也会有所下降,更容易受到慢性疾病的困扰。

例如,我们可以对比一下大学生和中老年人在面对流感病毒时的反应。在流感季节,大学生可能会出现一些轻微的症状,如咳嗽、流涕等,但往往能够在较短的时间内恢复健康。而中老年人则可能会出现较为严重的症状,如高热、肺炎等,需要更长的时间来康复,甚至可能会引发一些慢性疾病的加重。

综上所述,大学生正处于年轻时期,身体机能相对较强,抵抗力较好,这是他们患慢性疾病比例相对较低的重要原因。然而,我们也不能忽视大学生在健康方面可能存在的问题,如过度熬夜、饮食不规律等。因此,大学生们应该保持良好的生活习惯,加强体育锻炼,提高自身的健康意识,以更好地维护自己的身体健康。

(2)仍需引起重视的原因

尽管在学生群体中,慢性疾病的患病比例相对较低,但我们绝不能忽视其潜在的危害。慢性疾病,如糖尿病、高血压、心血管疾病等,一旦在学生时期患上,将会给他们的身心健康和未来发展带来深远且长期的影响。

以糖尿病为例,这是一种常见的慢性疾病。如果学生患上糖尿病,他们不仅需要长期控制饮食,避免高糖、高脂肪食物的摄入,还需要定期监测血糖,甚至可能需要终身注射胰岛素。这对于正处于成长发育阶段的学生来说,无疑是一种巨大的负担。他们可能会因为疾病而感到自卑、焦虑,影响其心理健康。同时,糖尿病还可能会引发一系列并发症,如视网膜病变、肾病等,严重影响学生的身体健康和生活质量。

再比如高血压,这种疾病在早期可能没有明显的症状,但如果长期得不到控制,会增加心脑血管疾病的发病风险。对于学生来说,高血压可能会影响他们的学习效率和记忆力,使他们在学业上受到一定的影响。而且,高血压患者在未来的职业选择和生活中也可能会受到一些限制。

心血管疾病也是不容忽视的慢性疾病之一。学生如果患有心血管疾病,可能会在运动或体力活动时出现心慌、气短、胸痛等症状,严重影响他们的正常生活和体育锻炼。此外,心血管疾病的治疗费用较高,会给家庭带来一定的经济压力。

综上所述,慢性疾病虽然在学生中的比例较低,但它们的危害却是不容忽视的。因此,我们需要加强健康教育,提高学生对慢性疾病的预防意识。学校可以通过开设健康教育课程、举办健康讲座等方式,向学生传授慢性疾病的相关知识,如病因、症状、预防方法等。同时,家长也应该关注孩子的健康状况,培养他们良好的生活习惯,如合理饮食、适量运动、减少熬夜等。只有通过学校、家庭和社会的共同努力,才能有效预防慢性疾病的发生,让学生们拥有一个健康的未来。

6. 视力问题较为普遍

(1)电子设备的广泛使用对大学生视力的影响

随着科技的飞速发展,电子设备已经成为我们生活中不可或缺的一部分。在大学校园里,电子设备的广泛使用更是显而易见。大学生们几乎人手一部手机,电脑也成了学习和娱乐的重要工具。然而,这种对电子设备的高度依赖也带来了一些不容忽视的问题,其中最为突出的就是对视力的影响。

以手机为例,如今的大学生们几乎无时无刻不在使用手机。无论是在课堂上偷偷浏览社交媒体,还是在宿舍里熬夜追剧、打游戏,手机屏幕似乎已经成了他们生活中最常面对的画面。长时间盯着手机屏幕,眼睛会不断地受到蓝光的刺激,容易导致眼睛疲劳、干涩、红肿等症状。如果这种情况持续下去,很可能会引发近视等视力问题。

电脑也是大学生们常用的电子设备之一。在学习过程中,他们需要使用电脑查阅资料、撰写论文、制作课件等;在课余时间,他们又会用电脑观看电影、听音乐、玩网络游戏等。由于电脑屏幕通常比手机屏幕更大,对眼睛的伤害也可能更为严重。长时间使用电脑,不仅会让眼睛感到疲劳,还可能会影响视力,导致视力下降。

除了手机和电脑,平板电脑、电子阅读器等电子设备也在大学生中广泛使用。这些设备虽然在一定程度上为学习和生活带来了便利,但如果使用不当,同样会对视力造成损害。

例如,学生小李,他是一个手机和电脑的重度使用者。每天除了上课时间,他几乎都在盯着电子屏幕。晚上回到宿舍后,他还会躺在床上玩手机,直到深夜才睡觉。最近,他发现自己的眼睛经常感到疲劳和干涩,看东西也变得有些模糊。去医院检查后,医生告诉他,他已经出现了轻度近视的症状,需要注意保护眼睛,减少使用电子设备的时间。

小李的情况并不是个例。在大学校园里,像他这样因为过度使用电子设备而导致视力问题的同学还有很多。这些问题不仅会影响他们的学习和生活质量,还可能会对他们的未来产生不利影响。

因此,大学生们应该重视电子设备对视力的影响,合理控制使用时间。在使用电子设备时,要注意保持适当的距离和姿势,每隔一段时间就休息一下,看看远处或做一些眼保健操，缓解眼睛的疲劳。同时，学校和家长也应该加强对大学生的健康教育，引导他们养成良好的用眼习惯，保护好自己的视力。

(2)学习压力较大

学生们面临着越来越大的学习压力，这对他们的视力健康产生了不容忽视的影响。长时间的学习和阅读成了他们日常生活的重要组成部分，而这也在不知不觉中增加了眼睛的负担，使得视力下降成了一个普遍存在的问题。

以中学生为例，他们每天需要在学校里上数小时的课程，课后还要完成大量的作业和复习任务。为了应对各种考试和竞争，他们往往需要花费大量的时间阅读教材、参考书和试卷。长时间的专注阅读使得眼睛得不到充分的休息，眼睛肌肉持续处于紧张状态，容易导致眼睛疲劳和视力下降。

再看大学生，虽然学习方式相对较为灵活，但学业压力依然不小。许多专业课程需要学生进行大量的文献阅读和研究，撰写论文和报告时也需要长时间对着电脑屏幕。此外，为了提升自己的竞争力，不少大学生还会参加各种证书考试和培训，这进一步增加了他们的学习时间和眼睛的负担。

除了学生群体，在职人员也面临着类似的问题。随着社会的发展，知识更新速度加快，许多人需要不断学习新的知识和技能来适应工作的需求。他们可能会参加各种培训课程、在线学习或阅读专业书籍，长时间的学习和阅读同样会对眼睛造成损害。

例如，一位从事软件开发的工程师，为了跟上行业的发展趋势，他需要不断学习新的编程语言和技术。每天下班后，他都会花费几个小时的时间阅读相关的书籍和文档，长时间的用眼使得他的眼睛经常感到干涩和疲劳。最近一次的视力检查中，他发现自己的视力已经有所下降。

无论是学生还是在职人员，学习压力较大的情况下，长时间的学习和阅读都会给眼睛带来沉重的负担。为了保护视力，我们应该养成良好的用眼习惯，每隔一段时间就休息一下眼睛，看看远处或做一些眼保健操。同时，保持适当的室内光线和正确的坐姿也非常重要。只有这样，我们才能在追求知识和进步的同时，保护好我们的眼睛，让我们能够清晰地看到这个美丽的世界。

(3)缺乏户外活动

在当今社会，近视问题在学生群体中愈发普遍，其中一个重要的因素便是缺乏户外活动。户外活动对于眼睛的健康至关重要，它能够让眼睛得到充分的休息和调节，然而，一些学生却由于各种原因，户外活动时间较少，从而增加了近视的风险。

对于许多学生来说,学业压力是导致他们缺乏户外活动的主要原因之一。随着教育竞争的日益激烈,学生们往往需要花费大量的时间和精力在学习上,完成作业、参加课外辅导班等占据了他们大部分的课余时间。为了在考试中取得好成绩,他们不得不长时间坐在书桌前,眼睛长时间盯着书本和电子设备,很少有机会到户外去放松眼睛。

此外,现代科技的发展也使得学生们更容易沉迷于电子设备,如手机、电脑、电视等。这些电子设备发出的蓝光对眼睛有一定的伤害,长时间使用会导致眼睛疲劳和视力下降。许多学生在课余时间喜欢玩手机游戏、看视频等,这不仅减少了他们的户外活动时间,还对眼睛健康造成了负面影响。

还有一些学生由于缺乏运动意识,对户外活动不感兴趣,宁愿待在家里看电视、玩游戏,也不愿意出去参加体育活动。他们没有意识到户外活动对身体健康和眼睛健康的重要性,从而错过了让眼睛得到充分休息和调节的机会。

为了预防近视,我们应该鼓励学生多参加户外活动,让他们的眼睛得到充分的休息和调节。学校和家长应该共同努力,为学生创造更多的户外活动机会,减少他们的学业压力,引导他们正确使用电子设备,培养他们的运动兴趣和习惯。只有这样,才能有效降低学生近视的发生率,让他们拥有一双健康明亮的眼睛。

7. 睡眠状况方面

(1)大部分学生睡眠情况较好或一般的原因

在对学生睡眠情况的调查中,我们发现大部分学生的睡眠情况较好或处于一般水平。这一结果并非偶然,而是多种因素共同作用的结果。

首先,一些学生具备良好的时间管理能力,他们深知合理安排时间的重要性。每天,他们会制定详细的学习和生活计划,将时间分配得井井有条。在完成学习任务后,他们会适当放松自己,避免过度劳累。到了晚上,他们会按时上床休息,保证充足的睡眠时间。这种良好的作息习惯使他们能够在白天保持充沛的精力,提高学习效率。

例如,小张同学就是一个很好的例子。他每天都会在课余时间安排一些体育活动,如跑步、打篮球等,这不仅有助于他锻炼身体,还能让他在晚上更容易入睡。此外,他还会在睡前半小时避免使用电子设备,而是选择阅读一些书籍,让自己的身心得到放松。正是因为他能够合理安排时间,保持良好的作息习惯,他的睡眠质量一直都很不错。

其次,学校的宿舍环境和管理也对学生的睡眠质量产生了一定的影响。一些学校注重为学生提供良好的住宿条件,宿舍干净整洁,通风良好,床铺舒适。这样的环境有助于学生放松身心,提高睡眠质量。同时,学校的宿舍管理也较为严格,规定了作息时间,避免了学生在宿舍内大声喧哗或做出其他影响他人休息的行为。

比如,某学校的宿舍管理非常规范,每天晚上都会有专人检查宿舍,确保学生按时就寝。如果发现有学生违反规定,会及时进行批评教育。此外,学校还会定期对宿舍进行卫生检查,保持宿舍的整洁和卫生。在这样的环境下,学生们能够更好地休息,保证睡眠质量。

综上所述,大部分学生睡眠情况较好或一般,一方面是因为学生自身能够合理安排时间,保持良好的作息习惯;另一方面,学校的宿舍环境和管理也为学生的睡眠提供了一定的保障。当然,我们也不能忽视仍有部分学生存在睡眠问题,这需要我们进一步关注和研究,采取有效的措施来改善学生的睡眠状况,促进他们的身心健康发展。

(2)少数学生睡眠较差的原因

在学生群体中,有少数学生存在睡眠较差的问题,这对他们的身心健康和学习生活都产生了一定的负面影响。造成这一现象的原因是多方面的,以下将对几个主要因素进行探讨。

学习压力是导致学生睡眠质量下降的一个重要原因。随着社会竞争的日益激烈,学生们面临着越来越大的学业压力。他们需要完成大量的作业、准备各种考试,还要参加各种课外辅导班和竞赛。这些繁重的学习任务使得学生们常常感到焦虑和紧张,晚上难以放松身心,进入良好的睡眠状态。例如,有些学生为了提高成绩,每天晚上都学习到很晚,导致大脑一直处于兴奋状态,难以迅速进入睡眠。长期如此,不仅会影响睡眠质量,还可能导致记忆力下降、注意力不集中等问题。

心理问题也是影响学生睡眠的一个因素。在成长过程中,学生们可能会遇到各种各样的心理问题,如人际关系困扰、家庭问题、情感挫折等。这些问题如果得不到及时的解决,会给学生们带来很大的心理负担,进而影响他们的睡眠。比如,一个学生在学校里与同学发生了矛盾,心情很不好,晚上躺在床上就会反复思考这件事情,导致难以入睡。又或者,一个学生因为家庭变故而感到悲伤和无助，这些情绪也会在晚上困扰着他，影响他的睡眠质量。

宿舍环境嘈杂也是导致学生睡眠较差的一个常见原因。在集体宿舍中，学生们的生活习惯和作息时间各不相同。有些学生可能会在晚上大声说话、播放音乐或者进行其他活动，这些噪声会干扰到其他学生的睡眠。此外，如果宿舍的卫生条件不好，或者通风不畅，也会影响学生的睡眠质量。例如，有些宿舍的窗户密封性不好，晚上会有外界的噪声传入，使得学生们无法安心入睡。又或者，宿舍里的空气不流通，让人感到闷热和压抑，也会影响睡眠。

睡前使用电子设备也是一个不容忽视的因素。如今，电子设备已经成为人们生活中不可或缺的一部分，学生们也不例外。很多学生喜欢在睡前玩手机、平板电脑等电子设备，这些设备发出的蓝光会抑制褪黑素的分泌，从而影响睡眠质量。此外，使用电子设备还会让学生们的大脑处于兴奋状态，不利于入睡。比如，有些学生在睡前会玩游戏或者看视频，不知不觉就会花费大量的时间，导致睡眠时间减少。而且，即使他们放下电子设备，大脑也需要一段时间才能从兴奋状态恢复到平静状态，这也会影响睡眠质量。

学习压力、心理问题、宿舍环境嘈杂、睡前使用电子设备等因素都可能导致学生睡眠质量下降。为了提高学生的睡眠质量，学校和家长应该共同关注学生的身心健康，采取有效的措施来减轻学生的学习压力，帮助学生解决心理问题，改善宿舍环境，引导学生养成良好的睡眠习惯。只有这样，才能让学生们拥有一个健康的身体和良好的精神状态，更好地投入到学习和生活中去。

综上所述，大学生体质健康状况存在一些问题，这些问题的产生与学生的生活习惯、学习压力、健康意识、学校环境等多种因素有关。为了提高大学生的体质健康水平，需要学生自身、学校和社会共同努力，采取有效的措施，如加强健康教育、改善学校体育设施和课程设置、引导学生养成良好的生活习惯等。

2.2.2 饮食习惯分析

1. 饮食习惯较为规律

(1)健康意识提高

在当今社会，健康教育的普及正发挥着越来越重要的作用。尤其是在学生群体中，这种影响更为显著。随着学校和社会对健康教育的不断重视和推广，学生们的健康意识有了显著的提高。

学生们逐渐认识到，健康饮食是维持身体健康的关键。他们明白了食物不仅仅是为了满足口腹之欲,更是为身体提供所需营养的重要来源。规律的饮食习惯能够确保身体获得均衡的营养,增强免疫力,预防各种疾病的发生。

对于学生们来说,良好的健康意识和规律的饮食习惯还有助于维持良好的学习状态。当他们摄入营养丰富的食物时,大脑能够得到足够的能量供应,思维更加敏捷,注意力更加集中,从而提高学习效率。相反,如果饮食不规律或不健康,可能会导致身体疲劳、精神不振,影响学习效果。

因此,学生们越来越注重饮食的选择和搭配。他们开始主动了解食物的营养价值,尽量减少高热量、高脂肪和高糖分的食物摄入,增加蔬菜、水果、全谷物等富含营养的食物的比例。同时,他们也更加注重饮食的时间和规律,尽量避免暴饮暴食和过度节食。

总之,随着健康教育的普及,学生们的健康意识得到了极大的提高,他们对健康饮食的重要性有了更深刻的认识。这种认识的转变不仅有助于他们维持身体健康,还为他们的学习和未来发展打下了坚实的基础。

(2)学校管理和家庭教育

学校管理和家庭教育在培养孩子规律饮食方面都起着至关重要的作用。

学校作为孩子学习和生活的重要场所,能够为他们提供较为规律的饮食时间和环境。学校会根据学生的年龄和营养需求,制定科学合理的膳食计划。每天在固定的时间为学生提供营养均衡的餐食,这有助于培养学生按时就餐的习惯。此外,学校的食堂环境整洁、舒适,能够让学生在良好的氛围中愉快地用餐。

而在日常生活中,家长更是孩子规律饮食的重要引导者。家长们会注重培养孩子良好的饮食习惯,从日常生活的点滴做起。他们会合理安排家庭饮食,确保孩子每天摄入足够的营养。例如,家长们会尽量按时准备三餐,让孩子养成定时进餐的习惯。同时,家长也会注意食物的多样性,鼓励孩子尝试各种不同的食物,以保证孩子获得全面的营养。此外,家长还会以身作则,自己保持规律的饮食习惯,为孩子树立良好的榜样。

总之,学校管理和家庭教育相辅相成,共同致力于培养孩子规律饮食的习惯。只有学校和家庭共同努力,才能让孩子养成健康的饮食习惯,为他们的成长和发展打下坚实的基础。

(3)学业压力和作息规律

在学生的生活中,学业压力如影随形,而作息规律则成了他们应对压力的重要方式。学生们通常有着较为固定的学习和作息时间安排，早晨，他们迎着朝阳步入校园，开始一天的学习之旅；傍晚，他们在余晖中结束一天的课程，带着满满的知识回家。

这种固定的作息时间，促使他们养成了相对规律的饮食习惯。为了保证有足够的精力应对繁重的学习任务，他们深知饮食的重要性。早餐时，他们会选择营养丰富的食物，为大脑提供充足的能量，开启活力满满的一天。午餐则是他们补充体力的关键，会摄入适量的碳水化合物、蛋白质和蔬菜，以维持下午的学习效率。晚餐后，他们还会适当控制食量，避免影响睡眠质量。

规律的饮食习惯不仅为学生们提供了身体所需的营养，还帮助他们调整了生物钟，提高了学习效率。在学业压力的驱使下，他们更加懂得如何通过合理的饮食和作息来保持良好的状态，迎接每一个挑战。这种规律的生活方式，也将为他们的未来打下坚实的健康基础。

2. 饮食结构方面各类食物都有一定选择人数

(1)多样化的口味需求

在校园中，学生们的口味需求呈现出多样化的特点。每个人的味觉喜好都是独特的，这导致他们对各类食物都抱有一定的兴趣和需求。

有些学生热爱传统的中式美食，如香气扑鼻的红烧肉、鲜嫩多汁的饺子，或是口感丰富的炒饭。他们钟情于这些熟悉的味道，从中感受到家的温暖和慰藉。而另一些学生则对西式美食充满好奇和喜爱，比如浓郁的披萨、香脆的炸鸡和甜蜜的蛋糕。这些食物带来的独特风味，满足了他们对异国美食的探索欲望。

此外，还有一部分学生追求健康与营养的平衡，他们会选择新鲜的水果沙拉、富含蛋白质的坚果和酸奶，以及各种绿色蔬菜。对于辣味爱好者来说，辛辣刺激的川菜、湘菜是他们的首选，那火热的口感能带来独特的满足感。

总之，学生们的口味偏好各不相同，为了满足自己的口味需求，他们会积极地选择多种食物。这种多样化的选择不仅丰富了他们的饮食体验，也反映了当代学生对美食的多元追求和开放态度。学校的食堂和周边的餐厅也会尽力提供丰富多样的菜品，以满足学生们日益多样化的口味需求。

(2)营养均衡的意识

在当今社会，人们对健康的关注度日益提高，营养均衡的意识也逐渐在学生群体中生根发芽。虽然对于饮食中各种营养素的具体比例，学生们可能还需要进一步的学习和计算,但他们已经在一定程度上意识到了营养均衡的重要性。

在学校的食堂里,我们可以看到学生们在选择食物时,不再仅仅局限于个人口味,而是会更加注重食物的营养价值。他们会尝试选择不同种类的食物,以确保能够获取到各种营养素。比如,他们会选择一份富含蛋白质的肉类或豆类食品,搭配一份富含维生素和矿物质的蔬菜沙拉,再加上一份富含碳水化合物的主食。这样的选择不仅能够满足身体对能量的需求,还能够提供各种必需的营养素,有助于维持身体的正常生理功能和健康状态。

此外,学生们还会通过各种渠道了解营养知识,如观看健康饮食的科普视频、阅读相关的书籍和文章等。这些知识的积累,让他们更加明白营养均衡对于身体健康的重要性,也促使他们在日常生活中更加积极地践行营养均衡的饮食原则。

总之,虽然学生们对于营养均衡的认识可能还不够深入,对于营养素的具体比例还需要进一步的学习和掌握,但他们已经迈出了重要的一步,开始有意识地选择不同种类的食物来获取各种营养素。这种营养均衡的意识的培养,将对他们的健康成长产生积极的影响,也为他们未来的生活奠定了坚实的健康基础。

(3)食物的可获得性

在学校生活中,食物的可获得性对于学生们的日常生活至关重要。学校食堂作为学生们主要的就餐场所,提供了多种多样的菜品。无论是传统的中式菜肴,还是各种风味的特色美食,都能在食堂中找到。食堂的工作人员精心准备每一道菜肴,确保食物的品质和营养均衡,为学生们的学习和生活提供了坚实的能量保障。

学校周边的餐厅也是学生们丰富饮食选择的重要来源。这些餐厅各具特色,涵盖了各种不同的菜系和口味。从麻辣鲜香的川菜到精致细腻的粤菜,从浓郁醇厚的西餐到独具风味的日韩料理,学生们可以根据自己的喜好和口味进行选择。周边餐厅的存在不仅满足了学生们对于美食的追求,也为他们提供了一个社交和放松的场所。

此外,学校附近的超市也为学生们提供了丰富的食品选择。超市里琳琅满目的食品货架上,摆满了各种新鲜的水果、蔬菜、肉类、乳制品以及各类零食和饮料。学生们可以在这里购买到自己所需的食材和食品,以便在宿舍中自行加工或作为日常的零食储备。无论是想要自己动手制作健康美食,还是想要购买一些方便快捷的食品,超市都能满足学生们的需求。

综上所述,学校食堂、周边餐厅和超市等为学生们提供了丰富的食物选择,使他们能够接触到各类食物,从而有机会根据自己的口味、需求和健康目标进行选择。这种丰富的食物可获得性不仅满足了学生们的基本生活需求,也为他们的成长和发展提供了重要的支持。

3. 吃零食习惯中经常吃和很少吃的学生占比较大

(1)个人口味和习惯

在学生群体中,个人口味和习惯的差异在对零食的态度上体现得尤为明显。有些学生对零食有着特别的喜好,零食对他们来说仿佛具有一种无法抗拒的魅力。这些学生可能会经常购买各种零食,无论是薯片的酥脆、巧克力的甜蜜,还是果冻的爽滑,都能让他们感到满足和愉悦。在课间休息或放学后,他们会迫不及待地拿出心爱的零食,尽情享受那片刻的美味。

然而,另一些学生则对零食不太感兴趣。他们可能更注重饮食的均衡和健康,认为零食往往含有过多的糖分、盐分和添加剂,对身体并无益处。因此,他们会尽量避免食用零食,或者只是偶尔在特殊的场合品尝一下。这些学生可能会选择水果、坚果等更为健康的食品来满足自己的口腹之欲。

这种个人口味和习惯的差异,不仅反映了学生们对食物的不同喜好,也在一定程度上影响了他们的饮食习惯和健康观念。对于喜欢吃零食的学生来说,需要注意适量食用,避免过度摄入不健康的成分;而对于那些对零食不太感兴趣的学生,也可以适当尝试一些新的零食,丰富自己的饮食体验。总之,无论是哪种情况,都应该保持一个健康、平衡的饮食态度,以促进身体的健康成长。

(2)情绪和压力因素

在学习和生活的双重压力下,学生们的情绪和心理状态往往会受到一定的影响。此时,吃零食成了许多学生缓解压力、调节情绪的一种方式。对于那些经常感到压力或情绪不稳定的学生来说,零食仿佛是他们的心灵慰藉。当面对繁重的学业任务、考试的焦虑或者人际关系的困扰时,他们会通过吃零食来获得一种短暂的满足感和放松感,从而在一定程度上减轻内心的负担。因此,这些学生可能会更频繁地吃零食,将其作为一种应对压力和情绪波动的习惯性行为。

然而,也有一些学生能够较好地应对压力,他们拥有更健康的心理调适能力和情绪管理技巧。这些学生懂得通过其他积极的方式来缓解压力，如运动、阅读、与他人交流等。相比之下，他们对零食的依赖程度较低，可能较少吃零食。他们明白，过度依赖零食来缓解压力并不是一个长久之计，而是努力寻找更有效的方法来保持良好的心理状态和生活态度。总之，情绪和压力因素在学生吃零食的行为中扮演着重要的角色，不同的应对方式导致了学生们在零食消费上的差异。

(3)经济因素

在学生的日常生活中，零食扮演着一个特殊的角色。然而，零食的价格相对较高，这一经济因素对学生的零食消费行为产生了显著的影响。

对于经济条件较好的学生来说，他们可能拥有更多的可支配资金，因此更容易经常购买零食。这些学生在面对各种美味的零食时，往往不会过于顾虑价格因素。他们可能会将购买零食视为一种享受，一种满足口腹之欲的方式。无论是在课间休息时，还是在放学后，他们都可能会随手购买一些自己喜欢的零食，与同学们一起分享，或者独自品尝。对于他们来说，零食不仅是一种食物，更是一种社交和娱乐的工具。

相比之下，经济条件较为有限的学生则可能会对零食的价格更为敏感。由于他们的可支配资金相对较少，因此在购买零食时可能会更加谨慎。他们可能会在心里权衡零食的价格和自己的实际需求，只有在认为非常必要或者特别渴望的时候，才会选择购买零食。对于这些学生来说，零食可能更多地被视为一种奢侈品，而不是日常生活中的必需品。他们可能会更倾向于将有限的资金用于购买其他更重要的物品，如学习用品或者生活必需品。

总之，经济因素在很大程度上影响了学生的零食消费行为。零食价格的相对较高，使得经济条件较好的学生和经济条件较为有限的学生在零食消费上呈现出不同的特点。这种差异不仅反映了学生们的经济状况，也反映了他们在消费观念和生活方式上的不同。

4. 饮酒习惯方面很少饮酒和从不饮酒的学生占绝大多数

(1)学校规定

学校作为教育的重要场所，会制定一系列相关规定，明确禁止学生饮酒。学校通过开展各种形式的教育活动，如主题班会、法制讲座等，向学生们普及饮酒的危害以及学校规定。学生们在接受这些教育后，对学校规定有了一定的认识。

他们明白,遵守这些规定不仅是对自己的健康负责,也是对家庭和社会的负责。因此,大多数学生能够自觉遵守学校规定,很少饮酒或从不饮酒。他们深知饮酒可能带来的不良后果,懂得珍惜自己的身体和未来。在日常生活中,他们会互相监督,提醒身边的同学不要触碰饮酒的红线。

当然,也不能完全排除个别学生可能会受到外界因素的影响,产生尝试饮酒的想法。但在学校和家庭的共同努力下,通过加强教育、引导和监管,能够及时发现并纠正这些问题,确保学生们能够健康成长,远离饮酒的危害。

总之,学校规定为大学生饮酒问题提供了明确的规范和约束,而学生们的自觉遵守则是实现这一目标的关键。只有通过全社会的共同努力,才能为创造一个健康、和谐的成长环境。

(2)健康意识

在当今社会,健康意识在学生群体中日益增强。学生们通过各种渠道,如学校的健康教育课程、媒体的宣传以及家庭的引导,普遍意识到饮酒对身体健康存在着潜在的危害。

他们清楚地了解到,酒精对人体的多个系统都会产生不良影响。大学生正处于生长发育的关键时期,身体的各个器官和系统尚未完全发育成熟。饮酒可能会干扰正常的生长激素分泌,影响骨骼、肌肉和神经系统的发育,从而对他们的身体健康和未来发展造成不可逆转的损害。

此外,饮酒还可能对大学生的心理健康产生负面影响。过度饮酒可能导致情绪波动、焦虑、抑郁等问题,影响他们的学习和生活质量。同时,饮酒也可能增加大学生参与危险行为的风险,如酒后驾车、打架斗殴等,给自己和他人的生命安全带来威胁。

因此,出于对自身健康的考虑,学生们会尽量避免饮酒。他们明白,保持健康的生活方式是实现个人成长和发展的基础。他们会选择更加有益的活动来丰富自己的课余生活,如参加体育锻炼、阅读、参加社团活动等。通过这些积极的方式,他们不仅能够提升自己的身体素质和综合素质,还能够培养良好的品德和价值观,为未来的人生道路奠定坚实的基础。

学生们对饮酒危害的认识和对健康的重视,体现了他们对自己和他人负责的态度。这种健康意识的增强,将有助于他们在成长过程中做出更加明智的选择,拥有一个更加美好的未来。

(3)社交环境和文化影响

在当今的学生群体中,饮酒这一行为并非如一些人所想象的那样被广泛接受和推崇。事实上,随着社会的发展和人们健康意识的提高,大多数学生对于饮酒持有较为理性和谨慎的态度。他们更加注重自身的健康和形象,意识到饮酒可能带来的潜在危害,因此更倾向于选择其他健康的社交方式来丰富自己的课余生活。

在校园文化中,积极向上、充满活力的活动越来越受到学生们的欢迎。比如,各种体育竞赛、文化艺术活动、学术交流等,这些活动不仅能够增进同学之间的友谊和交流,还能够培养学生的综合素质和团队合作精神。相比之下,饮酒这种可能导致身体不适、影响思维和行为的活动,逐渐被学生们所摒弃。

此外,家庭和学校的教育也对学生的观念和行为产生着重要的影响。家长和老师通常会教育学生要珍惜健康,远离不良习惯,培养良好的生活方式。在这种教育环境下,学生们更加明白饮酒的危害性,从而自觉地抵制饮酒行为。

正是由于以上多种因素的共同作用,使得在学生群体中饮酒的学生占比较少。这种现象反映了学生们对于健康和积极生活方式的追求,也体现了社会文明的进步。我们应该继续加强对学生的健康教育,营造一个更加健康、和谐的校园环境和社会氛围,让学生们能够在良好的环境中茁壮成长。

5. 吸烟习惯方面从不吸烟的学生占比最高

(1)健康教育和宣传

在当今社会,健康教育和宣传的重要性日益凸显,尤其是在学校和社会中对吸烟危害的宣传和教育,更是取得了显著的成效。

学校作为培养青少年的重要场所,承担着引导学生树立正确健康观念的重任。通过开展各种形式的健康教育课程和活动,学校向学生们全面地介绍了吸烟对身体健康的严重危害。老师们运用生动的图片、真实的案例和科学的数据,深入浅出地讲解了吸烟如何损害呼吸系统、心血管系统,增加患癌症的风险,以及对青少年生长发育的不良影响。学生们在课堂上积极参与讨论,深刻认识到吸烟不仅会对自己的身体造成不可逆转的伤害,还会对身边的人产生二手烟的危害。

与此同时,社会各界也积极参与到吸烟危害的宣传和教育中来。媒体通过公益广告、新闻报道等形式,广泛传播吸烟的危害信息,引起了公众的高度关注。社区组织开展了各种戒烟宣传活动,邀请专业医生为居民们讲解戒烟的方法和技巧,鼓励吸烟者积极戒烟。公共场所也纷纷张贴了禁止吸烟的标识,营造了一个无烟的环境。

在学校和社会的共同努力下,学生们对吸烟的危害有了较为清晰的认识。他们明白了吸烟并不是一种时尚或成熟的表现,而是一种对自己和他人健康不负责任的行为。这种认识的转变使得学生们更加自觉地抵制吸烟的诱惑,不愿意轻易尝试吸烟。许多学生表示,他们会将所学的健康知识传递给身边的人,让更多的人了解吸烟的危害,共同营造一个健康、无烟的社会环境。

总之,学校和社会对吸烟危害的广泛宣传和教育,是一项具有深远意义的工作。它不仅帮助学生们树立了正确的健康观念,提高了他们的自我保护意识,也为整个社会的健康发展做出了积极的贡献。相信在未来,随着健康教育和宣传工作的不断深入,越来越多的人将远离吸烟,拥抱健康的生活方式。

(2)家庭影响

家庭环境对孩子的成长起着至关重要的作用,其中家庭对吸烟的态度和教育方式,更是直接影响着孩子吸烟的可能性。

在一个家庭中,如果没有人吸烟,那么孩子就不会受到吸烟行为的直接影响。他们不会在日常生活中看到家人吸烟的场景,从而减少了对吸烟的好奇心和模仿欲。没有吸烟的家庭成员作为榜样,孩子更容易形成对吸烟的负面认知,明白吸烟是一种不健康的行为,对身体会造成诸多危害。

另一方面,如果家长能够对孩子进行吸烟有害的教育,那么孩子对吸烟的危害将会有更深刻的认识。家长可以通过多种方式进行教育,比如观看相关的教育视频、讲解吸烟对身体各个器官的损害、分享一些因吸烟导致严重疾病的案例等。这样的教育能够让孩子从内心深处认识到吸烟的危险性,从而增强他们抵制吸烟的意识和能力。

当孩子清楚地了解到吸烟不仅会损害自己的健康,还可能影响到他人的健康时,他们在面对吸烟的诱惑时,就会更加坚定地说“不”。这种早期的教育和正确的引导,能够帮助孩子树立正确的健康观念,让他们在成长过程中更加自觉地选择健康的生活方式。

总之,一个无烟的家庭环境和积极的吸烟有害教育,能够为孩子筑起一道坚实的防线,降低他们吸烟的可能性。家长们应该肩负起这份责任,为孩子创造一个健康、美好的成长环境,让他们远离吸烟的危害,茁壮成长。

(3)学校管理和监督

在学校的教育环境中,管理和监督学生的行为是至关重要的,尤其是对于学生吸烟这种不良行为,学校更是采取了严格的管理和监督措施。

学校深知吸烟对学生身体健康的严重危害,因此制定了一系列严格的规章制度来约束学生的行为。一旦发现学生有吸烟的迹象,学校会立即展开调查。老师们会通过多种方式进行排查,如观察学生的行为举止、检查校园内的各个角落等。一旦确认学生吸烟的事实,学校会根据相关规定进行相应的处罚。

这些处罚措施不仅仅是为了惩罚学生,更是为了让他们深刻认识到吸烟的错误和危害。处罚的方式可能包括警告、严重警告、记过等纪律处分,同时还会要求学生参加健康教育课程,了解吸烟对身体的损害以及如何戒除烟瘾。通过这些处罚措施,学校向学生传递了一个明确的信号:吸烟是不被允许的,违反规定将会受到严肃处理。

学校的严格管理和监督对学生吸烟行为起到了一定的遏制作用。学生们意识到学校对吸烟问题的重视,不敢轻易尝试吸烟。同时,这种管理和监督也营造了一个健康、积极的校园氛围,让学生们在一个无烟的环境中学习和成长。

此外,学校还积极开展宣传教育活动,通过主题班会、宣传栏、校园广播等多种形式,向学生普及吸烟的危害和戒烟的方法。这些活动不仅提高了学生们的健康意识,也让他们更加自觉地抵制吸烟行为。

学校对学生吸烟行为的严格管理和监督是非常必要的。通过一系列的措施,学校有效地遏制了学生吸烟的现象,为学生们的健康成长创造了良好的条件。我们相信,在学校的持续努力下,学生们将能够养成良好的生活习惯,远离吸烟的危害,共同营造一个更加美好的校园环境。

综上所述,学生们在饮食习惯、吃零食习惯、饮酒习惯和吸烟习惯方面的表现,受到多种因素的综合影响,包括健康意识、学校教育、家庭教育、法律法规、社交环境等。通过加强健康教育、营造良好的校园环境和家庭氛围,可以进一步引导学生养成健康的生活习惯。

2.2.3　心理健康状况分析

1.焦虑或压力方面

(1)学业压力

在当今的教育环境中,学业压力成了许多学生不得不面对的沉重负担。学生们每天都要应对各种各样的考试,无论是阶段性的测验,还是决定升学的重要考试,都让他们如临大敌。繁重的作业任务更是如同一座座小山,压得学生们喘不过气来。不仅如此,学业竞争也日益激烈,同学们都在努力争取更好的成绩和排名,这种竞争氛围使得学生们时刻处于紧张状态。

比如,小明作为一名高三学生,每天都要面对大量的模拟考试和堆积如山的作业。他常常感到焦虑不安,担心自己的成绩无法达到理想的水平,进入心仪的大学。长时间的学习和压力让他身心疲惫,甚至开始出现失眠的症状。像小明这样的学生不在少数,学业压力给他们的身心健康带来了极大的挑战,也让他们的成长之路变得更加艰难。

(2)社交压力

在学校这个小型社会中,学生们面临着诸多社交压力。与同学相处就是一个重要方面,他们需要融入不同的小群体,找到自己的位置。比如,有些学生可能会因为性格内向而在与同学交流时感到紧张和不安,担心自己无法被接纳,从而产生焦虑情绪。

而与老师之间的关系处理也并非易事。学生们希望得到老师的认可和赞扬,但又可能因为害怕犯错而在老师面前表现得小心翼翼。例如,在课堂上回答问题时,如果回答错误,可能会觉得尴尬和有压力,担心给老师留下不好的印象。

此外,学校中的各种社交活动,如小组作业、社团活动等,也要求学生具备一定的社交能力和团队合作精神。对于那些不太擅长与人合作的学生来说,这些活动可能会成为一种负担,让他们感到压力重重。

总之,在学校中,社交方面的问题确实会给学生带来不小的压力,影响他们的学习和生活。学校和家长应该关注学生的社交压力,给予他们适当的引导和支持,帮助他们更好地应对这些挑战。

(3)未来规划

在学生的成长过程中,对未来的不确定感常常如影随形,尤其是在升学和就业这两个关键节点上,这种不确定感可能会使他们产生焦虑情绪。

以升学为例,学生们面临着激烈的竞争,他们担心自己的成绩是否能够达到理想学校的录取标准。每一次考试的成绩波动,都可能让他们的内心充满不安。他们会不断地问自己:“我能不能考上好学校?”“如果考不上,我该怎么办?”这种对未知结果的担忧,给学生们带来了巨大的心理压力。

而就业问题同样让学生们感到焦虑。随着社会的发展,就业市场的竞争日益激烈。学生们在毕业前就开始为自己的未来职业担忧,他们不知道自己所学的专业是否能够找到合适的工作,也不知道自己是否具备足够的能力和竞争力在就业市场中脱颖而出。他们会思考:“我能找到一份满意的工作吗?”“这个行业的发展前景如何?”对未来职业的不确定性,使得学生们在求职过程中充满了焦虑和不安。

总之,升学和就业等未来规划的不确定性,给学生们带来了诸多焦虑情绪。这些情绪不仅会影响学生们的学习和生活质量,还可能对他们的身心健康造成负面影响。因此,我们应该关注学生们的心理状态,给予他们足够的支持和引导,帮助他们缓解焦虑,以积极的心态面对未来的挑战。

(4)家庭期望

在当今社会,家长对学生的期望普遍较高,然而,这种过高的期望有时却可能会给学生带来沉重的心理负担。

例如,有些家长望子成龙、望女成凤,不顾孩子的实际情况,一味地要求他们在学习上取得优异的成绩。孩子每天都面临着大量的作业和课外辅导,几乎没有时间进行娱乐和放松。长期处于这种高压状态下,孩子容易产生焦虑、抑郁等心理问题。

又如,部分家长将自己未实现的梦想强加在孩子身上,希望他们能够在某个领域取得非凡的成就。孩子为了满足家长的期望,不得不放弃自己的兴趣爱好,全身心地投入到家长所期望的事情中。这样的生活让孩子失去了自我,感到无比的压抑和痛苦。

总之,家长对学生过高的期望,往往会给他们带来巨大的心理压力,影响他们的身心健康和全面发展。家长应该尊重孩子的个性和兴趣,根据孩子的实际情况,合理地设定期望,为孩子创造一个宽松、和谐的成长环境。

2. 抑郁情绪或心理问题方面

(1)生活中的挫折

在生活的道路上,学生们常常会面临各种各样的挫折。人际关系问题便是其中之一,他们可能会在与同学、朋友或家人的相处中遇到矛盾和冲突。例如,与同学之间因为一点小事产生误会,导致彼此之间的关系变得紧张;或者在与家人沟通时,因为观念的不同而产生争吵,使得家庭氛围变得压抑。

学习困难也是学生们普遍面临的挫折。课程的难度不断增加,作业的压力日益沉重,考试的竞争愈发激烈,这些都可能让学生们感到力不从心。比如,某个学生在数学学习上遇到了难题,尽管付出了很多努力,但成绩仍然不尽如人意,这会让他对自己的能力产生怀疑,从而产生沮丧和失落的情绪。

这些挫折如果不能得到及时有效的解决,很可能会引发偶尔的抑郁情绪。学生们可能会变得情绪低落,对周围的事物失去兴趣,甚至会出现睡眠障碍和食欲不振等问题。例如,有个学生因为连续几次考试失利,开始对学习失去信心,整个人变得沉默寡言,不愿意参加社交活动,每天都沉浸在负面情绪中,难以自拔。

然而,挫折并不是无法跨越的障碍,只要学生们能够积极面对,采取正确的应对策略,如寻求帮助、调整心态、改进学习方法等,就一定能够克服挫折,走出抑郁的阴影,重新找回自信和快乐。

(2)心理调适能力

学生们面临着各种各样的挑战和压力,而心理调适能力成了他们健康成长的重要保障。值得欣慰的是,大部分学生具备一定的心理调适能力。当他们在学习、生活中遇到问题时,能够积极地运用各种方法来调整自己的心态。

这些学生懂得正视问题,他们不会选择逃避,而是勇敢地面对困难。他们会尝试从不同的角度去看待问题,寻找解决问题的方法,从而避免陷入消极的情绪中。在面对挫折时,他们能够保持乐观的态度,相信自己有能力克服困难。这种积极的心态使他们能够迅速从失败中走出来,重新振作。

此外,他们还善于运用一些有效的心理调适技巧,如深呼吸、冥想、运动等,来缓解紧张和焦虑的情绪。通过这些方式,他们能够及时地调整自己的心理状态,减少抑郁情绪的持续发生。这种心理调适能力不仅有助于他们在当前的学习和生活中保持良好的状态,也为他们未来的发展奠定了坚实的基础,使他们能够更好地应对人生中的各种挑战。

总之,大部分学生所具备的心理调适能力是他们在成长过程中的宝贵财富,它帮助他们在面对困难时保持坚韧,在面对压力时保持从容,让他们能够以更加积极健康的心态去追求自己的梦想和目标。

(3)环境因素

学校和家庭作为学生成长的两个重要场所,其营造的良好氛围能够为学生的心灵提供温暖的庇护所。在学校里,积极向上的学习氛围、和谐的师生关系以及友善的同学交往,都能让学生感受到被尊重和接纳。老师们的鼓励与引导,同学们的互帮互助,能够使学生在这样的环境中充分发挥自己的潜力,增强自信心,从而保持较好的心理状态。

而在家庭中,父母的关爱、理解和支持是孩子心理健康的坚实后盾。一个充满温暖和爱的家庭环境,能够让孩子感受到安全感,有助于他们形成积极的心态和良好的性格。家庭成员之间的良好沟通和相互支持,能够帮助孩子更好地应对生活中的各种挑战和压力,降低他们产生抑郁情绪的风险。

此外,支持性的人际关系也是学生心理健康的重要保障。除了学校和家庭中的关系,学生在社会交往中所建立的友谊也对他们的心理状态产生着影响。真诚的朋友能够倾听他们的心声,给予他们情感上的支持和鼓励,帮助他们排解负面情绪,减少抑郁情绪的出现频率。总之,学校和家庭的良好氛围以及支持性的人际关系,共同为学生创造了一个有利于心理健康的环境,让他们能够茁壮成长,以积极的心态面对生活的种种。

3. 解决心理问题的方式方面

(1)朋友的支持

在学生的日常生活中,朋友扮演着至关重要的角色。他们共度了许多欢乐时光,也一起面对过不少困难,彼此之间的了解可谓颇为深入。当学生们在生活中遇到挫折、困惑或者压力时,朋友往往是他们首选的倾诉对象。

向朋友倾诉,能够带来诸多益处。首先,朋友会给予情感上的支持。他们会用心倾听学生的烦恼和忧虑,用温暖的话语和关怀的态度,让学生感受到自己并不孤单,有人愿意与他们共同分担。这种情感上的支持如同冬日里的暖阳,给予学生心灵上的慰藉。

而且,朋友的理解也是无比珍贵的。因为彼此熟悉,朋友能够从学生的角度出发,设身处地地去感受他们的情绪和处境。这种理解能够让学生们感到被接纳和认可,从而增强他们的自信心和勇气,去面对生活中的种种挑战。

总之,朋友的支持对于学生来说是一种强大的力量。在与朋友的交流中,学生们能够获得情感的宣泄和心灵的安抚,让他们在成长的道路上更加坚定地前行。这种真挚的友谊和相互支持,将成为学生们人生中宝贵的财富,陪伴他们度过一个又一个难忘的时刻。

(2)自我认知和成长

自我调节对于学生的发展具有至关重要的意义。在学生的成长过程中,他们不可避免地会遇到各种各样的情绪和问题。通过自我调节,学生能够以一种积极主动的态度去面对这些挑战。

当学生学会自我调节时,他们开始更加敏锐地感知自己的情绪变化。无论是喜悦、悲伤还是愤怒,他们都能够清晰地认识到这些情绪的产生原因和影响。这种自我认知使他们能够更好地理解自己的内心世界,从而为解决问题奠定基础。

同时,自我调节也促使学生尝试通过自身的努力来解决问题。他们不再依赖他人的帮助,而是主动地寻找解决问题的方法。在这个过程中,学生不断地锻炼自己的思维能力和解决问题的能力,逐渐积累经验,提升自己的综合素质。

例如,当学生在学习中遇到困难时,他们可以通过自我调节来调整自己的心态,保持积极的学习态度。然后,他们会分析问题的所在,制定合理的学习计划,并努力付诸实践。通过这样的努力,学生不仅解决了学习上的问题,还培养了自己的自主学习能力和坚韧不拔的品质,这无疑是一种自我成长的体现。

总之,自我调节是学生实现自我认知和成长的重要途径。它帮助学生更好地认识自己,培养解决问题的能力,使他们在面对生活中的各种挑战时能够更加从容自信,不断实现自我超越,为未来的发展打下坚实的基础。

4. 对学校心理健康教育和咨询服务的评价方面

(1)满意的方面

①专业的服务:学校的心理健康教育和咨询服务可能提供了一些专业的知识和技能,帮助学生了解自己的心理状态,掌握一些应对心理问题的方法。

②积极的氛围:学校可能营造了一个关注心理健康的氛围,让学生感受到对他们心理需求的重视。

(2)不满意的方面

①服务的针对性不足:可能部分学生觉得心理健康教育和咨询服务没有完全满足他们的个性化需求,缺乏针对性的指导。

②宣传和推广不够:有些学生对心理健康教育和咨询服务的了解不够,不知道如何充分利用这些资源,导致他们对服务的评价一般或不满意。

③师资力量和资源有限:学校可能在心理健康教育方面的师资力量和资源投入不足,影响了服务的质量和效果。

综上所述,学生在焦虑或压力方面存在一定问题,需要学校和家庭共同关注,帮助学生减轻压力;学生在抑郁情绪方面的情况相对较好,但也不能忽视偶尔出现的问题,需要加强心理健康教育,提高学生的心理调适能力;学生在解决心理问题时倾向于向朋友倾诉和自我调节,学校可以进一步引导学生正确应对心理问题;学校的心理健康教育和咨询服务取得了一定的成效,但仍需要不断改进和完善,以提高学生的满意度和服务质量。

2.2.4　对体质健康的认知和态度分析

1. 学生对大学生体质健康重要性的认识

健康问题备受关注,学生们对大学生体质健康的重要性也有了更为深刻的认识。

随着社会的发展和进步,人们对健康的重视程度与日俱增。各种健康知识通过媒体、网络等渠道广泛传播,使得学生们能够更加便捷地获取相关信息。他们逐渐明白,拥有良好的体质健康是顺利完成学业的基础。一个健康的身体能够提供充沛的精力,使他们在学习中保持良好的状态,提高学习效率。

同时,体质健康也对个人的生活质量产生着深远的影响。健康的学生能够更好地享受生活的乐趣,积极参与各种社交和户外活动,拓展自己的人际关系和视野。而且,良好的体质健康是未来发展的重要保障。在竞争日益激烈的就业市场中,拥有强健的体魄能够使他们更好地应对工作中的压力和挑战,提高自己的竞争力。

此外,学校和家庭在健康教育方面也发挥了重要的作用。学校通过开设体育课程、举办各类体育活动等方式,培养学生的体育兴趣和习惯,让他们在运动中增强体质。家庭则从小就注重培养孩子的健康意识,引导他们养成良好的生活习惯。在学校和家庭的共同努力下,学生们对体质健康的重要性形成了较高的认知,并将其视为实现个人全面发展的重要因素。

总之,学生们已经充分认识到大学生体质健康的重要性,他们将更加积极地投入到体育锻炼中,努力提升自己的体质健康水平,为自己的未来打下坚实的基础。

2. 对学校体育课程和活动的评价

(1)满意和非常满意的原因:学校可能在体育课程设置和活动组织方面做出了一些努力,例如提供了多样化的体育项目、聘请了专业的体育教师、举办了各类体育比赛等,这些举措得到了部分学生的认可。

(2)存在不满意的原因:尽管有部分学生对学校的体育课程和活动表示满意,但仍有一定比例的学生不满意。可能的原因包括体育课程内容不够丰富、教学方法不够灵活、体育活动的组织和管理不够完善、体育设施不足或老化等。此外,学生个体的兴趣和需求差异也可能导致对学校体育课程和活动的评价不一。

3. 学校加强大学生体质健康工作的措施建议

(1)开展更多样化的体育活动受欢迎的原因:学生们希望通过参与各种不同类型的体育活动,满足自己的兴趣爱好,提高身体素质,同时也丰富课余生活。

(2)建立科学的体质健康监测和评价体系的需求:学生们意识到了解自己的体质健康状况对于制定合理的锻炼计划和保持健康的重要性,因此希望学校能够建立科学的监测和评价体系,为他们提供个性化的健康指导。

(3)增加体育课程的数量和质量的期望:学生们希望通过增加体育课程的数量,获得更多的锻炼机会;同时,也希望提高体育课程的质量,使课程更加有趣、实用和具有挑战性。

(4)完善体育设施和场地的建议:良好的体育设施和场地是学生进行体育锻炼的基础条件,目前学校的体育设施和场地可能无法满足学生的需求,因此学生们提出了完善的建议。

(5)加强健康教育和宣传的必要性:学生们认识到健康教育对于提高健康意识和养成健康生活习惯的重要性,希望学校能够加强这方面的工作,提供更多的健康知识和信息。

4. 学生对自己未来体质健康状况的期望

(1)希望保持良好或逐步改善健康状况的原因:学生们对自己的未来充满期待,认识到体质健康对个人发展的重要性,因此希望通过积极的锻炼和健康的生活方式来保持或改善自己的体质健康状况。

(2)少数学生认为维持现状即可或不太关注的原因:这部分学生可能对体质健康的重要性认识不足,或者缺乏足够的动力和信心去改变自己的现状。此外,个人的生活习惯、学习压力等因素也可能影响他们对体质健康的关注程度。

综上所述,学生们对大学生体质健康的重要性有较高的认识,但学校在体育课程和活动方面还存在一些需要改进的地方。学生们对学校加强体质健康工作提出了多种建议,反映了他们对提高自身体质健康水平的期望和需求。同时,大多数学生对自己未来的体质健康状况抱有积极的态度,希望通过努力来实现良好的健康状态。

2.3　大学生体质健康状况调查结果讨论

本次调查旨在研究体质健康综合状况、饮食习惯、心理健康状况、对体质健康的认知和态度之间的相互关系。通过对调查结果的综合分析,我们发现了以下几个方面的重要联系。

2.3.1　体质健康综合状况与饮食习惯的关系

1. 营养均衡与体质健康

人们越来越关注健康问题,而营养均衡与体质健康之间的紧密联系也备受瞩目。近期的一项调查结果显示,饮食习惯中注重营养均衡的人群,其体质健康综合状况相对较好。

合理的饮食结构是维持身体健康的基石。其中,摄入足够的蛋白质是至关重要的,它是身体组织的重要组成部分,有助于维持肌肉质量、促进新陈代谢。碳水化合物则是身体的主要能量来源,为我们的日常活动提供动力。脂肪虽然常常被误解,但适量的健康脂肪对于身体的正常功能也是不可或缺的,如保护内脏器官、促进维生素的吸收等。

此外,维生素和矿物质在维持身体的正常生理功能方面发挥着关键作用。维生素参与各种代谢过程,增强免疫力,而矿物质则对于骨骼健康、神经功能和血液循环等方面具有重要意义。

当我们遵循营养均衡的原则,合理搭配各类食物时,我们的身体能够得到充分的滋养,从而维持正常的功能和健康状态。这不仅有助于预防各种慢性疾病,如心血管疾病、糖尿病等,还能提高我们的生活质量,使我们拥有更加充沛的精力和良好的精神状态。

因此,我们应该重视营养均衡,养成良好的饮食习惯。在日常生活中,我们可以多摄入富含各类营养素的食物,如新鲜的蔬菜水果、全谷物、优质蛋白质来源(如鱼类、豆类、禽肉等),并控制油、盐、糖的摄入量。只有这样,我们才能真正实现营养均衡,为自己的体质健康打下坚实的基础。

2. 蔬果摄入与健康状况

在追求健康的道路上,蔬果的重要性不容忽视。那些经常摄入丰富蔬菜水果的人,通常拥有更为良好的体质健康综合状况。这并非偶然,而是有着坚实的科学依据。

蔬菜水果是大自然赋予我们的宝贵礼物,它们富含多种营养素,如维生素、矿物质和膳食纤维等。维生素是维持人体正常生理功能所必需的微量有机物质,不同的维生素在身体内发挥着各自独特的作用。例如,维生素C有助于增强免疫力,促进胶原蛋白的合成,使我们的皮肤更加健康,同时还能帮助身体抵抗各种疾病的侵袭;维生素A则对视力保护起着至关重要的作用。

矿物质也是人体不可或缺的营养成分,它们参与了许多生理过程。如钙是构建骨骼和牙齿的重要元素,铁对于血红蛋白的合成不可或缺,缺锌则可能导致免疫力下降和生长发育迟缓。而蔬菜水果中的膳食纤维,虽然不能被人体消化吸收,却有着重要的保健功能。它可以促进肠道蠕动,预防便秘,减少肠道对有害物质的吸收,降低患结肠癌等疾病的风险。此外,膳食纤维还能增加饱腹感,有助于控制体重。

通过经常摄入丰富的蔬菜水果,我们能够为身体提供充足的营养,增强免疫力,预防慢性疾病的发生,如心脏病、糖尿病、高血压等。同时,它们还能维持身体的正常代谢功能,使我们的身体保持在一个良好的状态。因此,我们应该养成每天摄入足量蔬菜水果的好习惯,让健康的生活从每一口蔬果开始。

3. 高热量食物与健康风险

人们的饮食习惯正在悄然发生变化,高热量、高脂肪和高糖分的食物在日常饮食中所占的比例逐渐增加。然而,这种饮食习惯的改变却给我们的健康带来了诸多风险。

过多摄入高热量、高脂肪和高糖分的食物,与较差的体质健康综合状况密切相关。这些食物往往富含大量的卡路里,人体在摄入后,如果无法及时将其消耗,就会导致多余的能量被储存为脂肪,从而引起体重增加。而肥胖则是许多慢性疾病的重要诱因,如心血管疾病、糖尿病等。

此外,高热量食物还可能对身体的其他系统产生负面影响。例如,高糖分的食物容易导致血糖波动,增加胰岛素抵抗的风险,进而发展为糖尿病。同时,长期食用这类食物还可能影响消化系统的正常功能,导致消化不良、胃痛等问题。

综上所述,高热量、高脂肪和高糖分的食物虽然在口感上可能给人带来满足感,但它们对体质健康的负面影响却是不容忽视的。为了保持良好的健康状况，我们应该调整饮食习惯，减少这类食物的摄入，增加蔬菜、水果、全谷物等富含营养且低热量的食物的比例。同时，结合适量的运动，消耗多余的热量，维持健康的体重，降低心血管疾病等慢性疾病的发病风险。只有这样，我们才能真正实现健康的生活方式，提高生活质量。

2.3.2　体质健康综合状况与心理健康状况的关系

1. 身体健康对心理的积极影响

身体健康是人类幸福的基石，它对心理的积极影响不容忽视。当一个人的体质健康综合状况良好时，往往能够享受到诸多心理健康方面的益处。

首先，良好的身体状态能够显著提高个体的自信心。拥有健康的体魄，人们能够更加轻松地应对日常生活中的各种挑战，无论是工作中的任务还是休闲时的活动，都能更加得心应手。这种对自身能力的肯定，会逐渐转化为内心的自信，让个体在面对困难时更加坚定和勇敢。

其次，身体健康有助于增强自尊心。当我们的身体处于良好状态时，会对自己的形象和外貌更加满意，从而提升自我价值感。这种自尊心的提升，能够让我们更加积极地与他人交往，建立良好的人际关系。

此外，良好的身体状况还对情绪稳定性产生积极影响。通过适当的运动和健康的生活方式，人体能够分泌更多的内啡肽和多巴胺等神经递质，这些物质有助于缓解压力、调节情绪，使我们保持愉悦、乐观的心态。相比之下，身体不健康的人更容易受到疾病的困扰，从而导致情绪波动，增加焦虑、抑郁等心理问题的发生风险。

总之，身体健康与心理健康息息相关。保持良好的身体状态，不仅能够让我们拥有更强的体魄去迎接生活的挑战，还能够为我们的心灵注入积极的能量，让我们以更加阳光、自信的态度面对人生。因此，我们应该重视身体健康，养成良好的生活习惯，通过合理的饮食、适量的运动和充足的休息，来维护自己的身心健康，从而实现全面的幸福和发展。

2. 心理压力对身体健康的影响

在当今快节奏的社会中，心理压力已成为许多人面临的严峻挑战。心理健康状况不佳，尤其是长期处于高压力、焦虑或抑郁状态下的人，其身体健康往往会受到多方面的影响。

长期的心理压力会对人体的内分泌系统产生显著的干扰。压力会促使身体分泌过多的应激激素,如皮质醇,导致内分泌失调。这种失调可能会影响到身体的新陈代谢、血糖调节以及生殖系统的正常功能,进而引发一系列健康问题,如肥胖、糖尿病、月经不调等。

此外,心理压力还会削弱免疫系统的功能。免疫系统是人体抵御疾病的重要防线,而长期的压力会使免疫系统处于抑制状态,降低其对病原体的抵抗力。这使得人们更容易受到感染,患上感冒、流感等疾病,且病情可能会更加严重和持久。同时,心理压力还与一些慢性疾病的发生和发展密切相关,如心血管疾病、高血压、哮喘等。长期的高压力状态会增加心血管系统的负担,导致血压升高、心率加快,增加心脏病发作的风险。对于哮喘患者来说,心理压力可能会诱发哮喘发作,加重病情。

总之,心理压力对身体健康的影响是不容忽视的。我们应该重视心理健康,学会有效地应对压力,采取积极的心理调适方法,如运动、冥想、社交支持等,以维护身心健康。只有保持良好的心理状态,我们才能拥有一个强健的体魄,更好地应对生活中的各种挑战。

2.3.3　体质健康综合状况与对体质健康的认知和态度的关系

1. 健康认知与行为的一致性

在追求健康的道路上,健康认知与行为的一致性起着至关重要的作用。一个对体质健康有正确认知和积极态度的人,往往能够深刻理解健康的重要性,并将这种认知转化为实际行动。

他们明白,定期进行体育锻炼不仅可以增强心肺功能、提高肌肉力量和耐力,还能改善身体的柔韧性和平衡能力。因此,他们会积极主动地安排时间进行运动,无论是慢跑、游泳、瑜伽还是其他形式的锻炼,都成为他们生活中不可或缺的一部分。

同时,他们也深知保持良好饮食习惯的重要性。他们会选择营养丰富、均衡的食物,增加蔬菜、水果和全谷物的摄入,减少高热量、高脂肪和高糖食品的消费。他们懂得合理搭配膳食,确保身体获得足够的营养来维持正常的生理功能。

这些有益的健康行为并非一蹴而就,而是在正确的健康认知引导下逐渐形成的习惯。通过持续地践行这些健康行为,他们的体质健康综合状况得到了显著提高。身体变得更加强壮,抵抗力增强,患病的风险降低,精神状态也更加饱满。这种积极的变化进一步强化了他们对健康的认知和积极态度，促使他们更加坚定地继续保持这些健康行为，从而形成了一个良性循环。

总之，健康认知与行为的一致性是实现健康生活的关键。只有当我们真正认识到健康的价值，并将其转化为实际行动，才能不断提升自己的体质健康水平，享受更加美好的生活。

2. 忽视健康的后果

在我们的生活中，存在着这样一些人，他们对体质健康的认知不足或态度消极。这些人往往没有意识到健康的重要性，对自身的健康状况不够重视。他们可能会过度沉迷于工作、娱乐或其他事务，而忽略了身体发出的各种信号。

由于对健康问题的忽视，他们容易错过疾病的早期信号。这些早期信号可能是轻微的疲劳、疼痛或其他不适，但如果不加以重视，这些小问题可能会逐渐发展成严重的健康问题。例如，长期的疲劳可能是身体过度劳累的表现，如果不及时调整，可能会导致免疫力下降，进而引发各种疾病。又如，轻微的疼痛如果被忽视，可能会发展成慢性疾病，给身体带来更大的痛苦和困扰。

随着时间的推移，这些人的体质健康状况会逐渐恶化。他们的身体机能会下降，抵抗力会减弱，更容易受到疾病的侵袭。一旦患上疾病，治疗起来可能会更加困难，不仅需要花费更多的时间和金钱，还可能会对身体造成不可逆转的损害。

因此，我们应该重视自身的健康状况，树立正确的健康观念。要保持良好的生活习惯，合理饮食、适量运动、充足睡眠，定期进行体检，及时发现和处理健康问题。只有这样，我们才能拥有一个健康的身体，更好地享受生活的美好。

2.3.4　饮食习惯与心理健康状况的关系

1. 食物对情绪的影响

在我们的日常生活中，食物不仅仅是为了满足身体的营养需求，还对我们的情绪状态产生着重要的影响。

富含 ω-3 脂肪酸的鱼类，如三文鱼、金枪鱼等，被认为是对情绪有益的食物之一。ω-3 脂肪酸有助于大脑的正常功能和神经递质的平衡，从而能够改善情绪状态，减轻焦虑和抑郁症状。

全麦食品也是改善情绪的好选择，它们富含维生素 B。维生素 B 对神经系统的正常功能至关重要，能够帮助身体应对压力，提升情绪。

然而,有些食物如果过度摄入,可能会对情绪产生负面影响。咖啡因是许多人日常生活中离不开的饮品,但过量的咖啡因摄入可能会导致焦虑、紧张和失眠等问题,进而影响情绪。

酒精虽然在短期内可能会让人感到放松,但长期过量饮酒会对大脑和神经系统造成损害,增加抑郁和焦虑的风险。

此外,加工食品通常含有高糖、高盐和高脂肪,这些成分可能会导致血糖波动和炎症反应,进而对情绪产生不利影响。比如,长期大量食用薯片、饼干等加工食品的人,可能会更容易出现情绪波动、疲劳和注意力不集中等问题。

综上所述,我们应该重视食物对情绪的影响,合理选择食物,以保持良好的情绪状态。多摄入富含 ω-3 脂肪酸的鱼类、富含维生素 B 的全麦食品等有益食物,同时尽量减少咖啡因、酒精和加工食品的过度摄入。这样,我们才能通过饮食来滋养身心,拥有更加健康和积极的生活态度。

2. 饮食规律与心理稳定性

在我们的日常生活中,饮食规律对于维持心理稳定性起着至关重要的作用。保持规律的饮食习惯,定时进餐,就如同为身体设定了一个精准的时钟,有助于维持身体的生物钟和内分泌平衡,进而为心理健康奠定坚实的基础。

例如,我们每天在固定的时间享用早餐、午餐和晚餐,身体会逐渐适应这种节奏,消化系统能够更加高效地工作。当我们按时进食时,食物中的营养成分能够被充分吸收,为身体提供所需的能量和养分,使我们在一天中保持良好的精神状态。这种规律的饮食模式有助于维持血糖水平的稳定,避免血糖波动过大对身体和心理产生的不良影响。

相反,不规律的饮食时间和习惯则可能会给我们的身体带来一系列问题,进而影响我们的情绪和心理状态。想象一下,一个人经常错过早餐,午餐和晚餐的时间也不固定,这样的饮食习惯很容易导致血糖波动。当血糖过低时,我们可能会感到疲劳、焦虑和易怒;而血糖过高时,则可能会出现嗜睡和注意力不集中等问题。此外,不规律的饮食还可能引发消化系统问题,如胃痛、胃胀、腹泻等,这些身体上的不适会进一步加重我们的心理负担,使我们感到烦躁和不安。

饮食规律对于心理健康的影响是不容忽视的。为了保持良好的心理状态,我们应该养成规律的饮食习惯,定时进餐,合理搭配食物,确保身体能够获得足够的营养和能量。只有这样,我们才能拥有健康的身体和积极的心态,更好地面对生活中的各种挑战。

总之,饮食规律与心理稳定性之间存在着密切的联系。我们应该重视饮食规律的重要性,将其作为维护心理健康的重要一环。通过保持规律的饮食习惯,我们可以为自己的身体和心理创造一个良好的环境,让我们能够以更加饱满的精神状态和积极的心态去迎接生活的每一天。

2.3.5　饮食习惯与对体质健康的认知和态度的关系

1. 健康认知引导饮食选择

人们越来越关注健康问题,而健康认知在引导饮食选择方面发挥着至关重要的作用。对体质健康有深入了解的人,往往能更敏锐地意识到饮食习惯对健康的深远影响,进而在饮食选择上更加明智和理性。

例如,一位长期关注健康知识、对体质健康有深入研究的人,在购买食品时,会仔细查看食品标签上的营养成分表。他会关注蛋白质、碳水化合物、脂肪、维生素和矿物质等营养素的含量,并根据自己的身体需求和健康目标进行选择。如果他想要增加肌肉质量,就会选择富含优质蛋白质的食物,如鸡胸肉、鱼虾、豆类等;如果他想要控制体重,就会选择低热量、高纤维的食物,如蔬菜、水果、全谷物等。

除了营养成分,他们还会关注食物的来源。他们深知新鲜、天然的食物往往富含更多的营养成分和更少的添加剂。因此,他们会更倾向于选择当地生产的、当季的蔬菜水果,以及有机食品。他们会尽量避免购买过度加工、含有大量防腐剂和人工色素的食品。比如,他们会选择去农贸市场购买直接从农民手中采摘的蔬菜,而不是选择那些经过长途运输、在超市货架上摆放了很久的蔬菜。他们也会选择自己在家做饭,而不是频繁地吃外卖或快餐,因为这样可以更好地控制食材的选择和烹饪方式,减少油脂和盐分的摄入。

此外,对健康有深入认知的人还会关注食物的加工方式。他们明白,不同的加工方式会对食物的营养价值产生很大的影响。例如,油炸食品虽然口感酥脆,但会增加油脂的摄入量,产生有害物质,对健康不利;而蒸煮、烤等烹饪方式则可以更好地保留食物的营养成分,是更健康的选择。因此,他们在烹饪食物时,会尽量选择健康的加工方式,以保证食物的营养价值和健康效益。

总之,对体质健康有深入了解的人,能够凭借自己的健康认知,做出更加明智的饮食决策。他们关注食物的营养成分、来源和加工方式,选择健康的食物,为自己的身体提供充足的营养,维持良好的健康状态。这种健康认知不仅有助于个人的健康,还可以为整个社会的健康发展做出贡献。我们应该努力提高自己的健康认知水平,培养良好的饮食习惯,让健康的饮食成为我们生活的一部分。

2. 饮食文化与健康态度

饮食文化是一个地区或家庭在长期的生活实践中形成的关于饮食的传统、习惯和观念。它不仅反映了人们的生活方式和文化背景,还对人们的体质健康产生着深远的影响。

在一些地区,人们的饮食传统以粗粮、蔬菜和水果为主,这种饮食结构富含膳食纤维、维生素和矿物质,有助于预防心血管疾病、糖尿病等慢性疾病,对健康有益。例如,地中海地区的饮食文化以橄榄油、鱼类、蔬菜和水果为主要特色,被认为是一种健康的饮食模式。研究表明,地中海饮食可以降低心脏病和中风的风险,延长人们的寿命。

然而,在另一些地区或家庭中,可能存在一些不太健康的饮食传统。比如,有些地方的饮食中油脂和盐分的摄入量过高,过多地食用油炸食品、腌制食品和加工肉类,这些饮食习惯容易导致高血压、高血脂、肥胖等健康问题。此外,一些家庭可能过于注重口味和口感,而忽视了食物的营养均衡,导致孩子从小就养成了不良的饮食习惯,影响了他们的体质健康。

个人的饮食文化和家庭环境对其健康态度的形成起着至关重要的作用。如果一个人在成长过程中接触到的是健康的饮食文化,那么他很可能会形成正确的健康观念,重视饮食的营养均衡和合理搭配。相反,如果一个人在不良的饮食环境中长大,他可能会对健康饮食的重要性认识不足,甚至认为不健康的饮食是一种享受,从而难以改变自己的不良饮食习惯。

为了树立正确的健康态度,我们需要提高对健康饮食的认识。这不仅需要个人的努力,还需要社会的广泛宣传和教育。政府可以通过开展健康教育活动、发布营养指南等方式,向公众普及健康饮食的知识和理念,引导人们树立正确的饮食观念。学校和家庭也应该承担起教育的责任,培养孩子良好的饮食习惯,让他们从小就懂得如何选择健康的食物。

例如,我们可以通过媒体宣传、社区讲座等形式,向人们介绍不同食物的营养价值和健康功效,让他们了解如何根据自己的身体状况和需求选择合适的食物。同时,我们还可以鼓励人们多食用新鲜的蔬菜和水果,减少油脂和盐分的摄入，避免过度饮酒和吸烟等不良习惯。此外，我们还可以推广一些健康的烹饪方式，如蒸、煮、烤等，以减少食物中的营养流失和有害物质的产生。

总之，个人的饮食文化和家庭环境对体质健康的认知和态度有着重要的影响。通过提高对健康饮食的认识，我们可以逐渐改变不良的饮食文化和习惯，树立正确的健康态度，从而提高我们的体质健康水平，享受更加美好的生活。

2.3.6　心理健康状况与对体质健康的认知和态度的关系

1. 积极心态促进健康意识

在我们的生活中，积极的心态对于促进健康意识起着至关重要的作用。心理健康状况良好的人，往往能够以更加乐观和积极的态度面对生活的种种挑战，这种积极的生活态度也会延伸到他们对健康的关注和重视上。

拥有积极心态的人，会更愿意关注自己的身体状况。他们不会等到身体出现明显的不适才去重视，而是会主动地留意身体的细微变化。无论是日常的饮食、睡眠，还是运动等方面，他们都会保持高度的警觉，及时调整自己的生活方式，以确保身体的健康。

同时，积极心态的人更愿意主动学习健康知识。他们对健康领域充满了好奇心，渴望了解更多关于保持健康的方法和技巧。他们会通过阅读书籍、参加讲座、浏览健康资讯等多种途径，不断丰富自己的健康知识储备。这种对知识的渴望和追求，使他们能够更好地理解健康的重要性，并将所学的知识应用到实际生活中。

此外，积极心态还促使他们采取积极的行动来维护和改善体质健康。他们会制定合理的锻炼计划，并坚持不懈地执行。他们懂得运动对于身体健康的益处，不仅能够增强体质，还能缓解压力，提升心理状态。在饮食方面，他们会选择营养均衡的食物，避免过度摄入高热量、高脂肪的食物。他们还会注重休息和放松，保证充足的睡眠，以提高身体的免疫力和抵抗力。

总之，积极的心态是促进健康意识的重要因素。它让人们更加关注自己的身体，主动学习健康知识，积极采取行动来维护和改善体质健康。当我们拥有积极的心态时，我们就能更好地应对生活中的各种困难和挑战，同时也能为自己的健康打下坚实的基础，享受更加美好的生活。

2. 心理障碍对健康认知的影响

在探讨健康问题时，我们往往会关注身体的生理状况，然而，心理障碍对健康的影响同样不容忽视。抑郁症、焦虑症等心理障碍可能会对个体对体质健康的认知和态度产生深远的影响。

以抑郁症为例，患者常常陷入情绪低落、失去兴趣和快乐感的困境中。这种心理状态可能导致他们对自己的健康状况产生过度担忧。他们可能会过分关注身体的细微变化，将一些正常的生理反应视为严重的健康问题，从而陷入不必要的焦虑和恐惧之中。例如，一个患有抑郁症的人可能会因为偶尔的头痛或疲劳而担心自己患上了严重的疾病，尽管医学检查显示一切正常。这种过度担忧不仅会增加心理负担，还可能影响到他们的日常生活和社交功能，进一步削弱他们的体质健康。

另一方面，焦虑症患者则可能表现出对健康状况的忽视。由于长期处于紧张、不安和恐惧的情绪中，他们可能会将注意力更多地集中在缓解焦虑情绪上，而忽视了对身体健康的关注。他们可能会忽略定期体检、合理饮食和适量运动等重要的健康行为，认为这些都无法解决他们内心的焦虑。例如，一些焦虑症患者可能会通过过度饮酒、吸烟或熬夜等不良方式来暂时缓解焦虑，然而这些行为却对身体健康造成了极大的损害。

无论是过度担忧还是忽视健康，这些心理障碍患者都缺乏积极的应对策略，从而影响了健康行为的实施和体质健康的改善。他们可能没有足够的动力去采取积极的健康行为，如坚持锻炼、保持良好的饮食习惯和规律的作息时间。相反，他们可能会陷入一种消极的循环中，心理障碍影响健康认知和态度，进而影响健康行为，最终导致体质健康状况的下降。

为了改善这种情况，我们需要加强对心理障碍的认识和理解，提高公众的心理健康意识。同时，对于患有心理障碍的个体，我们应该提供及时有效的心理治疗和支持，帮助他们调整对健康的认知和态度，培养积极的应对策略，从而促进健康行为的实施和体质健康的改善。只有这样，我们才能真正实现身心健康的全面发展。

综上所述，体质健康综合状况、饮食习惯、心理健康状况和对体质健康的认知和态度之间存在着密切的相互关系。通过提高对体质健康的认知和重视程度，培养良好的饮食习惯和心理健康，我们可以有效地改善体质健康综合状况，提高生活质量。同时，我们也应该认识到，这些因素之间的相互关系是复杂的，需要综合考虑个体的差异和环境因素的影响，采取针对性的措施来促进健康。

第3章　大学生体质健康教育的理论框架

在探讨大学生体质健康教育的核心内容时,我们首先需要深入理解其背后的理论支撑。本章将聚焦于体质健康教育的理论基础、教育目标与原则,旨在为构建科学、系统的教育体系提供坚实的基石。

体质健康教育作为大学教育的重要组成部分,其理论基础深植于健康促进理论和终身体育思想之中。健康促进理论强调通过全面、综合的措施,促进个体和社会的健康水平。这一理论为体质健康教育提供了指导方向,即通过教育手段,帮助学生树立正确的健康观念,掌握科学的健身方法,实现身心健康的全面发展。

终身体育思想则进一步强调了体育在人生发展中的重要作用。它认为体育不仅仅是学校体育的延伸,更是伴随人一生的生活方式。因此,体质健康教育应当注重培养学生的体育兴趣,让他们养成终身参与体育活动的习惯,将体育融入生活的每一个角落。

在明确了理论基础之后,我们将进一步探讨体质健康教育的目标与原则。教育目标是教育活动的出发点和归宿,它指引着教育实践的方向。对于体质健康教育而言,其目标在于提高学生的身体素质、健康水平以及体育素养,培养具有健康体魄和良好体育精神的现代大学生。

而教育原则则是教育实践中必须遵循的基本准则。在体质健康教育中,我们需要遵循因材施教、循序渐进、科学性与趣味性相结合等原则,确保教育活动的有效性和针对性。同时,我们还需要注重教育过程中的师生互动、学生自主性以及实践性与理论性相结合等方面,让学生在轻松愉快的氛围中学习和成长。

通过本章的学习,我们将深入理解体质健康教育的理论基础、目标与原则,为构建科学、系统的教育体系提供有力的理论支撑和实践指导。

3.1 体质健康教育的理论基础

在探讨高校大学生体质健康教育的理论基础时，我们主要依据健康促进理论和终身体育思想进行详细的分析和举例。

3.1.1 健康促进理论

1. 全面性与综合性的视角

健康促进理论是一个全面而深入的框架，它倡导从多维度、多层面综合施策，以全面促进学生的身心健康。这一理论的核心在于认识到健康并非单一维度的概念，而是涵盖了生理健康、心理健康、道德健康以及社会适应良好等多个方面，彼此之间相互关联、相互促进。

在生理健康层面，健康促进理论强调通过系统的体育锻炼和科学合理的营养膳食来增强学生的身体素质，提升抵抗力，预防疾病。但仅此还不够，它进一步指出，在体质健康教育中，我们必须同时关注学生的心理健康状况。这意味着，除了日常的身体锻炼外，还需要引入心理健康教育，帮助学生建立正确的自我认知，管理情绪，应对压力。例如，通过组织丰富多彩的团队活动，如户外拓展、体育竞赛等，不仅能够锻炼学生的体能，更重要的是能增进学生之间的沟通交流，培养他们的团队协作能力、领导力和解决冲突的能力，这些能力对于其未来在社会中的适应和发展至关重要。

此外，道德健康也是健康促进理论不可或缺的一部分。它要求我们在教育过程中注重培养学生的道德品质，如诚信、责任、尊重等，使他们在成长过程中形成健全的人格。最后，社会适应良好则是检验学生综合健康水平的重要标志。通过参与社会实践、志愿服务等活动，学生能够更好地了解社会、融入社会，为未来的职业生涯和人生道路打下坚实的基础。

综上所述，健康促进理论为促进学生健康提供了全面的指导，要求我们在教育实践中兼顾生理、心理、道德和社会适应等多个方面，以实现学生全面发展的目标。

2. 具体的健康标准

世界卫生组织(WHO)作为全球卫生领域的权威机构，为了促进全球人群的健康水平，精心制定了十项具体且全面的健康检查指标。这些指标不仅是对个人健康状况的精细刻画，更为体质健康教育提供了明确而具体的指导方向，确保了教育实践的科学性和有效性。

在教育领域，尤其是体质健康教育方面，WHO的这十项指标是我们设计学生体质健康测试内容的基石。通过这些指标，我们能够系统地评估学生的身体健康状况，包括但不限于体重管理、心肺功能、肌肉力量、柔韧性及耐力等多个维度。例如，通过测量学生的体重指数（BMI），我们可以直观地了解其体重状况，及时发现并干预超重或肥胖问题；肺活量的测试则能反映学生的呼吸系统健康状况及体能水平；而柔韧性测试则帮助学生认识到身体柔韧性的重要性，促进关节的灵活性和运动范围的扩大。

这些测试内容的制定与实施，不仅有助于教师全面了解学生的体质健康状况，还能为学生提供个性化的运动建议和干预措施。更重要的是，它促使学生更加重视自己的身体健康，积极参与到体育锻炼中来，形成积极健康的生活方式和良好的运动习惯。因此，WHO制定的这十项健康检查指标，对于推动体质健康教育的深入发展，提升学生整体健康水平，具有不可估量的价值。

3. 预防措施的强调

健康促进理论，作为一种前瞻性的健康管理模式，其核心在于强调通过实施有效的预防措施来显著降低各类健康问题的发生率。在体质健康教育的广阔天地里，这一理论的应用尤为关键，它指引着教育者采用科学的手段，从源头上防范学生群体中的肥胖、近视等日益普遍的健康问题。

具体而言，为了实现这一目标，我们不仅需要传授学生正确的健康观念，更要通过实际行动来践行健康促进的理念。在营养方面，我们可以积极邀请营养学专家走进校园，为学生举办丰富多彩的营养讲座，用生动有趣的方式引导他们理解均衡饮食的重要性，学会根据个人体质和需求制定合理的膳食计划，远离高糖、高脂的不良饮食习惯。

同时，科学的锻炼也是预防健康问题的关键一环。为此，我们应当精心设计多样化的体育活动，提供个性化的锻炼方案，满足不同学生的体能特点和兴趣爱好。这些方案应涵盖有氧运动、力量训练、柔韧性提升等多个方面，旨在全面提升学生的身体素质，增强他们的抵抗力和免疫力，从而有效预防肥胖、近视等健康问题的发生。

综上所述，健康促进理论在体质健康教育中的应用，是一种全面、系统的健康管理模式,它要求我们不仅关注学生的当前健康状态,更要注重培养他们的健康意识和行为习惯,为他们的终身健康奠定坚实的基础。

3.1.2 终身体育思想

1. 终身参与体育活动的观念

终身体育思想,作为一种深刻而前瞻的教育理念,其核心理念在于将体育视为贯穿个体生命全程的重要生活方式,而非仅仅是学校阶段的一项课程或任务。在体质健康教育的广阔舞台上,积极践行终身体育思想,对于塑造学生健康体魄、培养积极人生态度具有不可估量的价值。

为了培养学生树立终身参与体育活动的观念,我们首先需要营造一个充满活力与吸引力的体育氛围。这包括组织形式多样、内容丰富的体育活动和比赛,如校运会、球类联赛、健身操大赛等,旨在激发学生的参与热情,让他们在竞技与合作的乐趣中感受到体育的魅力,从而自然而然地将其融入自己的生活之中。

此外,课程设置与教学方法的改革同样至关重要。我们应当打破传统体育教学的框架,引入更加多元化、个性化的教学内容和方式,如采用项目式学习、翻转课堂等现代教学手段,鼓励学生根据自身兴趣和需求选择适合自己的体育活动,并在教师的引导下进行自主探究和实践。这样的教学模式不仅能提升学生的运动技能,更重要的是能够激发他们的内在动力,让他们学会自我管理和自我激励,为终身体育打下坚实的基础。

综上所述,终身体育思想在体质健康教育中的实践,是一个系统工程,需要我们从多个层面入手,通过创新教学方法、丰富活动内容、营造良好氛围等方式,全面培养学生的体育意识和习惯,让他们在未来的日子里能够持续享受体育带来的快乐与健康。

2. 体育兴趣的培养

兴趣,作为个体内在动力的源泉,无疑是学习任何事物最强大的导师,尤其在体质健康教育中,其重要性更是不言而喻。当我们谈论培养学生的体育兴趣时,实际上是在为他们铺设一条通往健康生活的康庄大道,让体育锻炼不再是负担,而是成为他们日常生活中自然而然、乐在其中的一部分。

为了实现这一目标,教育体系应当采取一系列创新而贴心的举措。

第一,根据学生多样化的兴趣和特长来定制体育课程和选修课程,是实现个性化教学的重要一步。这样的课程设置不仅能满足学生的个性化需求,还能让他们在自己热爱的领域深入探索,体验到成就感与满足感,从而进一步激发对体育的热爱。

第二,不断引入新颖、有趣的体育项目和器材,也是激发学生好奇心和探索欲的有效手段。新颖的项目能够打破传统体育的界限,让学生接触到更多元化的运动形式,拓宽他们的视野;而先进的体育器材则能提升运动体验,让学生在享受科技带来的便利时,更加积极地投入到体育锻炼中。

综上所述,培养学生的体育兴趣,是体质健康教育中不可或缺的一环。通过定制化的课程设置、新颖项目的引入以及先进器材的辅助,我们不仅能够让学生爱上体育,还能为他们打下坚实的健康基础,让他们在人生的每一个阶段都能以饱满的热情和强健的体魄迎接挑战。

3. 体育技能的掌握

终身体育思想,作为一种前瞻性的教育理念,深刻揭示了体育在个人终身发展中的重要作用。它不仅仅倡导学生积极参与体育活动,享受运动带来的乐趣与益处,更强调了学生需掌握扎实的体育技能,这些技能将成为他们终身受益的宝贵财富。

在体质健康教育的实施过程中,培养学生的体育技能成了核心任务之一。为此,我们需采取多维度、系统化的教学策略。首先,课堂教学与实践教学的紧密结合是关键。在课堂上,教师通过理论讲解与示范,使学生掌握体育技能的基本知识和要领;而在实践中,学生则通过反复练习,将理论知识转化为实际操作能力,逐步提升运动技能和运动水平。这种"学以致用"的教学模式,有助于学生在理论与实践的交互中深化理解,快速成长。

此外,组织体育俱乐部和社团也是促进学生体育技能提升的有效途径。这些平台不仅为学生提供了更多练习的机会,还让他们在与同伴的交流与合作中相互学习、共同进步。在俱乐部或社团中,学生可以根据自己的兴趣和特长选择参与的项目,与志同道合的朋友一起探索体育的无限可能,享受运动带来的快乐与成就感。这种积极向上的氛围,将进一步激发学生的体育热情,推动他们在体育道路上不断前行。

终身体育思想的实践要求我们在体质健康教育中,不仅要注重培养学生的体育兴趣,更要致力于提高他们的体育技能水平。通过课堂教学与实践教学的融合、体育俱乐部和社团的组织等多种形式,我们可以为学生搭建起一个全面、立体的体育学习体系，助力他们在体育领域取得更加优异的成绩。

总结来说，健康促进理论和终身体育思想为校院大学生体质健康教育提供了坚实的理论基础。在实践中，我们要结合这些理论来制定科学的教学计划和教学方法，从而全面提升学生的体质健康水平。

3.1.3 健康促进理论

健康促进理论作为现代健康教育的重要理论基础，强调通过多部门、多层面的合作，共同促进个体和社会的健康水平。在校院大学生体质健康教育中，健康促进理论的应用显得尤为重要。以下将结合该理论，详细分析和举例说明其在大学生体质健康中的应用。

1. 健康促进理论的核心要素

(1)倡导

在当今社会，随着生活节奏的加快与学业压力的增大，大学生的身心健康问题日益凸显，成了社会各界关注的焦点。因此，积极倡导健康生活方式，通过广泛而深入的宣传与教育，显得尤为迫切与重要。我们需要利用多种渠道和平台，如校园广播、网络媒体、宣传栏以及专题讲座等，全面普及健康知识，提高大学生对健康这一人生基石的深刻认识和重视程度。

具体而言，宣传内容应涵盖健康的定义、重要性以及影响健康的多种因素，包括合理的膳食结构、充足的睡眠、适量的运动、良好的心态等。通过生动的案例、科学的数据和实用的建议，让大学生深刻体会到健康是学习与生活的基石，没有健康的体魄，任何理想与抱负都将成为空谈。

同时，我们还应积极倡导“我运动，我健康”的理念，激发大学生参与体育锻炼的热情。通过组织丰富多彩的体育活动、体育赛事和健康挑战赛，如校园马拉松、篮球联赛、瑜伽课程等，让大学生在运动中感受快乐，在挑战中超越自我，从而培养起持之以恒的锻炼习惯。

此外，健康管理也是不可忽视的一环。我们应引导大学生树立科学的健康管理观念，学会自我监测身体状况，合理安排作息时间，避免过度熬夜和不良生活习惯。同时，提供便捷的体检服务和心理健康咨询服务，帮助大学生及时发现并解决健康问题，确保他们能够以最佳的状态投入到学习和生活中去。

总之，倡导健康生活方式，提高大学生对健康的认识和重视程度，是一项长期而艰巨的任务。只有全社会共同努力，形成关注健康、崇尚运动的良好氛围，才能让每一位大学生都拥有健康、快乐、充实的大学生活。

(2)赋权

在促进大学生健康生活的道路上,赋权是一个至关重要的环节。这意味着我们不仅要传授健康知识,更要通过系统的技能培训,使大学生们掌握自我管理和自我保健的能力,成为自己健康的第一责任人。

首先,健康知识的传授是基础。通过开设健康教育课程、举办健康讲座和研讨会,我们可以为大学生提供全面而深入的健康知识,包括生理健康、心理健康、营养学、运动科学等多个方面。这些知识将帮助他们建立起科学的健康观念,认识到健康生活的重要性,并理解各种健康行为背后的科学原理。

然而,仅有知识还不够,技能的培养同样重要。因此,我们需要设计一系列实践性强的技能培训项目,如急救技能培训、健康监测技能、心理调适技巧等。这些培训不仅能让大学生们掌握实用的技能,还能在实践中增强他们的自信心和自主能力。例如,通过急救技能培训,大学生们可以在遇到紧急情况时迅速做出反应,有效保护自己和他人的生命安全;而通过健康监测技能的学习,他们则能定期监测自己的身体状况,及时发现并解决潜在的健康问题。

此外,我们还应鼓励大学生们积极参与健康管理活动,如建立个人健康档案、制定个性化的健康计划等。这些活动将帮助他们将所学知识和技能应用于实际生活中,形成健康的生活方式。同时,我们还应为他们提供必要的支持和指导,确保他们在健康管理的道路上不断前行,取得更大的进步。

总之,赋权是提升大学生健康素养的关键。通过提供必要的健康知识和技能培训,我们可以帮助他们掌握自我管理和自我保健的能力,成为自己健康的主宰者。这不仅有助于他们个人的健康成长和发展,也将为整个社会的健康水平提升做出积极贡献。

(3)协调

在促进大学生体质健康的全面战略中,协调机制扮演着不可或缺的角色。这一机制的核心在于整合学校、家庭、社区以及更广泛社会层面的资源,形成合力,共同为大学生的身心健康构建全方位的支持和保障体系。

首先,学校是大学生体质健康教育的主阵地。学校应积极调整课程体系,增设体育课程和体质健康相关的选修课程,确保学生有足够的运动时间和机会。同时,学校还需加强体育设施建设,提供多样化的运动场地和器材,满足学生多样化的运动需求。此外,学校还应定期组织体质健康测试,建立学生体质健康档案,跟踪学生的体质变化,为个性化干预提供依据。

家庭作为大学生的坚实后盾,其影响力不容忽视。家长应积极参与孩子的健康管理,鼓励孩子参与体育锻炼,培养良好的生活习惯。同时,家长还需与学校保持密切沟通,了解孩子的在校表现和健康状况,共同制定针对性的健康改善计划。

社区作为大学生生活的重要环境,也应发挥其独特作用。社区可以组织丰富多彩的体育活动和赛事,激发大学生的运动兴趣,同时提供健康咨询和服务,帮助大学生解决健康方面的问题。此外,社区还可以与学校合作,开展联合健康教育项目,提升整个社区的健康水平。

通过协调学校、家庭、社区等多方面的资源,我们可以构建一个全方位、多层次的大学生体质健康支持体系。这一体系将确保大学生在成长的道路上得到充分的关爱和支持,助力他们健康成长,成为社会的栋梁之材。

2. 健康促进理论在校院大学生体质健康中的应用

(1)倡导的应用

①政策倡导:学校作为大学生学习与成长的重要平台,其政策导向对于促进学生参与体育锻炼和健康管理具有深远影响。为此,学校应积极出台一系列相关政策,以明确的态度和实际行动鼓励和支持学生参与健康的生活方式。

首先,学校将体育课程设置为必修课,并纳入学分体系,这一举措从根本上确保了每位学生都能获得基本的体育教育和锻炼机会。课程设计上,学校注重多样性与趣味性相结合,引入多种运动项目,满足不同学生的兴趣和需求,让体育锻炼成为学生校园生活不可或缺的一部分。

其次,学校大力投入资金,建设和完善体育设施,为学生提供优质的锻炼环境。这包括扩建运动场地、更新体育器材、增设健身设施等,确保学生在校期间能够便捷地享受到高质量的体育锻炼资源。同时,学校还注重体育设施的维护与保养,确保其安全、可靠,为学生创造一个安心的运动空间。

最后,学校还通过举办各类体育竞赛和活动,激发学生的运动热情和团队精神。这些活动不仅丰富了学生的校园文化生活,还促进了学生之间的交流与合作,形成了积极向上的校园体育氛围。

综上所述,学校的政策倡导在促进学生参与体育锻炼和健康管理方面发挥着关键作用。通过制定有力政策、提供丰富资源和营造良好氛围,学校为学生搭建了一个全方位、多层次的健康支持体系,助力学生健康成长,全面发展。

②文化倡导：在校园内，通过精心策划与举办一系列丰富多样的体育活动和比赛，学校不仅为学生搭建了展示自我、挑战极限的舞台，更在无形中营造了一种浓厚的体育文化氛围，这种氛围如同春风化雨，润物无声地激发着学生们对体育锻炼的兴趣与热情。

每年一届的校园运动会，是学校体育文化的重头戏。这场盛大的体育盛宴汇聚了全校师生的目光与热情，从短跑、长跑、接力到跳远、铅球等各项田径项目，再到跳绳、拔河等趣味横生的团体比赛，每一场比赛都充满了竞争与合作，展现了学生们勇于拼搏、团结协作的精神风貌。运动会上，学生们不仅锻炼了身体，更学会了坚持与超越，体会到了体育带来的快乐与成就感。

此外，学校还定期举办篮球赛、足球赛等热门体育赛事，这些比赛不仅吸引了众多篮球、足球爱好者的积极参与，更通过精彩的比赛瞬间和紧张激烈的对抗，激发了全校师生对篮球、足球等运动项目的关注与热爱。每当比赛日来临，球场边总是围满了观战的师生，他们的加油声、欢呼声此起彼伏，形成了一道道亮丽的风景线。

通过这些体育活动的举办，学校成功地构建了一个充满活力与激情的体育文化氛围，让学生们在参与中体验快乐，在挑战中不断成长。这种文化倡导不仅提高了学生们对体育锻炼的兴趣和参与度，更为他们树立了健康第一、终身体育的理念，为他们的全面发展奠定了坚实的基础。

③社会倡导：在推动大学生体质健康提升的道路上，我们积极迈出校园，携手社会各界，共同发起一场广泛而深远的社会倡导行动。这一行动旨在打破传统界限，将大学生体质健康的重要性带入公众视野，形成全社会共同关注与支持的良好氛围。

我们与政府部门紧密合作，通过政策引导、资源配置等方式，为大学生提供更多参与体育锻炼的机会和条件。同时，积极与体育组织、健康机构及企业建立合作伙伴关系，共同举办健康讲座、体育公益活动等，普及健康知识，倡导健康生活方式。这些活动不仅增强了大学生对健康生活的认识，也促使社会各界更加重视青年一代的体质健康状况。

此外，我们还利用媒体平台，包括社交媒体、新闻网站等，广泛传播大学生体育锻炼的积极形象，分享成功案例，激发公众对大学生体质健康问题的共鸣与关注。通过一系列线上线下相结合的宣传活动，我们努力构建一个全方位、多层次的社会倡导体系，让健康生活的理念深入人心。

通过这一系列社会倡导行动,我们期望能够形成政府、学校、社会、家庭等多方联动的良好格局,共同为提升大学生体质健康水平贡献力量。同时,也希望通过我们的努力,能够激发更多青年学子投身体育锻炼的热情,以更加健康的体魄和饱满的精神状态迎接未来的挑战。

(2)赋权的应用

①健康教育:在全面促进学生身心健康发展的目标下,我们高度重视并精心设计了健康教育课程体系,旨在为学生们提供一套全面、系统且实用的健康知识与技能培训。这不仅仅是一门课程,更是一个引导学生建立健康生活方式、培养自我保健能力的关键平台。

健康教育课程内容丰富多彩,涵盖了营养学、运动生理学、心理健康等多个维度。在营养学部分,我们深入浅出地讲解食物的营养成分、膳食搭配原则及健康饮食习惯的培养,帮助学生了解如何根据自身需求科学合理地选择食物,为身体提供充足的能量与营养。运动生理学课程则侧重于介绍人体在运动过程中的生理变化、运动对健康的益处以及科学锻炼的方法与原则,鼓励学生积极参与体育锻炼,增强体质,提高身体素质。

同时,心理健康教育作为健康教育不可或缺的一部分,我们特别注重培养学生的心理素质与自我调节能力。通过案例分析、角色扮演、心理辅导等多种形式的教学活动,帮助学生正确认识自我、管理情绪、应对压力,培养他们积极向上的心态和乐观向上的生活态度。

通过这一系列全面而深入的健康教育课程,我们期望能够引导学生树立正确的健康观念,掌握必要的健康知识与技能,形成健康的生活方式,为他们的终身健康奠定坚实的基础。

②技能培训:为了促进学生体育素养的全面提升,我们积极组织并开展了一系列丰富多样的体育技能培训班与专题讲座,致力于帮助学生精准掌握科学的运动方法与技巧,从而在享受运动乐趣的同时,有效减少运动伤害的发生。

这些技能培训涵盖了篮球、足球、羽毛球、游泳、瑜伽、田径等多个热门及基础体育项目,确保每位学生都能根据自己的兴趣和特长找到适合的参与项目。培训班采用小班化教学模式,由经验丰富的专业教练亲自授课,通过理论讲解、动作示范、实操练习及个别指导相结合的方式,确保每位学生都能获得针对性的指导与反馈。

此外,我们还定期邀请体育领域的专家学者举办专题讲座,分享最新的运动科学研究成果、运动损伤预防与康复知识等，增强学生的体育理论知识储备，提高他们对运动伤害的防范意识与应对能力。

通过这些系统性的技能培训与讲座，学生们不仅能够在体育技能上得到显著提升，更重要的是，他们学会了如何安全、有效地参与体育活动，避免了因不当运动方式而导致的伤害，为他们的终身体育发展奠定了坚实的基础。同时，这些活动也极大地激发了学生们对体育运动的热情与兴趣，促进了校园体育文化的繁荣发展。

③自我监测：为了培养学生健康管理的自主性和责任感，我们特别重视教授学生如何进行全面而细致的自我监测与评估技能。这一过程不仅涵盖了基础生理指标的测量，如体重、身高、肺活量等，还深入到了对自我感觉和日常症状的观察与记录，旨在帮助学生建立起一套完整的健康监测体系。

在体重与身高的监测上，我们引导学生定期使用标准测量工具进行记录，理解这些指标的变化趋势对于评估生长发育及健康状态的重要性。同时，通过教授如何正确测量肺活量，学生能够直观感受到自己心肺功能的强弱，进而激发提升体能的动力。

更为重要的是，我们强调学生对自我感觉和日常症状的敏锐观察。这包括但不限于身体疲劳度、睡眠质量、饮食状况、情绪波动以及任何不寻常的身体反应。我们鼓励学生建立健康日记，记录这些观察结果，以便及时发现潜在的健康问题或调整生活习惯。

通过系统的自我监测与评估训练，学生不仅能够更加准确地掌握自己的身体状况，还能学会如何根据监测结果制定合理的健康改善计划。这种能力的培养，不仅对学生当前的身心健康有益，更为他们未来成为能够独立管理自身健康的个体奠定了坚实的基础。

(3)协调的应用

①学校与家庭的协调：在促进学生体质健康的过程中，学校与家庭之间的紧密沟通与深度合作显得尤为重要。我们深知，学生的健康成长是双方共同的责任与期望，因此，加强家校之间的联系，构建协同育人的良好机制，对于全面关注学生的体质健康状况具有不可估量的价值。

为了实现这一目标，学校积极采取措施，如定期举办家长会、健康讲座和亲子活动，为家长提供平台，让他们能够深入了解学校的健康教育理念、课程设置以及学生在校期间的体育活动表现。通过这些活动，家长不仅能够获得孩子在体质健康方面的第一手资料，还能与学校教师面对面交流，共同探讨孩子的成长需求和个性化健康指导方案。

同时，学校也鼓励家长在日常生活中关注孩子的饮食、睡眠、运动等生活习惯，与学校形成互补，共同促进孩子的全面发展。针对每个孩子的不同情况，学校会与家长密切合作，提供针对性的健康建议和指导，如制定合理的饮食计划、安排适宜的体育锻炼等，确保孩子在家庭和学校两个环境中都能得到科学、有效的健康管理和支持。

总之，学校与家庭之间的协调合作是促进学生体质健康不可或缺的一环。通过双方的共同努力，我们能够更好地关注每一个孩子的成长需求，为他们提供更加全面、个性化的健康指导和帮助，让他们在健康、快乐的氛围中茁壮成长。

②学校与社区的协调：在促进学生体质健康与全面发展的道路上，学校与社区的紧密合作扮演着至关重要的角色。为了更好地服务学生，学校积极寻求并利用社区内的丰富资源，特别是与健康相关的设施与服务，如社区医院、健身房等，为学生打造一个全方位、多层次的健康支持体系。

首先，学校与社区医院建立长期合作关系，定期邀请医生、护士等专业人士进校园，开展健康检查、疫苗接种、健康知识讲座等活动。这不仅方便了学生就近接受医疗服务，还增强了他们的健康意识和自我保健能力。同时，针对学生的特殊健康需求，如视力保护、心理健康等，学校也能及时与社区医院沟通，为学生提供个性化的医疗咨询和治疗方案。

此外，学校还充分利用社区内的健身房资源，组织学生参与课外体育锻炼和健身活动。通过与健身房的合作，学校能够为学生提供更加多样化、专业化的运动设施和指导，帮助他们培养运动兴趣，提高身体素质。同时，这种合作也促进了学生与社会的接触和交流，增强了他们的社会适应能力和团队合作精神。

总之，学校与社区的协调合作为学生提供了更多元化、更贴近生活的健康服务和支持。通过整合社区资源，学校不仅丰富了健康教育的内容和形式，还为学生创造了一个更加健康、积极的成长环境。这种合作模式不仅有助于学生的身心健康发展，也为构建和谐社会、推动社区发展做出了积极贡献。

③学校与教育管理部门的协调：在推动学生体育教育与健康服务的发展进程中，学校与教育管理部门的紧密协作显得尤为重要。为了进一步提升学生的

身体素质和健康水平，学校积极与教育管理部门沟通，努力争取其在政策、资金及资源等多方面的支持和资助。

首先，学校与教育管理部门保持密切联系，及时汇报学校在体育设施建设和健康服务方面的需求与规划。通过详尽的论证和合理的申请，学校成功争取到教育管理部门的政策倾斜和专项资助，为扩建或升级体育场馆、采购先进体育器材、引入专业健康服务团队等关键项目提供了坚实的资金保障。

其次，教育管理部门的支持不仅限于资金层面，更体现在对学校体育教育理念的认同与推广上。通过组织经验交流会、成果展示会等活动，教育管理部门为学校搭建了展示体育教育成果的平台，鼓励学校间相互学习、共同进步。同时，教育管理部门还积极倡导健康第一的教育理念，引导学校将体育与健康课程纳入更加重要的教学地位，为学生的全面发展奠定坚实基础。

此外，学校还与教育管理部门合作，共同制定和完善体育教育与健康服务的评估体系。通过科学的评估指标和严谨的数据分析，学校能够及时了解自身在体育教育方面的优势与不足，为后续的改进与提升提供有力依据。这种基于数据驱动的决策机制，有助于学校更加精准地把握教育方向，更好地服务于学生的健康成长。

综上所述，学校与教育管理部门的协调合作，不仅为学校带来了实质性的支持和资助，更在理念引领、平台建设、评估体系等多个方面发挥了重要作用。这种紧密的合作关系，为学校体育教育与健康服务的持续发展注入了强大动力。

(4)总结

健康促进理论在校院大学生体质健康教育中占据着举足轻重的地位，其应用价值不仅体现在理论层面的指导，更在于实践中的广泛渗透与深远影响。该理论强调通过倡导、赋权和协调三个核心要素的综合运用，为提升大学生体质健康水平、推动其全面发展开辟了新路径。

首先，倡导作为健康促进的起点，要求学校积极营造关注健康、崇尚运动的校园文化氛围。通过举办健康讲座、体育竞赛、健身知识宣传等活动，激发学生对体育锻炼的兴趣与热情，引导他们树立正确的健康观念，将健康生活方式内化为自觉行动。

其次，赋权是健康促进的关键环节，它鼓励学校为学生提供多样化的体育选项和个性化的健康指导，让学生根据自身兴趣、体质状况选择适合的锻炼方式。同时,培养学生的自我管理能力,使他们能够自主规划运动计划、监测健康指标,从而在实现体质增强的过程中获得成就感与自信心。

再者,协调则是确保健康促进活动顺利开展的保障。这要求学校、家庭、社区和管理部门等各方力量形成合力,共同为大学生体质健康教育提供支持与保障。学校需加强与家长的沟通,引导家庭关注孩子的体质健康;与社区建立合作关系,拓展学生体育锻炼的空间与资源;同时,积极争取管理部门的政策与资金支持,为健康促进活动的持续开展奠定坚实基础。

综上所述,健康促进理论在大学生体质健康教育中的应用,不仅能够有效提升大学生的体质健康水平,还能促进他们的全面发展,为培养身心健康、全面发展的高素质人才奠定坚实基础。而这一目标的实现,离不开学校、家庭、社区和管理部门等多方面的共同努力与协作。

3.1.4 终身体育思想

终身体育思想是一种强调人们在整个生命过程中持续参与体育活动和锻炼的理念。在大学阶段,这一思想对大学生的体质健康具有深远影响。本部分将结合相关参考文章,举例详解和具体分析终身体育思想在校院大学生体质健康中的应用。

1. 终身体育思想的核心要点

(1)终身性

终身性作为体育锻炼的一个重要理念,深刻地揭示了健康与运动的不可分割性,它不仅仅是一种生活方式的倡导,更是对生命质量的深远关怀。这一原则强调,体育锻炼不应仅仅是青少年时期的阶段性任务,而应当成为贯穿每个人一生的持续性活动。

从青少年时期开始,体育锻炼就扮演着塑造强健体魄、培养坚韧意志的重要角色。在这个阶段,通过参与各类体育活动,不仅能够促进身体的生长发育,还能培养团队合作、公平竞争等社会适应能力。随着年岁的增长,步入成年乃至老年,体育锻炼的意义更加凸显。它不仅是保持身体健康、预防疾病的有效手段,更是提升生活质量、延缓衰老的重要途径。

终身性体育锻炼的理念,鼓励人们在不同年龄段根据自身身体状况和需求,选择适合的运动项目和强度。对于成年人而言,工作生活的压力往往让锻炼成为奢侈,但正是这样的时刻,体育锻炼成了释放压力、调整心态的良药。而对于老年人，适度的运动则能有效预防骨质疏松、心血管疾病等老年常见病，同时增强心肺功能，提高生活质量。

因此，终身性体育锻炼不仅是对个人健康的负责，也是对社会的一种贡献。它让人们在享受运动带来的快乐与满足的同时，也为构建一个更加健康、活力的社会环境贡献了自己的力量。

(2)自主性

自主性在体育锻炼中占据着举足轻重的地位，它体现了对个人选择与自我决策能力的尊重与鼓励。这一原则坚信，每个人都是自己健康的第一责任人，应当根据自己的兴趣、能力以及具体需求，灵活地选择最适合自己的体育项目和锻炼方式。

首先，自主性让体育锻炼变得更加有趣和可持续。当个人能够根据自己的喜好选择运动项目时，无论是篮球的激情碰撞、瑜伽的宁静致远，还是跑步的自由奔跑，都能让锻炼过程充满乐趣，从而更容易坚持下去。这种由内而发的动力，远比外界强加的任务更能激发人的参与热情。

其次，自主性促进了个性化发展。每个人的身体状况、运动基础以及锻炼目标都不尽相同，因此，适合自己的才是最好的。通过自主选择，个人可以根据自己的实际情况调整锻炼计划，逐步挑战自我，实现个性化成长。这种成长不仅体现在身体素质的提升上，更包括了对自我认知的深化和对生活态度的积极转变。

最后，自主性还培养了责任感和自律性。在自主选择并坚持体育锻炼的过程中，个人需要不断地自我激励、自我监督，这种过程本身就是对责任感和自律性的一种锻炼。当个人能够成功地将体育锻炼融入日常生活，形成习惯时，这种责任感和自律性也将渗透到生活的其他方面，为个人全面发展奠定坚实的基础。

综上所述，自主性在体育锻炼中的体现，不仅让锻炼过程更加丰富多彩、可持续性强，还促进了个性化发展，培养了责任感和自律性。它是实现终身体育、享受运动乐趣的关键所在。

(3)健康性

健康性作为体育锻炼的核心价值之一，其深远影响不仅局限于生理层面的健康，更涵盖了心理健康与社会适应能力的全面提升。

首先，从身体健康的角度来看，持续的体育锻炼能够显著增强人体的心肺功能,提高肌肉力量和耐力,促进骨骼健康,预防和改善多种慢性疾病,如心血管疾病、糖尿病等。运动通过加速血液循环,促进新陈代谢,帮助身体排除毒素,从而保持身体机能的良好状态。此外,它还能有效控制体重,塑造健美的体型,提升个人的整体形象与自信心。

其次,体育锻炼对心理健康的积极影响同样不容忽视。运动能够释放压力,缓解焦虑和抑郁情绪,提升情绪稳定性。在锻炼过程中,身体会分泌出内啡肽等"快乐激素",这些物质能够带来愉悦感和满足感,增强个体的幸福感和积极心态。同时,运动还能促进大脑神经元的连接,提高认知功能和学习能力,使人在面对挑战时更加从容不迫。

最后,体育锻炼还有助于提升个体的社会适应能力。在团队运动中,人们需要学会沟通、协作和竞争,这些技能对于日后的职场生涯和社交生活都至关重要。此外,参与体育锻炼还能拓宽社交圈子,结识志同道合的朋友,共同分享运动的乐趣和成就感,从而增强社会归属感和认同感。

综上所述,健康性作为体育锻炼的重要特征,其内涵丰富而深远。通过持续的体育锻炼,我们不仅能够促进身体健康、提升心理健康水平,还能增强社会适应能力,为个人的全面发展奠定坚实的基础。

2. 终身体育思想在校院大学生体质健康中的应用

(1)课程设置

①多样化课程:大学体育课程应当致力于构建一个丰富多彩的课程体系,确保每位学生都能根据个人兴趣与需求找到适合自己的运动项目。这包括但不限于传统热门的篮球、足球,它们能激发学生的团队协作精神与竞技热情;同时,也应纳入如瑜伽这样的修身养性课程,帮助学生缓解学习压力,提升身体柔韧性与平衡感;此外,游泳课程不仅能够锻炼学生的全身肌肉,还能让学生掌握一项重要的生存技能,增强自我保护能力。多样化的课程设置为学生提供了广泛的选择空间,旨在促进每位学生的全面发展与身心健康。

②终身教育:终身教育理念在大学体育课程中占据重要地位,其课程设计需超越短期的身体锻炼需求,着眼于长远,致力于培养学生的终身锻炼习惯和意识。为此,课程内容应不断丰富与深化,比如引入运动损伤预防与康复课程,使学生掌握科学的运动方法,减少受伤风险,并学会基本的康复技巧。同时,营养学课程也是不可或缺的一环,通过讲解合理膳食对运动表现及身体健康的影响,引导学生树立正确的饮食观念,为终身锻炼打下坚实的营养基础。这样的

课程设置旨在为学生构建全面的体育知识体系,激发其自主参与体育锻炼的内在动力,形成受益终生的健康生活方式。

(2)体育文化

①举办赛事:举办丰富多彩的体育赛事和活动,如年度运动会、激情四溢的篮球联赛、紧张刺激的足球锦标赛等,是激发学生体育兴趣与参与热情的有效途径。这些赛事不仅为学生提供了展示自我、挑战极限的舞台,还促进了同学间的团结协作与公平竞争精神。在筹备与参与过程中,学生们能够深刻感受到体育的魅力,体验到汗水与欢笑交织的喜悦,从而进一步点燃对体育运动的热爱,形成积极向上的校园体育文化氛围。

②体育社团:积极鼓励学生自发组织并参与各类体育社团,如篮球俱乐部、足球社、跑步团等,这些社团成了学生们培养良好锻炼习惯和强化团队协作能力的重要平台。在社团活动中,学生们可以根据自己的兴趣选择参与,通过定期的训练、比赛和交流,不仅提升了体育技能,还学会了如何与队友默契配合,共同面对挑战。这种自主参与、自我管理的模式,有效激发了学生的积极性和创造力,为他们的全面发展奠定了坚实的基础。同时,体育社团也成了校园中一道亮丽的风景线,展现了学生们的青春活力与团队精神。

(3)健康教育与宣传

①讲座与培训:为了全面提升学生的健康意识与体育技能水平,我们定期举办丰富多彩的健康讲座与体育技能培训活动。这些活动旨在通过专家学者的深入讲解与现场演示,让学生深刻认识到体育锻炼对于身心健康的重要性,并学会科学有效的锻炼方法。讲座内容广泛覆盖营养膳食、心理健康、运动损伤预防等多个方面,而体育技能培训则涵盖了篮球、足球、羽毛球等多种热门项目,确保每位学生都能找到适合自己的锻炼方式。通过这些活动,学生们不仅增长了知识,还激发了参与体育锻炼的热情,为培养终身体育习惯奠定了坚实基础。

②宣传材料:为了深入推广终身体育的理念,我们充分利用多种宣传渠道,精心策划并发布了系列宣传材料。在校园内显眼位置,我们张贴了色彩鲜明、内容丰富的海报,图文并茂地展示了体育锻炼的益处与乐趣,吸引了众多学生的目光。同时,我们还制作了精美的宣传册,详细阐述了终身体育的重要性,以及如何根据自身情况制定科学合理的锻炼计划。此外,我们还利用校园网站这一数字平台,开设了专门的体育锻炼宣传专栏,定期发布相关文章和视频,进一

步拓宽了宣传的广度和深度。这些举措有效提升了学生对体育锻炼的认识和重视程度,为营造积极向上的校园体育文化氛围发挥了积极作用。

(4)设施与服务

①体育设施:为了全面提升学生的体育锻炼体验,我们学校致力于不断完善体育设施的建设。我们精心规划并扩建了多个运动场地,包括标准化的篮球场和足球场,这些场地不仅地面平整、设施完备,还配备了专业的照明系统和观众席,为学生们提供了进行篮球赛、足球赛等团队运动的理想场所。此外,我们还新建了一座现代化的游泳馆,馆内水质清澈、水温适宜,设有多个不同深度的泳池区域,以及专业的救生员和教练团队,确保学生在享受游泳乐趣的同时,也能得到安全的保障。这些体育设施的完善,不仅丰富了校园体育活动的种类,更为学生们提供了一个设施齐全、环境优美的锻炼环境,激发了他们参与体育锻炼的热情和兴趣。

②健康咨询:为了全方位关注学生的身心健康,我们学校特别设立了健康咨询中心,致力于为学生提供个性化、专业化的健康指导和建议。该中心配备了一支由资深医生、心理咨询师及营养师组成的专业团队,他们不仅具备丰富的医学知识和实践经验,还擅长与学生沟通交流,能够针对每位学生的具体情况,制定科学合理的健康改善计划。无论是关于日常饮食营养的咨询,还是心理健康问题的疏导,健康咨询中心都能提供及时、有效的帮助,让学生们在成长的道路上更加健康、自信地前行。

3. 具体案例分析

北京某高校一直致力于提升学生的综合素质,特别是体质健康方面。近年来,该校深刻认识到体育教育在培养学生全面发展中的重要作用,因此启动了一系列体育教学改革措施。

(1)课程设置的调整

该校原有的体育课程较为单一,主要集中在田径、篮球、足球等传统项目上。为了激发学生的学习兴趣和参与度,学校对体育课程设置进行了全面的调整,引入了大量的选修课程和新颖的项目。

①新增选修课程:为了丰富学生的课余生活,拓宽学生的技能领域,我校积极响应学生多样化的学习需求,特别新增了一系列精彩的选修课程。这些课程包括舒缓身心的瑜伽,培养学生意志力与自我防护能力的跆拳道,增强体质与自救技能的游泳,挑战自我极限的攀岩,以及展现青春活力的轮滑等。每一门

课程都精心设计,旨在激发学生的学习兴趣,培养他们的兴趣爱好及特长。学生可以根据自己的兴趣爱好和身体条件,灵活选择适合自己的课程,实现个人潜能的全面发掘与提升。

②结合地方特色:在充分融合与传承地方文化精髓的指导思想下,我校特别结合北京这一历史文化名城的独特地域特色,精心增设了太极拳与京剧身段等富有中国传统文化韵味的体育课程。太极拳,作为中华武术的瑰宝,不仅能够锻炼学生的身体协调性,还能在动静之间引导学生体会传统文化的深邃与和谐。而京剧身段课程,则通过教授京剧表演中的基本身段与动作,让学生在一招一式间感受国粹艺术的魅力,进一步加深对中华优秀传统文化的理解和认同。这些课程的开设,不仅丰富了学生的体育学习内容,更促进了传统文化的传承与发展。

(2)体育社团的建设和管理

为了给学生提供更多的锻炼机会和平台,学校加强了对体育社团的建设和管理。

①资金支持:为了确保体育社团能够持续、健康地发展,并为学生提供丰富多样的体育活动平台,学校展现出了高度的重视与支持,特别为各体育社团提供了坚实的资金支持。这笔资金不仅被用于采购必要的体育器材,如篮球、足球、羽毛球拍等,以满足学生们多样化的运动需求;还涵盖了租赁专业运动场地的费用,以确保社团成员能够在安全、适宜的环境中进行训练与比赛。此外,资金还部分用于社团活动的组织与宣传,比如邀请专业教练进行指导、举办校际交流赛等,进一步激发了学生的参与热情,促进了校园体育文化的繁荣与发展。

②指导老师:学校深谙专业指导对于体育社团成长的重要性,因此,为每一个体育社团精心配备了具备丰富经验和专业技能的指导老师。这些指导老师不仅负责社团成员的日常训练计划制定与执行,确保每位成员都能在专业指导下逐步提升运动技能;他们还承担着比赛组织与策划的重任,从报名参赛、战术布置到心理辅导,全方位助力社团在各类体育赛事中取得优异成绩。同时,指导老师还是社团与外界沟通的桥梁,通过他们的努力,为社团争取到了更多交流学习的机会,进一步拓宽了社团的发展空间。

③交流合作:学校高度重视体育社团之间的交流与合作,积极搭建平台,鼓励并支持各社团之间开展丰富多彩的互动活动。通过定期举办校际比赛、友谊赛等赛事,不仅为学生们提供了展示自我、挑战极限的舞台,还极大地促进了不

同社团间的相互学习与经验分享。这些活动不仅增强了学生的团队协作能力,让他们在实践中学会了如何与不同背景的人有效沟通、协同作战;同时,也极大地提升了学生的竞技水平,激发了他们对体育运动的热爱与追求,为培养全面发展的高素质人才奠定了坚实基础。

(3)体育活动的丰富

除了课堂教学和社团活动外,学校还通过举办各种体育活动来丰富学生的课余生活。

①运动会:每年,学校都会精心筹备并隆重举办一场盛大的校运动会,这是一场集体育竞技、团队协作与校园文化展示于一体的盛会。运动会设置了多样化的比赛项目,从传统的田径赛跑到趣味横生的团体接力,再到考验智勇的球类比赛,旨在全面激发学生的参与热情与运动潜能。学校通过广泛的宣传动员,鼓励每一位学生都能走出教室,积极参与其中,体验体育带来的快乐与成就感。运动会不仅增强了学生的体质,更促进了班级间的友谊与竞争,成了校园生活中一道亮丽的风景线。

②体育节:为了进一步弘扬体育精神,学校特别设立了丰富多彩的体育节。在这一特殊的节日里,校园里弥漫着浓厚的体育氛围,各式各样的体育比赛轮番上演,从激烈的篮球对抗到优雅的羽毛球比赛,每一项都吸引了众多学生的参与和观战。此外,体育节还穿插着体育讲座,邀请知名运动员或专家分享他们的运动心得与励志故事,激发学生对体育的热爱与追求。同时,体育展览也同步进行,展示着体育文化的魅力与学校的体育成就,让整个体育节更加丰富多彩,意义非凡。

③健康挑战赛:为了积极倡导健康生活方式,学校精心策划了一系列健康挑战赛,其中包括备受瞩目的“校园马拉松”和温馨的“健康步行”活动。这些挑战赛不仅为学生们提供了一个挑战自我、超越极限的舞台,更是激发了大家对体育运动的浓厚兴趣。在“校园马拉松”中,参赛者们以坚韧不拔的意志,完成了对体力与耐力的双重考验;而“健康步行”则以轻松愉悦的方式,鼓励师生共同参与,享受步行带来的身心愉悦。通过这些活动,学生们不仅锻炼了身体,更培养了坚持不懈、勇于挑战的精神品质。

(4)成果与反馈

经过几年的实践,该校的体育教学改革取得了显著成效。

①体质健康改善:近年来,学校对学生体质健康的重视达到了前所未有的

高度,通过一系列科学有效的措施,学生的体质健康状况得到了显著的改善。在持续的努力下,学生们的体能测试成绩逐年攀升,无论是速度、力量、耐力还是柔韧性等关键指标,都呈现出积极向好的趋势。这一显著成果的背后,是学校对体育课程的创新改革,以及对学生课外体育锻炼的积极引导和支持。如今,学生们更加热爱运动,活力四射,展现出了新时代青少年健康向上的良好风貌。

②体育兴趣提升:随着学校对体育教育的不断深化与拓展,学生们对体育的兴趣和参与度实现了大幅提升。过去,体育可能只是学生们学业之余的消遣,但如今,它已成为许多学生热爱的生活方式。这一转变体现在选修体育课程的学生人数上,较以往有了明显的增加。学生们不仅积极参与传统体育项目,如篮球、足球、田径等,还对新兴的运动项目如攀岩、瑜伽、跆拳道等展现出浓厚的兴趣。这种广泛而深入的参与,不仅丰富了学生的校园生活,更促进了他们身心健康的全面发展。

③锻炼习惯形成:在全面推进体育教育的背景下,越来越多的学生成功地将定期锻炼融入了自己的日常生活,形成了持久而健康的生活习惯。这不仅体现在课余时间操场上活跃的身影,还深入到学生的日常作息中,他们开始主动规划锻炼时间,选择适合自己的运动方式。这一积极变化不仅促进了学生体质的显著增强,还提升了他们的心理韧性、团队协作能力和社会适应能力。同时,学校收到了来自学生和家长的广泛赞誉,他们认为体育教学改革不仅有效提升了学生的身体素质,更在全面发展学生的综合能力方面发挥了不可替代的作用。

这个案例充分展示了体育教学改革在促进学生体质健康方面的积极作用,也为其他高校提供了有益的借鉴和参考。

(5)总结

终身体育思想在校院大学生体质健康领域中扮演着举足轻重的角色,它倡导将体育锻炼视为贯穿一生的生活方式,而非仅限于校园时光。在这一理念的引领下,学校通过一系列精心设计的举措,为学生构建了全方位、多层次的体育发展平台。

首先,多样化的课程设置是基石。学校不仅提供传统的体育课程,如篮球、足球、羽毛球等,还引入了瑜伽、普拉提、攀岩等新兴项目,以满足学生多元化的兴趣和需求。这样的课程设置不仅激发了学生的参与热情,也促进了他们运动技能的全面发展。

其次,丰富的体育文化营造了积极向上的氛围。通过举办体育节、运动会、健身挑战赛等活动,学校鼓励学生走出教室,参与体育锻炼,感受运动的乐趣。同时,这些活动也增强了学生的集体荣誉感和团队合作精神。

再者,健康教育与宣传是不可或缺的环节。学校通过开设健康教育课程、举办讲座和展览、利用校园媒体宣传健康知识等方式,引导学生树立正确的健康观念,提高他们对体育锻炼重要性的认识。

最后,完善的设施与服务为学生提供了良好的锻炼条件。学校不断加大对体育设施的投入,更新器材设备,优化场地布局,确保学生能够在安全、舒适的环境中进行锻炼。同时,提供专业的体育指导和咨询服务,帮助学生制定科学的锻炼计划,避免运动伤害。

然而,终身体育思想在大学生体质健康中的深入实践并非一蹴而就,它需要学校、教师和学生等多方面的共同努力和协作。学校应持续推动体育教学改革,创新教学方法和手段;教师应不断提升自身的专业素养和教学能力,以更加饱满的热情投入到体育教学中;而学生则应积极响应学校的号召,将体育锻炼作为自己生活的一部分,培养终身锻炼的习惯和意识。只有这样,才能真正实现终身体育思想在大学生体质健康中的全面落地和深入发展。

3.2 体质健康教育的目标与原则

3.2.1 教育目标

对于校院大学生体质健康教育的目标,可以从以下几个方面进行详解和具体分析:

1.基础医学知识的普及

体质健康教育的目标之一是普及基础医学知识,这一目标在大学生教育中具有至关重要的意义。下面将详细讲解并具体分析这一目标的重要性及其影响。

(1)普及基础医学知识的重要性

①提高健康意识:提高健康意识对于正处于生长发育黄金时期且处于建立

终身健康习惯关键阶段的大学生而言,具有不可估量的价值。这一时期,大学生的身体机能逐渐成熟,但同时也面临着学业压力、生活方式变化等多重挑战,这些都可能对其健康状况产生深远影响。因此,普及基础医学知识成为提升大学生健康意识的重要途径。

通过系统的医学知识教育,大学生能够深入了解人体生理结构、疾病预防、营养与健康、心理健康等基础知识。这些知识不仅能够帮助他们认识到身体健康是支撑日常学习、高效工作、享受生活的基石,还能促使他们主动关注自己的身体状况,学会识别身体发出的健康信号,及时采取措施进行调整和改善。

此外,提高健康意识还意味着培养大学生形成积极健康的生活方式和行为习惯。他们将学会合理安排作息时间,保证充足的睡眠;注重饮食均衡,摄入足够的营养;积极参与体育锻炼,增强体质;同时,也会关注心理健康,学会调节情绪,保持积极向上的心态。

综上所述,提高健康意识对于大学生而言至关重要。它不仅关乎个人的身体健康和学业成就,更关系到未来的生活质量和幸福指数。因此,学校、家庭和社会应共同努力,为大学生提供更多获取基础医学知识的渠道和平台,帮助他们树立正确的健康观念,为未来的美好生活奠定坚实的基础。

②掌握基本健康维护技能:大学生在成长过程中不可或缺的一环。通过深入学习人体结构与功能,学生们能够揭开生命的奥秘,深刻理解从循环系统到消化系统,从神经系统到免疫系统等各个复杂而精密的体系如何协同工作,维持着人体的正常运作。这种深入的理解不仅拓宽了他们的知识视野,更为他们掌握并实践基本健康维护技能奠定了坚实的理论基础。

在掌握了这些基础知识后,学生们能够自觉地遵循科学的健康原则,制定出合理的饮食计划,确保摄入均衡的营养,以满足身体成长和日常活动的需求。同时,他们也会认识到适度运动对于增强体质、提高免疫力的重要性,从而积极参与到各类体育锻炼中,享受运动带来的乐趣与益处。

此外,规律作息作为健康生活的基石,也将被学生们所重视。他们将学会合理安排学习与休息的时间,保证充足的睡眠,让身体得到充分的休息与恢复,以最佳状态迎接每一天的挑战。

综上所述,掌握基本健康维护技能对于大学生而言,是构建健康生活方式、预防疾病发生的关键所在。这些技能不仅能够帮助他们在大学期间保持良好的身体状态,更将伴随他们一生,成为他们追求健康、幸福生活的有力武器。

③增强自我保健能力:增强自我保健能力是培养学生独立应对健康挑战、促进终身健康的关键步骤。通过广泛普及常见疾病的预防知识和自我保健方法,学生不仅能够认识到预防胜于治疗的重要性,还能在实际生活中灵活运用这些知识,构建起一道坚实的健康防线。

当学生掌握了足够的自我保健技能时,他们便能在面对健康问题时,迅速而准确地判断病情,并依据自己的实际情况,采取科学合理的应对措施。比如,在遭遇普通感冒初期,学生可以根据所学知识,及时调整作息,保证充足休息,同时采取饮食调理、适量饮水等方法缓解症状,有效减轻疾病的进一步危害。

此外,自我保健能力的提升还意味着学生能够在日常生活中更加关注自身的身体状况,及时发现并纠正不良的生活习惯,如熬夜、暴饮暴食等,从而避免这些习惯对健康的潜在威胁。这种主动关注自身健康的态度,将进一步促进学生身心的全面发展,为他们的学业和生活奠定坚实的基础。

综上所述,增强自我保健能力不仅是对学生个体健康的负责,更是培养他们成为具有独立思考能力和自主健康管理能力的未来社会栋梁的重要途径。通过普及常见疾病的预防和自我保健方法,我们能够为学生的健康成长保驾护航,让他们在追求梦想的路上,拥有更加坚实的健康后盾。

(2)具体分析

①人体结构和功能的教育:在教育体系中,对人体结构和功能的深入教育占据着举足轻重的地位。这一过程不仅关乎知识的传授,更是引导学生认识自我、尊重生命的重要途径。因此,在教育过程中,我们必须给予这一领域充分的重视,确保学生能够全面而细致地了解人体的奥秘。

具体而言,教学应当聚焦于人体各个器官的功能及其相互协作的生理过程。通过精心设计的课程内容,教师可以逐一剖析心脏如何泵送血液、肺部如何交换气体、消化系统如何分解食物等关键生理机制,使学生对这些基础而复杂的生命活动有清晰的认识。同时,借助生动具体的案例分析和形象直观的图表展示,可以将这些抽象的概念具象化,帮助学生跨越认知的障碍,更加直观地感受到人体结构和功能的精妙与复杂。

此外,这样的教育方式还能激发学生的好奇心和探索欲,促使他们主动关注自身健康,理解身体发出的每一个信号背后的意义。当学生深刻认识到自己身体的宝贵与独特时,他们便会更加珍惜这份与生俱来的礼物,学会在日常生活中做出有利于健康的选择,从而为自己的未来奠定坚实的基础。因此,加强人体结构和功能的教育,不仅是对知识的传承,更是对学生身心健康的深切关怀。

②常见疾病预防知识的普及:在高等教育阶段,针对大学生群体常见的健康问题,如近视、颈椎病以及心理压力等,普及相应的预防知识显得尤为重要。这些健康问题不仅影响学生的学业表现,还可能对其身心健康造成长远的不利影响。

首先,针对近视这一日益普遍的视力问题,应详细阐述其成因,如长时间近距离用眼、缺乏户外活动等,并教授有效的预防方法,如定时休息远眺、保持正确的阅读姿势、合理安排学习与休息时间以及增加户外活动量。通过普及这些知识,学生可以更加清晰地认识到近视的危害性,从而自觉调整用眼习惯,保护好自己的视力。

其次,颈椎病作为现代大学生中的常见病之一,其预防同样不容忽视。应向学生解释颈椎病产生的原因,如长时间低头看手机或电脑、缺乏运动等,并介绍如何通过调整坐姿、定时活动颈部、进行颈部锻炼等措施来预防颈椎病的发生。此外,还应提醒学生注意睡眠姿势,避免使用过高的枕头,以减少颈椎负担。

最后,针对心理压力这一日益凸显的心理问题,应引导学生正确认识心理压力的来源和表现形式,并提供有效的应对策略。通过教授放松训练、时间管理技巧、情绪调节方法等,帮助学生增强心理韧性,有效应对学习和生活中的压力。同时,还应鼓励学生积极参与社交活动,建立良好的人际关系网络,以获得更多的情感支持和帮助。

综上所述,普及常见疾病预防知识对于促进大学生身心健康具有重要意义。通过全面而深入的宣传教育,可以帮助学生更好地认识疾病的危害,掌握有效的预防方法,并养成健康的生活方式和行为习惯。

③自我保健方法的传授:在促进大学生健康成长的道路上,传授实用的自我保健方法是一项至关重要的任务。除了普及疾病预防知识外,引导学生掌握并实践这些自我保健技巧,对于他们长期保持身心健康、提升生活质量具有深远影响。

首先,关于运动方式的选择,应强调个性化与科学性的结合。每个人的体质、兴趣及健康状况不同,因此,选择合适的运动方式至关重要。可以通过体质测试、咨询专业教练或医生等方式,了解自己的身体状况,进而选择适合自己的运动项目,如慢跑、瑜伽、游泳或篮球等。同时,运动时应遵循循序渐进的原则,避免过度运动带来的伤害。

其次,合理安排饮食是自我保健不可或缺的一环。应教育学生了解营养学基础知识,学会识别并摄取均衡的营养素,如蛋白质、维生素、矿物质及膳食纤维等。鼓励学生多吃新鲜蔬菜水果、全谷物及优质蛋白质来源的食物,减少高糖、高脂肪及加工食品的摄入。此外,定时定量、细嚼慢咽的饮食习惯也有助于维护消化系统健康。

最后,调整心理状态同样重要。面对学业、就业及人际关系等多重压力,大学生需要学会有效的情绪管理和压力释放方法。可以通过冥想、深呼吸、阅读、听音乐或参与兴趣爱好等方式来放松心情,缓解压力。同时,建立积极的心态,培养乐观向上的生活态度,也是维护心理健康的关键。

综上所述,传授实用的自我保健方法对于大学生而言具有极其重要的意义。通过掌握并实践这些方法,学生可以更好地维护自己的身体健康,提高生活质量,为未来的学习和工作奠定坚实的基础。

④实践操作与案例分析:在构建全面而深入的健康教育体系中,实践操作与案例分析扮演着至关重要的角色。在理论知识的传授之后,将这些知识转化为学生的实际行动能力和问题解决技巧,是确保健康教育实效性的关键步骤。

为了增强学生的实践能力,可以定期组织学生参与一系列健康相关的实践活动。例如,安排学生进行个人或团体的健康检查,如测量血压、血糖、体脂比等,让他们亲身体验健康监测的过程,理解各项健康指标的意义及其对个人健康的影响。此外,鼓励学生根据检查结果,结合所学知识,制定个性化的健康改善计划,并跟踪实施效果,这一过程不仅能够加深学生对健康管理的理解,还能培养他们的自我管理和自我调整能力。

同时,案例分析作为连接理论与实践的桥梁,其重要性不容忽视。通过选取具有代表性、贴近学生生活的健康案例进行深入剖析,可以使学生更加直观地感受到健康问题的复杂性和多样性。在案例分析过程中,教师应引导学生从多个角度思考问题,分析问题的成因、影响及可能的解决方案,从而培养他们的批判性思维和解决问题的能力。这些案例可以是成功的健康改善案例,也可以是健康危机处理的实例,通过正反两方面的对比,让学生更加全面地认识到健康管理的重要性和挑战性。

实践操作与案例分析在健康教育中具有不可替代的作用。它们不仅能够帮助学生将理论知识转化为实际行动,还能通过真实情境的体验和深入的思考,提升他们的健康素养和综合能力。

总之,体质健康教育的首要目标是普及基础医学知识。通过普及人体结构和功能、常见疾病的预防和自我保健方法等知识,学生能够更好地了解自己的身体,掌握基本的健康维护技能,提高自我保健能力。这将有助于学生在大学期间建立健康的生活方式,为未来的工作和生活奠定坚实的基础。

2. 健康意识和健康行为的培养

体质健康教育的目标之一是健康意识和健康行为的培养。这一目标旨在引导学生树立正确的健康观念,养成良好的健康习惯,从而有效地维护身体健康。下面将举例详细讲解并具体分析这一目标。

(1)健康意识的培养

健康意识,这一概念深刻涵盖了个体对自我身心状态的持续关注与深刻理解,它是个体主动追求并维护健康生活的内在动力。在体质健康教育的广阔舞台上,培养学生的健康意识被赋予了前所未有的重要性。这一过程不仅仅是知识的传授,更是价值观的重塑与行为习惯的塑造。

为了有效提升学生的健康意识,教育体系采用了多元化的教学手段。首先,课堂教学作为主阵地,通过深入浅出的方式,系统地向学生介绍人体各系统的精妙结构与功能运作,让学生深刻理解到每一个生活细节都与身体健康息息相关。教师会特别指出不良生活习惯如熬夜、过度使用电子产品、不健康的饮食习惯等对身体的潜在危害,以此警醒学生,激发他们改善生活方式的决心。

此外,健康讲座成了连接理论与实践的桥梁。学校积极邀请资深医生、专业营养师等业界专家,以生动的案例、科学的数据,为学生带来关于健康饮食、科学运动、心理健康等全方位的健康指导。这些讲座不仅拓宽了学生的知识面,更让他们近距离感受到健康生活的魅力与重要性。

而健康知识竞赛的举办,则以一种轻松愉快的方式,将学习健康知识转化为一场场充满趣味的竞赛。学生们在准备竞赛的过程中,不仅加深了对健康知识的理解和掌握,更在相互竞争与合作中,激发了对健康生活的热爱与追求。这种寓教于乐的教学方式,极大地提高了学生的参与度与积极性,为培养他们的健康意识奠定了坚实的基础。

(2)健康行为的培养

健康行为是指个体为了维护自身健康而采取的行动。在体质健康教育中,培养学生的健康行为是至关重要的。通过引导学生养成合理的饮食习惯、适量的运动习惯、科学的作息时间等,帮助学生建立健康的生活方式。

①合理的饮食习惯:合理的饮食习惯是维护个人健康不可或缺的一环,而教师在这一过程中扮演着至关重要的角色。为了培养学生形成良好的饮食习惯,教师应当积极承担起传授营养知识的重任,成为学生健康饮食的引路人。在课堂上,教师应深入浅出地讲解食物的营养成分,如蛋白质、维生素、矿物质等对人体的重要作用,以及不同年龄段、不同体质人群的能量需求差异,让学生具备基本的营养学常识。

在此基础上,教师应引导学生学会识别并选择健康的食物。例如,强调多吃蔬菜水果的重要性,因为这些食物富含纤维、维生素和矿物质,有助于促进消化、增强免疫力;同时,提醒学生减少油腻食物和高糖食品的摄入,因为这类食物往往热量高、营养价值低,长期过量食用容易引发肥胖、糖尿病等健康问题。

为了让学生更直观地感受健康饮食的魅力,教师还可以组织学生进行营养餐制作活动。通过亲自动手,学生们可以学习如何搭配食材,既满足口感又兼顾营养。这样的实践活动不仅能够激发学生的学习兴趣,还能让他们在实践中掌握健康的饮食搭配技巧,为日后的健康生活打下坚实的基础。通过这些措施,教师能够有效地帮助学生建立起合理的饮食习惯,为他们的健康成长保驾护航。

②适量的运动习惯:适量的运动习惯是维护身体健康、提升生活质量的关键要素之一。教师应当成为这一积极生活方式的倡导者和引领者,通过多样化的方式激发学生对运动的兴趣与热爱。首先,教师需要耐心地向学生阐述运动对于促进心肺功能、增强肌肉力量、改善心理状态等多方面的益处,让学生深刻理解到运动不仅是身体的锻炼,更是心灵的滋养。

为了将理论知识转化为实际行动,教师可以策划一系列丰富多彩的体育活动,如组织晨跑活动,让学生在清晨的阳光下开启活力满满的一天;或者举办篮球、足球等团队竞赛,让学生在合作与竞争中体验运动的乐趣,培养团队协作精神和竞争意识。这些活动不仅能够让学生在运动中释放压力、收获快乐,还能逐渐养成定时定量、持之以恒的运动习惯。

此外,教师还应重视对学生运动安全的教育。通过讲解科学的运动方法和技巧,如正确的热身与拉伸、合理的运动强度与时间控制等,帮助学生有效预防运动损伤,确保他们在享受运动带来的好处的同时,也能保护好自己的身体。

通过这样全方位、多层次的引导与培养,学生能够逐渐形成自主、科学、适量的运动习惯,为终身健康奠定坚实的基础。

③科学的作息时间:科学的作息时间安排是维护身体健康不可或缺的一环,它对于促进生长发育、增强免疫力、提高学习效率以及维持情绪稳定等方面都具有深远的影响。因此,教师应当承担起引导学生建立良好作息习惯的重要责任。

教师应积极向学生传授科学作息的理念,强调规律作息对于身心健康的积极作用。通过课堂讲解、案例分析等方式,让学生认识到保持充足的睡眠时间和合理的休息间隔对于恢复体力、巩固记忆、提升注意力的重要性。在此基础上,教师可以指导学生制定个性化的作息时间表,鼓励他们根据自己的生活习惯和学习需求,合理安排起床、睡觉、用餐及课余活动等时间,确保每天都有足够的休息和恢复时间。

同时,教师还需时刻关注学生中可能存在的不良作息习惯,如长时间沉迷于电子产品、深夜熬夜等。这些习惯不仅会干扰正常的睡眠周期,导致睡眠不足、精神萎靡,还可能对视力、颈椎等造成不可逆的损害。因此,教师应适时提醒学生注意用眼卫生、控制电子产品的使用时间,并鼓励他们培养早睡早起的健康习惯,远离熬夜的诱惑。

综上所述,科学的作息时间对于青少年的健康成长至关重要。教师应当以身作则,通过耐心引导和悉心教育,帮助学生建立并维持良好的作息习惯,为他们的身心健康发展奠定坚实的基础。

(3)总结

在教育的广阔天地里,体质健康教育占据着举足轻重的地位,它不仅关乎学生当前的体质状况,更深远地影响着他们未来一生的健康福祉。通过系统性地培养学生的健康意识和健康行为,教育体系旨在为学生构建起一座坚实的健康堡垒,让他们能够在成长的道路上稳步前行。

健康意识的培养,首要在于引导学生认识到健康不仅是身体无病无痛的状态,更是一种积极向上、充满活力的生活态度。这要求学生学会关注自己的身体变化,理解营养均衡、适量运动、充足睡眠对于维护健康的重要性。通过课堂教育、实践活动及日常生活中的点滴渗透,学生逐渐树立起“健康第一”的观念,将健康视为人生最宝贵的财富。

健康行为的养成,则是将这一观念转化为实际行动的过程。学生需要学会制定并执行合理的饮食计划，选择健康的食物，避免暴饮暴食和过度依赖高热量零食；同时，积极参与体育锻炼，培养至少一项体育爱好，让运动成为生活的一部分；此外，保持规律的作息时间，避免熬夜和长时间使用电子产品，也是维护健康不可或缺的一环。

这些良好的健康习惯，如同人生旅途中的灯塔，照亮学生前行的道路，使他们在面对生活挑战时更加坚韧不拔。更重要的是，这些习惯将伴随他们一生，成为他们身体健康最坚实的保障。因此，体质健康教育应始终将培养学生的健康意识和健康行为放在首位，帮助他们建立起健康、积极、向上的生活方式，为未来的幸福生活奠定坚实的基础。

3. 心理健康素养的提升

心理健康素养的提升是大学生体质健康教育中不可或缺的一部分。鉴于大学生在学业、人际关系等方面常面临诸多压力，教育目标应明确聚焦于帮助他们学会正确的应对方法，保持积极的心态和良好的心理健康。以下将详细讲解并具体分析如何提升大学生的心理健康素养：

（1）正确认识心理健康的重要性

在当今多元化、快节奏的社会环境中，大学生作为社会未来的栋梁，其心理健康状态显得尤为重要。首先，我们必须深刻认识到心理健康与身体健康是相辅相成、不可分割的两大方面，它们共同构成了个体全面健康的基础。正如身体健康是生命活力的基石，心理健康则是精神世界的支柱，两者缺一不可。

大学生正处于人生发展的关键阶段，面临着学业压力、职业规划、人际关系等多重挑战。这些挑战若处理不当，极易引发一系列心理健康问题，如焦虑、抑郁、自卑等。这些问题不仅会影响学生的情绪稳定，还会进一步侵蚀其学习效率、社交能力和生活质量，长远来看，甚至可能阻碍其职业发展和人生目标的实现。

因此，教育体系应当高度重视并强调心理健康的重要性，将其纳入必修课程或日常教育活动中。通过开设心理健康课程、举办专题讲座、设立心理咨询服务站等方式，向学生普及心理健康知识，传授应对压力、调节情绪的有效方法，帮助他们树立正确的心理健康观念。同时，鼓励学生主动关注自身心理状况，勇于寻求帮助，形成积极向上的心理氛围。

总之，正确认识心理健康的重要性，是大学生成长成才不可或缺的一环。只有身心健康并重，才能在人生的道路上勇往直前，迎接更加辉煌的未来。

(2)提供心理健康知识和技能

①心理健康教育课程:学校应高度重视并积极实施心理健康教育课程,将其作为培养学生综合素质的重要组成部分。这类课程不仅旨在向学生传授系统的心理健康知识,还致力于引导他们建立正确的心理健康观念,掌握有效的心理调适技能。

在心理健康教育课程中,情绪管理是一个核心议题。通过深入浅出的讲解,学生将学习到情绪识别、情绪表达以及情绪调节的技巧,理解情绪对个人行为、决策乃至生活质量的深远影响。同时,课程会引入案例分析,让学生在实际情境中观察、分析并讨论不同情绪状态下的应对策略,从而增强他们的情绪管理能力。

此外,压力应对也是心理健康教育课程不可或缺的一环。课程将教授学生识别压力源、评估压力水平以及采用积极的应对方式,如时间管理、放松训练、积极心态培养等,帮助他们有效缓解学业、生活等方面的压力,保持身心健康。

在人际关系处理方面,课程将引导学生理解人际互动的基本原则,学习沟通技巧、冲突解决策略以及建立良好人际关系的技巧。通过角色扮演、小组讨论等互动环节,让学生在模拟情境中实践所学,提高人际交往能力,促进和谐人际关系的形成。

总之,心理健康教育课程的开设,不仅有助于学生获得心理健康知识,更重要的是,它能够引导学生关注自身心理健康,培养他们成为具有健康心理、良好情绪管理能力、有效应对压力以及和谐人际关系能力的全面发展的人才。

②心理健康讲座和咨询:心理健康讲座与咨询服务在学校环境中扮演着至关重要的角色,它们共同构成了一个全方位、多层次的心理健康支持体系。学校应积极采取措施,邀请业界知名的心理健康专家来校举办讲座,这些讲座不仅内容丰富、专业性强,而且贴近学生的实际需求。专家们以其丰富的实践经验和深厚的专业底蕴,深入浅出地讲解心理健康的重要性、常见心理问题及应对策略,帮助学生拓宽视野,增强心理韧性。

与此同时,学校还应设立专门的心理健康咨询中心,配备具有专业资质的心理咨询师,为学生提供一对一、个性化的心理咨询服务。这一平台的建立,旨在营造一个安全、保密的环境,让学生能够敞开心扉,真实地表达自己的困惑、烦恼或压力。通过咨询师的倾听、理解和引导,学生不仅能更清晰地认识自己的心理状态,还能学会如何有效地管理和调节情绪,解决成长中遇到的心理问题。

心理健康讲座与咨询服务的结合,既能够普及心理健康知识,提升全体学生的心理素质,又能够针对个别学生的具体需求提供精准帮助,真正做到了普及与个性化服务的有机结合。这样的举措不仅有助于学生在学业上取得更好的成绩,更能够促进他们全面、健康地发展,为未来的人生道路奠定坚实的基础。

(3)培养积极的心态和应对压力的能力

①建立积极的生活态度:建立积极的生活态度是教育过程中不可或缺的一环,它旨在引导学生以乐观、坚韧不拔的心态去迎接生活中的每一个挑战与困难。我们致力于培养学生成为能够正视压力、勇于担当的个体,在逆境面前不轻易言败。当学生面临挑战时,我们鼓励他们采取一系列积极有效的应对策略,如主动寻求来自家人、朋友或专业人士的支持与帮助,灵活调整个人目标以适应现实变化,以及通过运动、冥想等方式放松身心,保持情绪的稳定与平衡。这样的教育不仅有助于学生在学业上取得优异成绩,更能为他们的人生道路铺设坚实的心理基石,让他们在成长的道路上更加自信、从容地前行。

②教授应对压力的方法:教授应对压力的方法,是教育体系中至关重要的一环。我们积极向学生传授多种实用的技巧与方法,旨在帮助他们有效管理压力,维护心理健康。具体而言,我们引导学生学习深呼吸技巧,通过调节呼吸频率与深度,实现身心的放松与平静;同时,教授冥想方法,让学生在静谧中集中精神,减少杂念,达到心灵的宁静;此外,还进行放松训练,如渐进性肌肉松弛法,帮助学生从身体到心灵全面释放紧张情绪。这些科学的方法不仅能够即时缓解学生的压力感,还能提升他们的自我调控能力,为长期保持心理平衡奠定坚实基础。

③增强自我认知和自我调节能力:为了增强学生的自我认知与自我调节能力,我们精心设计了一系列教育活动与辅导方案。首先,鼓励学生通过自我反思、同伴评价及专业测评等多种途径,深入了解自己的优势领域与待提升之处,从而树立清晰的自我形象。随后,指导学生根据个人特点与兴趣,制定切实可行的发展规划,设定短期与长期目标,激发内在动力。在面对生活与学习中的挫折与困难时,我们强调积极心态的重要性,教授学生如何运用心理调适技巧,如正面思考、情绪转移等,有效管理情绪,保持心理平衡,避免沉溺于消极情绪之中,确保持续成长与进步。

(4)建立和谐的人际关系

人际关系作为社会生活中不可或缺的一部分,其质量优劣深刻而直接地影响着个体的心理健康状态。一个和谐、支持性的人际关系网络能够为个体提供情感上的慰藉、心理上的支持以及社会资源的共享,有助于增强个人的自尊、自信和幸福感。相反,紧张、疏离或冲突不断的人际关系则可能成为心理压力的源头,导致焦虑、抑郁等负面情绪的产生,甚至影响个体的身心健康。

因此,教育体系中应高度重视并积极引导学生学会与他人建立良好的人际关系。这不仅仅意味着教授基本的社交礼仪和技巧,更重要的是培养学生的同理心、尊重与包容的品质。通过课堂讨论、角色扮演、团队合作等多种教学形式,让学生深刻理解到每个人都有其独特的背景、情感和需求,从而学会尊重他人差异,关心他人感受,理解他人立场。

同时,面对人际关系中不可避免的冲突和矛盾,教育应鼓励学生采取积极、建设性的沟通方式,勇于表达自己的观点和感受,同时也倾听对方的意见,寻求双方都能接受的解决方案。这种协商解决的策略不仅能够有效缓解紧张氛围,减少负面情绪的产生,还能促进双方的理解和信任,进一步巩固和发展良好的人际关系。通过这样的教育引导,学生将能够更加自信、从容地应对人际交往中的各种挑战,为自身的心理健康和全面发展奠定坚实的基础。

(5)案例分析与实践

在心理健康教育的广阔天地中,案例分析与实践活动扮演着至关重要的角色。通过精心挑选的案例分析,我们为学生搭建起一座桥梁,使他们能够跨越理论与现实的鸿沟,深入剖析心理健康问题的复杂面貌及其对个人、家庭乃至社会的实际影响。这些案例,有的源自真实生活,有的则是经过艺术加工的模拟情境,但都旨在触动学生的心灵,让他们从中看到心理健康问题的普遍性与多样性,理解其背后的深层原因及可能的发展轨迹。

为了让学生不仅停留在认知层面,更能在行动上有所作为,我们还精心策划了一系列实践活动。心理剧表演,作为一种集创意、表演与心理教育于一体的形式,鼓励学生将所学的心理健康知识融入自编自导自演的剧目中。通过角色扮演,学生们能够亲身体验不同情境下的心理状态,增进对他人情感的理解和共鸣,同时也锻炼了自我表达与情绪管理的能力。

此外,我们还定期举办心理健康周活动,通过讲座、工作坊、展览等多种形式,营造关注心理健康的良好氛围。在这些活动中,学生们可以参与心理健康测试,了解自己的情绪状态;聆听专家分享,学习专业的应对策略;参与互动游戏,在轻松愉快的氛围中增进对心理健康的认识。通过这些实践活动,学生们不仅能够在实践中感受心理健康的重要性,更能在不断的尝试与反思中,逐步提升应对心理健康问题的能力,为未来的生活和学习奠定坚实的心理基础。

总之,提升大学生的心理健康素养是一个长期而艰巨的任务。通过提供心理健康知识和技能、培养积极的心态和应对压力的能力、建立和谐的人际关系以及案例分析与实践等方式,可以有效地提升大学生的心理健康素养,帮助他们更好地应对生活中的挑战和压力。

4. 性健康意识和素养的提高

体质健康教育的目标中,性健康意识和素养的提高是至关重要的一环。随着大学生进入青春期,性健康问题逐渐凸显其重要性。以下是针对这一教育目标的详细讲解和具体分析:

(1)性健康意识和素养提高的必要性

在人生的黄金时期,大学生正步入青春期的尾声,这一时期,性健康问题自然而然地成了他们探索自我、理解世界的重要一环。性健康,这一看似私密却极具普遍性的议题,其重要性远远超出了简单的生理范畴,它如同一面多棱镜,折射出个人生理健康、心理健康、情感发展以及社会适应能力的多个面向。

首先,从生理健康的角度来看,性健康是大学生身体健康的重要组成部分。正确的性知识和行为方式能够有效预防性疾病的传播,保护生殖系统的健康,为未来的生活奠定坚实的基础。然而,由于缺乏科学、全面的性教育,许多大学生在面对性健康问题时显得手足无措,甚至因无知而陷入危险境地。

其次,性健康还深刻影响着大学生的心理健康。随着性意识的觉醒,大学生在探索自我、建立亲密关系的过程中,往往会遇到各种困惑和挑战。良好的性健康素养能够帮助他们建立正确的性观念,增强自信心,有效应对性焦虑、性恐惧等心理问题,促进心理健康的成熟与发展。

再者,性健康还关乎大学生的情感生活和社会交往。在人际关系日益复杂的现代社会,如何与异性建立健康、平等的亲密关系,成为大学生必须面对的重要课题。具备较高的性健康素养,能够使大学生更加理性地处理情感问题,避免因性而起的矛盾和冲突,促进和谐的人际关系的建立。

综上所述,提高大学生的性健康意识和素养,不仅是维护个人身心健康的必然要求,也是促进其全面发展、顺利融入社会的关键所在。因此,社会各界应共同努力，为大学生提供科学、全面、适时的性健康教育，帮助他们健康成长，迎接更加美好的未来。

(2)性健康意识和素养提高的具体内容

①性知识的普及

性知识的普及是性健康教育的基础。通过教育，使大学生了解人体的基本结构和功能，掌握性器官的生理特点，了解性行为的正常过程和生理反应等。这有助于他们建立正确的性观念，消除对性的误解和偏见。

性健康意识不强造成的不良后果实例

a. 实例背景

近年来，由于性健康意识不强，部分大学生在面临性相关问题时缺乏必要的知识和应对能力，导致了一系列不良后果。以下是一个具体的实例，用以证明大学生健康教育中普及基础医学知识的重要性，特别是性健康教育。

小丽与男友在大学期间发生了性行为，但由于缺乏性健康知识，她没有采取任何避孕措施。不久后，小丽发现自己意外怀孕，但由于害怕和羞涩，她没有及时告知家人或寻求医疗帮助，而是选择了私自购买非法堕胎药物进行堕胎。

b. 不良后果

身心健康受损：由于非法堕胎药物的副作用和不当使用，小丽的身体受到了严重伤害，不仅出现了大出血和感染等症状，还导致了长期的心理健康问题，如焦虑、抑郁和自卑等。

学业受影响：由于身体健康问题，小丽无法继续正常的学习和生活，不得不休学一段时间进行治疗和恢复。这不仅影响了她的学业进度，也给她的未来就业和人生规划带来了不确定性。

社会影响：此事件在校园和社会上引起了广泛关注，给小丽带来了极大的心理压力和舆论压力。她的家庭也因此受到了影响，家庭关系紧张，经济负担加重。

c. 分析与结论

性健康知识的重要性：此案例充分说明了性健康知识的重要性。如果小丽在大学期间接受了足够的性健康教育，掌握了避孕和紧急避孕的知识，她就可以避免这种不幸的发生。

大学生健康教育的目标：大学生健康教育的目标之一是普及基础医学知识，使大学生了解人体结构和功能，掌握常见疾病的预防和自我保健方法。这同样适用于性健康教育。通过教育使大学生掌握性健康的基本知识,可以帮助他们树立正确的性观念,提高自我保护能力,减少性相关问题的发生。

推广健康教育的必要性:此外,大学还应该加强对健康教育的推广和普及,提高大学生的健康素养和自我保健能力。这不仅可以促进大学生的身心健康发展,也可以为社会培养更多健康、有责任感的人才。

以上实例提到,大学生健康教育的目标之一是普及基础医学知识,使大学生了解人体结构和功能,掌握常见疾病的预防和自我保健方法。这同样适用于性健康教育,即通过教育使大学生掌握性健康的基本知识。

②性行为的危害

教育大学生了解性行为的危害,包括性传播疾病的感染、意外怀孕、性侵犯等。这有助于他们认识到保护自己的重要性,避免不必要的风险。

婚前性行为可能带来的不良后果实例

a. 实例背景

在现代社会,婚前性行为在一定程度上变得更为普遍,然而,这种行为如果缺乏正确的性健康知识和保护措施,可能会带来严重的后果,包括性传播疾病的感染、意外怀孕以及性侵犯等。以下是一个具体的实例,用以证明婚前性行为可能带来的危害,并强调教育大学生了解性行为危害的重要性。

b. 实例描述

案例人物:小明(化名)和小芳(化名),均为大学同学,两人在恋爱关系中发生了婚前性行为。

c. 案例情境

性传播疾病的感染:小明和小芳在性行为中未采取任何保护措施,如使用避孕套。不久后,小明发现自己出现了生殖器疱疹的症状,经过检查,医生确认他感染了性传播疾病。由于两人之前有过性行为,小芳也被检测出感染了同样的疾病。这不仅给他们的身体健康带来了严重的威胁,还给他们的心理造成了巨大的压力。

意外怀孕:在另一次未采取保护措施的性行为后,小芳意外怀孕。由于两人都还在上学,且没有做好成为父母的准备,他们不得不面临选择是否要孩子的困境。这个意外的怀孕给两人的学习和生活带来了极大的困扰和焦虑。

性侵犯:由于小明和小芳在性行为中缺乏明确的沟通和同意,小明在某一次行为中强迫了小芳进行她不愿意的性行为。这一行为给小芳造成了极大的心理创伤,导致她长期无法走出阴影,甚至影响了她的学业和社交。

d. 分析与结论

婚前性行为的危害:上述实例充分展示了婚前性行为可能带来的严重危害,包括性传播疾病的感染、意外怀孕以及性侵犯等。这些后果不仅影响个人的身心健康,还可能对家庭和社会造成不良影响。

教育的重要性:这一实例强调了教育大学生了解性行为危害的重要性。通过教育,大学生可以了解性行为的正确方式、保护措施以及可能带来的后果,从而减少不必要的风险和伤害。同时,教育也可以帮助他们树立正确的性观念,增强自我保护能力。

推广性教育的必要性:因此,我们应该在大学教育中加强性教育的推广和普及,让大学生能够充分了解性行为的危害和后果,提高他们的性健康素养和自我保护能力。这不仅有助于减少性传播疾病的传播和意外怀孕的发生,还可以预防性侵犯等问题的出现,为大学生的健康成长和社会和谐稳定做出贡献。

以上实例中提到,婚前性行为会引起性病的传播,甚至导致严重的身心伤害。这强调了教育大学生了解性行为危害的重要性。

③正确的性行为与性保健知识

教育大学生学习正确的性行为方式,包括性行为中的卫生习惯、安全套的正确使用等。同时,传授性保健知识,如预防性传播疾病的方法、生殖器官的保健等。这有助于他们保护自己的健康,避免不必要的风险。

除了前面列举的实例外,保持性行为的卫生、选择合适的避孕方式等都是性健康教育的重要内容。这强调了教育大学生学习正确的性行为方式和性保健知识的重要性。

(3)性健康意识和素养提高的方法

①开展性健康教育课程的重要性不言而喻。学校应当积极行动,将性健康教育纳入课程体系,开设专门的课程,为学生构建一个系统学习性健康知识的平台。通过精心设计的课堂教学,教师可以深入浅出地讲解性健康的基本概念、生理变化、心理调适、疾病预防以及安全行为等多方面的知识。此外,为了丰富教学内容,学校还可以定期邀请性健康领域的专家学者进行专题讲座,他们不仅能够带来前沿的研究成果,还能分享实际案例,让学生在理论与实践的结合中深化理解,从而全面提升学生的性健康素养。

②为了更加全面地关怀学生的身心健康,学校应当积极设立性健康咨询中

心,这一举措旨在为学生提供一个安全、私密且专业的咨询空间。咨询中心配备有经验丰富的专业顾问或心理咨询师,他们具备深厚的性健康知识背景和良好的沟通技巧,能够耐心倾听学生的困惑与疑虑,针对个人情况提供科学、合理的建议和解决方案。学生在面对性健康相关问题时,可以毫无顾虑地前往咨询,获得及时有效的帮助,从而有效缓解心理压力,促进身心健康发展。

③在性健康教育的广阔舞台上,家庭与社会的参与是不可或缺的关键力量。家长作为孩子的第一任教育者,应当与学校建立紧密的合作关系,共同承担起引导孩子正确认识性健康、培养健康性观念的责任。通过家庭与学校的协同努力,可以及时发现并解决孩子在性健康方面遇到的困惑与挑战。此外,社会层面也应积极行动起来,通过多样化的宣传渠道和形式,广泛普及性健康知识,提升公众的性健康意识与素养,营造一个更加开放、包容、健康的性教育环境。

综上所述,提高大学生的性健康意识和素养是体质健康教育的重要目标之一。通过普及性知识、教育大学生了解性行为的危害、传授正确的性行为与性保健知识等方法,可以有效地提高大学生的性健康意识和素养,保护他们的身心健康。

3.2.2 教育原则

针对校院大学生体质健康教育,应遵循以下原则:

1. 科学性原则

科学性原则在教育活动中起着至关重要的作用,它确保教育内容和方法都基于科学的理论和实证依据,从而保证教育活动的科学性和可靠性。以下是对科学性原则的具体讲解和分析:

(1)教育内容基于科学理论

①科学基础是性健康教育的坚实基石,它要求教育内容必须紧密依托并持续更新于最新的医学研究成果、心理学理论框架以及健康科学的实践指南。这意味着,在构建性健康教育体系时,我们必须摒弃任何基于传统偏见、误解或尚未经过科学验证的观念,转而采纳那些经过严格实验验证、能够准确反映人类性生理与心理发展规律的知识体系。这样的做法不仅确保了教育内容的科学性与权威性,也为学习者提供了最准确、最全面的性健康指导,帮助他们建立起正确的性观念,维护身心健康。

②准确性是性健康教育的核心原则之一,它强调在教育过程中,所有传授的知识和信息都必须经过严格的筛选与核实,确保其准确无误。这不仅要求教育者具备深厚的专业素养,能够准确理解并传达相关学科的前沿知识,还需要他们保持高度的责任心,对每一个细节都进行仔细核查,避免任何可能的误导或错误信息传递给学生。因为性健康教育涉及个体身心发展的敏感领域,任何微小的偏差都可能对学生的性观念、行为选择乃至未来的生活产生深远的影响。因此,确保教育内容的准确性,是每一位性健康教育工作者的基本职责与使命。

③更新性是性健康教育不可或缺的重要特性,它强调教育体系必须紧跟科学发展的步伐,不断吸纳并融入最新的科学发现和理论成果。随着医学、心理学、社会学等多学科领域对性健康问题的深入研究,新的认知、观点和技术层出不穷。因此,性健康教育内容需要定期进行评估与更新,以确保学生能够接触到最前沿、最科学的性健康知识。这种持续更新的做法,不仅能够提升学生的科学素养,还能帮助他们更好地应对现实生活中复杂多变的性健康问题,促进个人全面发展。

(2)教育方法科学可靠

①实证依据是教育实践中不可或缺的基本原则,它要求我们在选择和使用教育方法时,必须严格遵循科学研究的方法和流程,确保所采取的措施有充分的实证支持。这意味着,我们不能仅凭主观臆断或传统经验来制定教育策略,而是要通过系统的数据收集、分析和评估,来验证教育方法的实际效果。只有经过实证验证,证明这些方法在实际应用中确实有效,我们才能够放心地将其应用于教育实践,以促进学生的全面发展和教育质量的持续提升。

②适应性在教育实践中占据着举足轻重的地位,它强调教育方法必须充分考虑学生的个体差异,包括年龄、性别、文化背景等多个方面。每个学生都是独一无二的,他们拥有不同的学习风格、兴趣偏好和发展需求。因此,教育方法不能一概而论,而应灵活调整,以适应每位学生的独特特点。通过精准把握学生的实际情况,设计符合其特点的教学方案,我们能够更有效地激发学生的学习兴趣,提升他们的学习效果,从而培养出更加全面发展的人才。

③创新性在教育领域的重要性不言而喻,它要求我们在坚守科学教育原则的同时,勇于探索和实践新颖的教育方法。面对日新月异的社会发展和学生日益多样化的学习需求,传统的教育模式可能已难以满足所有学生的期望。因

此,鼓励教育方法的创新,不仅是为了激发学生的创造力和批判性思维,更是为了提供更加个性化、高效的学习体验。通过引入新技术、新理念和新的教学策略,我们可以打破传统教育的界限,为每个学生量身定制最适合他们的学习路径,从而真正实现教育的公平与卓越。

(3)科学性原则的实践应用

①课程设计,尤其是在规划健康教育课程时,是一项至关重要的任务,它直接关系到学生健康知识与技能的获取及其正确性。因此,在设计过程中,我们必须秉持严谨的科学态度,确保课程内容牢固建立在坚实的科学理论基础之上。这意味着所有传授的知识点、方法和策略都需经过严格的科学验证,避免任何未经证实的观点、谣言或误导性信息的渗入。通过这样的课程设计,我们不仅能够为学生构建一个准确、全面的健康教育知识体系,还能够培养他们形成科学、理性的健康观念,为他们未来的健康生活奠定坚实的基础。

②教师培训是提升教育质量、促进教育现代化的关键环节。为了确保教师能够高效地传授科学知识,引导他们采用科学的教育方法至关重要。因此,学校和教育机构应定期组织教师培训活动,使教师们能够接触到最新的科学研究成果,深入理解这些成果背后的科学原理与实际应用价值。通过这样的培训,教师们不仅能够更新自己的知识储备,还能够学会如何将最新的科学发现融入课堂教学之中,使教学内容更加贴近时代前沿,激发学生的学习兴趣与探索欲,从而进一步提升教学效果与学生的学习体验。

③教育评估作为教育管理体系中的重要环节,其目的在于全面、客观地衡量教育活动的科学性和有效性。这一过程不仅关注学生的学习成果,还深入考察教学过程的合理性、教育资源的利用效率以及教育目标的达成情况。通过科学的教育评估方法,如问卷调查、学生反馈、教师自评与互评、教学成果展示等,我们可以及时发现教育活动中存在的问题与不足,进而为教育内容与方法的及时调整提供有力依据。这种动态的评估与调整机制,确保了教育活动的质量能够持续提升,更好地满足学生个性化发展需求和社会对人才培养的期望。

(4)案例分析

以大学健康教育为例,科学性原则体现在以下方面:

①课程设置在大学教育体系中占据着举足轻重的地位,特别是针对健康教育的课程设计,更是体现了对学生全面发展的深切关怀。大学健康教育课程精心规划,广泛而深入地涵盖了饮食营养、运动保健、疾病预防等多个核心领域的

知识。这些内容不仅紧跟时代步伐,紧密依托最新的科学研究成果与理论前沿,还注重实践应用与日常生活的紧密结合。通过系统的课程学习,学生不仅能够掌握科学的健康知识,还能学会如何将这些知识转化为促进个人及社区健康的具体行动,为未来的生活奠定坚实的健康基础。

②实践教学在大学健康教育课程中扮演着至关重要的角色,它通过一系列生动有趣的互动环节,如模拟情境再现、角色扮演等多元化教学手段,为学生搭建起理论与实践的桥梁。这些精心设计的实践教学活动,不仅能够激发学生的学习兴趣和积极性,还能帮助他们身临其境地感受健康问题的复杂性和多样性,从而更加深入地理解和掌握健康知识与技能。更为重要的是,这些教学方法都经过了广泛的实证研究与验证,被证明是提升学生健康素养、培养健康行为习惯的有效途径。

③教育评估作为教育过程中的重要环节,其目的在于全面、客观地了解学生的学习成效。我们采用多元化的评估手段,如精心设计的问卷调查,旨在收集学生对于教学内容、方法及教师授课质量的反馈;同时,结合定期的考试与测验,以量化的方式衡量学生对健康知识的掌握程度和应用能力。这些评估结果不仅为教育者提供了宝贵的反馈,帮助我们及时识别教学过程中的亮点与不足,还能够指导我们灵活调整教育内容与教学策略,确保教育活动的科学性与有效性,最终促进学生健康素养的全面提升。

(5)总结

科学性原则是教育活动中不可或缺的一部分。在教育活动中遵循科学性原则,可以确保教育内容和方法都基于科学的理论和方法,从而提高学生的健康素养和综合能力。

2. 全面性原则

全面性原则在体质健康教育中占据核心地位,它要求教育内容和方式必须覆盖身体、心理、性健康等多个方面,以促进学生全面的健康发展。以下是对全面性原则的详细讲解和具体分析:

(1)身体健康方面的覆盖

①体育活动和锻炼在体质健康教育中占据着举足轻重的地位。我们深知,要促进学生的全面发展,首要任务是关注并强化学生的身体锻炼。因此,我们积极组织并推广多样化的体育活动,包括但不限于活力四射的跑步训练、增强心肺功能的游泳课程以及培养团队协作与竞技精神的球类运动等。这些活动

不仅能够有效提升学生的身体素质，包括力量、耐力、速度及灵活性等多方面能力，还能在锻炼中激发学生的运动兴趣，培养其坚韧不拔的意志品质，为学生的身心健康奠定坚实的基础。

②体质测试和评估作为体质健康管理体系中的重要环节，其意义深远。我们坚持定期为学生进行全面的体质测试，包括身体形态、生理机能、运动素质等多个维度的评估，旨在精准掌握每位学生的身体状况和体能发展水平。这一过程不仅有助于我们及时发现学生在体质上可能存在的问题或短板，还能为后续的体育教学与训练提供宝贵的科学依据。基于体质测试和评估结果，我们能够更加精准地为学生量身定制个性化的体育训练计划，确保训练内容既符合学生的实际需求，又能有效促进其体质的全面提升。

③营养与饮食教育是学生健康教育中不可或缺的一环。我们致力于通过系统的课程设置和生动的教学方式，向学生传授全面的健康饮食习惯和深入的营养知识。课程内容涵盖了各类营养素的作用、食物来源及搭配原则，旨在帮助学生理解均衡饮食的重要性。我们鼓励学生选择多样化的食物，确保从日常饮食中获取足够的蛋白质、维生素、矿物质等必需营养素，以促进其身体的健康成长和发育。同时，通过实践活动和案例分析，加深学生对健康饮食的认识，培养其形成良好的饮食习惯。

(2)心理健康方面的关注

①心理健康知识的传授在现代教育体系中占据着举足轻重的地位。为了促进学生全面发展，我们精心设计了心理健康课程，旨在通过系统化的教学，向学生全面传授心理健康知识。这些课程不仅深入剖析了心理健康的基本概念，还详细讲解了常见的心理问题，如焦虑、抑郁等，以及它们的成因、表现和对个体生活的影响。更重要的是，我们注重教授学生实用的应对方法，如情绪调节技巧、压力管理策略等，帮助他们建立积极的心理防御机制，有效应对生活中的各种挑战，从而维护良好的心理健康状态。

②情绪管理与压力应对是学生成长道路上不可或缺的重要能力。我们积极引导学生学习并掌握情绪管理的技巧，教会他们如何识别、理解并合理表达自己的情绪，避免情绪积压对心理健康造成负面影响。同时，针对学习、生活中可能遇到的各种压力源，我们设计了一系列有效的应对策略，如时间管理、目标设定、积极心态培养等，帮助学生建立科学的压力应对体系。通过这些努力，我们致力于培养学生的健康心理状态，使他们能够以更加坚韧、乐观的态度面对

生活的起伏与挑战。

③心理咨询服务是我们教育体系中的重要一环，旨在为学生搭建一个安全、专业的心理支持平台。我们配备了经验丰富的心理咨询师团队，他们运用专业的心理学知识和技巧，为学生提供一对一的咨询服务。无论是学业压力、人际关系、自我认知还是情绪调节等方面的困扰，学生都可以在这里找到倾听与指导。通过心理咨询服务，我们帮助学生及时疏导负面情绪，解决心理困扰，促进他们心理健康的全面发展，为他们的成长之路保驾护航。

(3)性健康教育的重要性

①性健康知识普及是青少年教育不可或缺的一部分，我们精心设计了性健康教育课程，旨在全面而科学地普及性健康知识。这些课程不仅详细讲解了人体的生理结构与功能，特别是生殖系统的奥秘，还引导学生正确认识性的本质与意义，帮助他们树立健康、积极的性观念。通过互动式教学、案例分析等多种方式，我们确保每位学生都能获得准确、实用的性健康信息，为他们的身心健康和未来发展奠定坚实基础。

②预防性传播疾病是性健康教育中的关键环节。我们积极采取措施，通过生动有趣的课堂讲解和互动讨论，深入浅出地向学生介绍性传播疾病的传播途径，如性接触、血液传播及母婴传播等，同时强调预防措施的重要性。课程内容涵盖了正确使用安全套、避免多个性伴侣、定期进行健康检查以及接种相关疫苗等实用知识，旨在增强学生的自我保护意识，培养他们健康的生活方式，从而有效预防性传播疾病的发生。

③性别平等教育是现代教育体系中不可或缺的一部分。我们致力于营造一个包容、无偏见的学习环境，通过多样化的教学活动和案例分析，向学生强调性别平等的重要性，并努力打破传统性别刻板印象的束缚。我们鼓励学生认识到，性别不应成为限制个人潜能和发展的因素，而是应该尊重每个人的独特性，促进男生和女生在学业、职业、社交等各个方面享有平等的机会和权利。通过这样的教育，我们期望学生能够形成健康、平等的性别观念，为构建更加和谐的社会贡献自己的力量。

(4)实际应用与案例分析

①学校课程设置是一个全面促进学生身心发展的关键环节。为了确保学生能够获得均衡而全面的发展，课程设置应当精心规划，特别注重体质健康教育的多维度覆盖。这不仅意味着要保留并优化传统的体育课程，以提升学生的

身体素质和运动技能,还应将视野拓展至心理健康和性健康领域。因此,学校应增设心理健康教育课程,帮助学生学会情绪管理、压力应对及建立积极的人际关系。同时,性健康教育课程也至关重要,旨在引导学生正确认识身体发育、性别角色及性健康知识,培养自尊自爱的意识,为他们的健康成长奠定坚实的基础。这样的课程设置旨在全方位促进学生的身心健康,为他们的未来生活奠定良好的基石。

②跨学科融合是一种创新且高效的教育模式,尤其在体质健康教育领域展现出巨大潜力。通过将体质健康教育与其他学科紧密结合,学生能够在更广阔的知识背景下理解和实践健康理念。例如,在生物课程中,教师可以深入介绍人体的生理结构和功能,不仅限于课本上的知识点,而是引导学生思考运动如何影响这些系统,从而增强学生的健康意识。同时,在语文课堂上,选取与心理健康和性健康相关的文章进行阅读与分析,不仅能提升学生的文学素养,还能在潜移默化中引导学生形成正确的健康观念和价值观。这种跨学科融合的教学方式,使得体质健康教育更加生动有趣,也更易于被学生所接受和内化。

③学生参与度是提升体质健康教育效果的关键因素。为了充分调动学生的积极性与主动性,教育机构应采取多元化策略,如定期举办丰富多彩的体育活动,如运动会、趣味运动会、体育俱乐部等,让学生在实践中体验运动的乐趣,培养团队合作精神和竞争意识。同时,邀请心理健康专家开展专题讲座,以生动的案例和科学的理论帮助学生理解心理健康的重要性,学会自我调节情绪的方法。此外,举办性健康教育展览,通过图文并茂的展板、互动问答等形式,让学生在轻松愉快的氛围中获取性健康知识,树立正确的性观念。这些举措不仅丰富了学生的校园生活,更显著提高了他们的参与度,从而增强了体质健康教育的实际效果。

总结而言,全面性原则在体质健康教育中占据着举足轻重的地位,它强调教育过程必须全面而深入地覆盖身体、心理以及性健康等多个维度,旨在为学生构建一个全方位、多层次的健康发展框架。这一原则不仅体现了对学生个体整体福祉的深切关怀,也是培养未来社会所需复合型人才的重要基石。

在身体健康方面,全面性原则倡导通过多样化的体育活动和锻炼计划,强化学生的体能素质,提升运动技能,同时注重预防运动伤害,培养终身体育的习惯。心理健康教育则是该原则不可或缺的一环,它要求学校提供专业的心理咨询服务,开设心理健康教育课程,帮助学生建立积极的自我认知,学会应对压力与挑战,维护良好的心理状态。

此外,性健康教育作为全面性原则的重要组成部分,旨在通过科学、客观的信息传授,引导学生形成正确的性观念,掌握必要的生殖健康知识,增强自我保护能力,促进身心和谐发展。

综上所述,全面性原则在体质健康教育中的贯彻实施,需要教育者精心设计教学内容,采用灵活多样的教学方式,确保每位学生都能在身体、心理、性健康等多个领域得到充分的关注与培养,从而建立起健康的生活方式,为未来的学习、工作和生活奠定坚实的基础,全面提升其生活质量与幸福感。

3. 个性化原则

个性化原则在教育实践中扮演着至关重要的角色,它强调针对不同年级、专业、性别和个体差异的学生,制定有针对性的教育内容和方法,以满足不同学生的健康需求。以下是对个性化原则的详细讲解和具体分析:

(1)年级差异

①内容定制:内容定制在体质健康教育中是一项至关重要的策略,它强调根据学生的年龄层次和学习需求,灵活调整教育内容,以确保教育的针对性和有效性。具体而言,对于低年级学生,教育内容应侧重于基础体能训练,如跑步、跳跃、投掷等基本动作技能的培养,同时融入简单易懂的健康知识,如饮食均衡、个人卫生习惯等,以激发他们对健康生活的初步认识与兴趣。而随着学生年级的升高,教育内容则需逐渐深化,高年级学生不仅需要掌握更复杂的健康知识,如心理健康维护、性教育等敏感而重要的议题,还应通过专项技能培训和实践活动,如团队运动、急救技能学习等,进一步提升他们的健康素养和综合能力,为他们未来的成长与发展奠定坚实的基础。

②方法调整:方法调整在教育过程中占据着举足轻重的地位,它要求教育者根据学生年级的不同,灵活变换教学策略,以更好地适应学生的学习特点与需求。对于低年级学生而言,他们天性活泼好动,好奇心强,因此,采用游戏化教学和互动活动作为主导方法尤为适宜。通过设计寓教于乐的游戏和实践活动,不仅能有效吸引学生的注意力,还能在轻松愉快的氛围中传授健康知识,培养他们的学习兴趣和团队协作能力。

而对于高年级学生,随着认知能力的增强和思维方式的成熟,他们更倾向于深入思考和理性分析。因此,教育方法可以转变为以讲座、小组讨论和案例分析为主。通过专家的深入讲解,学生能够获取更全面、更专业的健康知识;小组讨论则鼓励学生发表见解,促进思维碰撞;而案例分析则让学生将理论知识与实际情况相结合,提升解决问题的能力。这样的教育方法调整,有助于高年级学生在掌握健康知识的同时,也发展出独立思考和批判性思维的能力。

(2)专业差异

①内容对接:内容对接在教育体系中至关重要,它强调教育内容的定制化与针对性,旨在确保所传授的知识能够精准对接学生的专业需求,从而有效提升其专业素养和综合能力。具体而言,教育内容应当紧密围绕学生的专业领域进行构建,以满足不同专业学生对于健康知识的特定需求。

以体育专业学生为例,他们的职业特性决定了对运动生理学、运动损伤预防等知识的渴求。因此,教育内容应深入剖析运动对人体各系统的影响,传授科学的训练方法,并强化运动损伤的预防与康复技能,为他们未来的职业生涯奠定坚实的理论基础和实践能力。

而对于医学专业的学生,他们肩负着守护人类健康的重任,因此教育内容则需涵盖更广泛的健康管理和疾病预防知识。这包括但不限于公共卫生、流行病学、营养学等多个领域,旨在培养他们全面的健康观念、精湛的医术以及高尚的医德,为社会的健康事业贡献自己的力量。通过这样的内容对接,不仅能够激发学生的学习兴趣和动力,还能更好地服务于他们的专业成长和未来发展。

②实践结合:实践结合是教育过程中不可或缺的一环,它强调将理论知识与实际操作紧密相连,以提升学生的实践能力和综合素质。在健康教育的实施过程中,结合学生的专业特点进行实践结合显得尤为重要。

对于医学专业的学生而言,将健康教育与专业实践相结合,不仅能够加深他们对健康知识的理解和掌握,还能在实践中锻炼其临床思维和解决问题的能力。通过参与健康教育和健康促进活动,如社区健康讲座、疾病预防宣传等,学生们能够将课堂上学到的医学知识、健康管理理念以及疾病预防策略,直接应用于现实生活中,与民众面对面交流,解答健康疑问,提供个性化的健康建议。这样的实践经历,不仅能够增强学生的社会责任感和服务意识,还能为他们未来的医疗工作积累宝贵的经验和信心。因此,实践结合是提升医学专业学生专业素养和综合能力的重要途径。

(3)性别差异

①内容关注:在规划健康教育内容时,充分考虑到性别差异并据此进行有针对性的侧重是至关重要的。对于女性学生而言,健康教育应当更加细致入微

地关注她们的独特生理需求与健康挑战。这包括但不限于深入理解生理周期的变化规律及其对身体的影响,学习如何在这一特殊时期进行科学的自我护理;同时,孕期保健知识的普及也是不可或缺的一环,帮助她们为未来可能的母亲角色做好充分准备;此外,乳腺健康的教育同样重要,旨在提高她们对乳腺疾病的防范意识,掌握自我检查的方法。

而对于男性学生,健康教育则需聚焦于他们可能面临的特定健康问题。这要求内容设计上更加侧重于运动损伤的预防和应对策略,帮助他们掌握正确的运动姿势与技巧,减少运动中的伤害风险;同时,心血管疾病的预防知识也是男性健康教育的重点,通过教育引导他们形成健康的生活方式,降低患病风险;此外,心理健康同样不容忽视,鼓励男性学生正视并表达自己的情感需求,学会压力管理与情绪调节,促进其全面发展。

②方法适应:在教育实践中,灵活适应性别差异,采用多样化的教育方法,对于提升教学效果具有重要意义。针对女性学生,我们可以更多地运用小组讨论和分享经验的教学策略。这种方式能够激发她们的表达欲与参与感,使她们在轻松的氛围中交流彼此的心得体会,增强学习内容的共鸣与内化。通过相互间的倾听与反馈,女性学生能够更深刻地理解课程内容,并在分享中培养团队协作与沟通能力。

而对于男性学生,实践操作和竞技活动则可能更加契合他们的学习偏好。通过亲手操作实验、参与项目实践,男性学生能够更直观地理解理论知识,同时培养他们的动手能力和解决问题的能力。竞技活动则能激发他们的竞争意识与进取心,促使他们在比赛中不断学习新知,挑战自我,达到寓教于乐的效果。因此,在教育方法上,充分考虑并适应性别差异,将有助于提高教育的针对性和有效性。

(4)个体差异

个性化评估在教育领域扮演着至关重要的角色,它不仅仅是一个简单的数据收集过程,而是深入探索学生个体差异的桥梁。通过实施个性化评估,教育者能够全面了解学生的健康状况,包括身体发育、心理健康以及可能存在的特殊需求,从而确保教育环境对学生而言是安全、包容且促进成长的。同时,评估还关注学生的兴趣爱好,这些是学生内在动力的源泉,了解并尊重学生的兴趣,能够极大地提升他们的学习积极性和参与度。

此外,个性化评估还聚焦于学生的学习风格,即每个学生独特的认知、情感和行为方式。通过识别学生的学习偏好,如视觉型、听觉型或动手型学习者,教育者可以设计出更加贴合学生需求的教学策略和资源,使教学内容以最适合学生的方式呈现,进而促进学习效率的提升和学习成果的深化。总之,个性化评估为制定精准、高效、个性化的教育方案奠定了坚实的基础,是实现教育公平与卓越的关键一步。

①定制教育方案:定制教育方案是教育个性化实践的核心环节,它紧密依托于个性化评估的深入结果。这一过程旨在根据每位学生的独特需求与潜能,量身打造最适合其发展的学习路径。对于体能较差的学生,我们不仅会制定科学合理的体能训练计划,还会融入趣味性与挑战性,以激发他们参与锻炼的兴趣,逐步增强体质,促进身心健康发展。而对于那些学习兴趣浓厚、求知欲旺盛的学生,我们则会提供更加丰富多样的学习资源和深入探索的机会,如参与科研项目、加入兴趣小组或在线学习平台等,以满足他们对知识的渴望,培养他们的创新能力和批判性思维。通过这样的定制教育方案,我们致力于让每位学生都能在最适合自己的环境中茁壮成长,实现个性化发展的最大化。

②动态调整:在个性化教育的实施过程中,动态调整是不可或缺的一环。我们深知,学生的学习进展是不断变化的,他们的兴趣和需求也会随着时间和经历而有所调整。因此,我们建立了一套完善的跟踪与反馈机制,定期收集学生的学习成果、心理状态及自我反馈等多维度信息。基于这些信息,我们的教育团队会进行深入的分析与讨论,确保能够准确捕捉学生成长的每一个细微变化。随后,我们会对原有的个性化教育方案进行适时的调整和完善,无论是学习内容的深度与广度,还是教学方法的灵活性与创新性,都会根据学生的实际情况进行精准匹配。这样的动态调整机制,旨在确保教育方案始终能够紧密贴合学生的需求和兴趣,为他们提供最有力的发展支撑。

(5)总结

个性化教育原则,作为现代教育体系中的核心理念之一,其深远意义远不止于教学策略的革新,更在于它对学生全面发展的深刻关怀与促进。这一原则强调,教育者应当超越传统的“一刀切”教学模式,转而以更加细腻和敏锐的视角,深入洞察每一位学生的年级特征、专业背景、性别差异乃至更为细微的个体差异。在此基础上,精心设计并灵活调整教育内容与方法,力求做到因材施教,因需施教。

个性化教育的实施,首先是对学生健康需求的积极响应。通过识别并满足学生在身体、心理及社会适应性等方面的不同需求，我们能够为他们营造一个更加安全、舒适的学习环境，促进其身心和谐发展。同时，这种个性化的关怀也极大地激发了学生的学习兴趣与内在动力，使他们在主动探索与学习中发现自我价值，享受知识带来的乐趣与成就感。

更为重要的是，个性化教育原则深刻体现了对学生个体差异的尊重与理解。它鼓励学生表达自我，勇于尝试，敢于创新，从而在尊重差异的同时，也促进了学生个性的张扬与潜能的挖掘。在这样的教育氛围中，学生不仅能够获得扎实的学科知识，更能在自主性与创新能力的培养上迈出坚实的步伐，为未来的学习与生活奠定坚实的基础。因此，个性化教育不仅是教育方法的变革，更是教育理念的升华，它引领着我们向着更加公平、高效、有温度的教育未来迈进。

4. 预防为主原则

预防为主原则在教育领域的应用，主要体现在强调预防意识，通过系统的健康教育来培养学生的自我保健能力，从而有效防止疾病的发生。以下是对预防为主原则的详细讲解和具体分析：

(1)预防为主原则的核心思想

①预防胜于治疗：这一古老而深刻的智慧，即“预防为主”的原则，在现代社会中被赋予了更加重要的意义。它不仅仅是一种医疗策略，更是一种生活哲学，强调在疾病发生之前采取积极措施，以最小的成本达到最大的健康效益。该原则认为，通过科学的预防手段，如健康教育、疫苗接种、环境卫生改善、健康生活方式推广等，可以显著降低疾病的发生率，减轻医疗系统的负担，同时提高人群的整体健康水平和生活质量。

相比于治疗已经发生的疾病，预防具有多方面的优势。首先，从经济角度来看，预防成本远低于治疗成本。一旦疾病发生，不仅需要昂贵的医疗费用，还可能伴随着生产力的损失和社会资源的消耗。而预防工作则能在疾病尚未形成规模之前，以较小的投入遏制其蔓延，实现经济效益的最大化。

其次，预防有助于减少患者的痛苦和家庭的负担。疾病往往伴随着身体上的痛苦和心理上的压力，对患者及其家庭造成巨大的影响。而预防则能在源头上减少这种痛苦和压力，让更多人享受健康带来的幸福与安宁。

此外，预防还体现了社会公正与人文关怀。通过普及健康知识、提供均等化的预防服务，可以缩小不同社会群体之间的健康差距，促进社会的和谐与稳定。

综上所述,"预防胜于治疗"的原则不仅是医学领域的金科玉律,也是构建健康社会、提升全民福祉的重要基石。我们应当将这一原则深植于心,积极践行于行,共同守护人类的健康与未来。

②培养自我保健能力:在当今快节奏且充满挑战的社会环境中,培养个体的自我保健能力显得尤为重要。通过系统化的健康教育,我们旨在为学生搭建起一座通往健康生活的桥梁,使他们不仅能够掌握基本的健康知识和技能,还能将这些知识转化为实际行动,自主地进行健康管理和疾病预防。

健康教育的内容广泛而深入,涵盖了营养学、运动科学、心理健康、疾病预防与应对等多个方面。学生们将学习到如何制定均衡的饮食计划,了解不同食物对身体的益处与潜在风险;他们将学会如何合理安排运动时间,掌握科学的锻炼方法,以增强体质、提高免疫力;同时,他们还将接触到心理健康的重要性,学会识别并应对压力、焦虑等负面情绪,保持心灵的平和与愉悦。

更重要的是,通过健康教育,学生们将培养出一种积极主动的健康态度,意识到自己是健康的第一责任人。他们将学会如何根据自身的身体状况和生活环境,制定个性化的健康管理计划,定期进行自我检查,及时发现并处理潜在的健康问题。这种自我保健能力的提升,不仅有助于学生在校期间保持良好的身心状态,更将为他们未来的生活奠定坚实的基础,使他们能够自信地面对各种健康挑战,享受更加充实、健康的人生。

(2)预防为主原则在教育中的实践

①强调预防意识

宣传教育:为了全面提升学生的健康意识,我们采取多元化的方式进行健康知识的普及。通过生动有趣的课堂教学,教师运用案例分析和互动讨论等方法,深入浅出地讲解健康知识,激发学生的学习兴趣。此外,定期举办的专题讲座邀请医学专家和行业精英,带来前沿的健康资讯和科学的疾病预防策略,拓宽学生的视野。同时,校园内张贴的精美海报,以图文并茂的形式,直观展示健康生活方式的重要性,时刻提醒学生关注自身健康,强调预防疾病的关键性。这一系列宣传教育措施,共同构建了全方位、多层次的健康知识传播网络,有效促进了学生健康素养的提升。

案例分析:在健康教育中,我们特别注重通过典型疾病案例的深入分析,来增强学生的健康防范意识。选取具有代表性和教育意义的疾病案例,详细剖析疾病的发生过程、症状演变以及可能的并发症,让学生深刻理解疾病的复杂性和危害性。同时,结合案例讲解疾病的预防方法和健康生活方式的养成,如均衡饮食、规律作息、适量运动等,引导学生从日常生活中做起,积极采取预防措施。这种方式不仅使学生掌握了疾病防治的知识,更让他们深刻认识到预防的价值,从而更加珍惜和呵护自己的健康。

②健康教育的实施

课程设置:课程设置方面,我们全面考虑学生的健康成长需求,将健康教育作为不可或缺的一部分正式纳入课程体系之中。这一举措旨在确保每位学生都能接受到全面、系统且科学的健康知识教育,内容涵盖疾病预防、心理健康、营养膳食、运动锻炼等多个维度。通过精心设计的课程内容和丰富多样的教学形式,我们致力于提升学生的健康素养,培养他们成为具备健康意识和自我保健能力的未来社会栋梁。

教学内容:教学内容方面,我们精心规划了涵盖生理健康、心理健康、环境健康以及营养健康等多个关键领域的课程体系。通过深入浅出的讲解与实践操作相结合的方式,学生不仅能够掌握人体生理结构与功能的基本知识,还能学会如何调节情绪、应对压力,保持心理健康。同时,课程还注重引导学生关注环境对健康的影响,培养环保意识,并教授科学合理的膳食搭配原则,全面提升学生的健康素养,为他们未来的健康生活奠定坚实基础。

教学方法:教学方法上,我们积极采用多样化的教学策略,旨在激发学生的学习兴趣与深度参与。通过引入贴近生活的案例教学,让学生在真实情境中学习并应用知识;组织互动讨论,鼓励学生积极表达观点,促进思维碰撞与知识共享;同时,结合实践操作环节,让学生在动手过程中深化理解,提升技能。这些教学方法的有机结合,不仅丰富了课堂形式,还极大地提高了学生的学习效果与参与热情。

③培养学生的自我保健能力

自我监测:自我监测是培养学生健康意识与自我管理能力的重要环节。我们积极引导学生学会细致观察并自我监测身体状况,包括日常体温、心率、睡眠质量以及身体各部位的不适感等。通过教授监测方法与技巧,帮助学生及时发现身体出现的任何异常情况,并鼓励他们根据所学知识采取初步的自我调节措施或及时寻求专业医疗建议,从而有效维护个人健康与安全。

健康习惯养成:健康习惯养成是教育体系中不可或缺的一环。我们致力于通过全面的健康教育,不仅传授学生关于营养、运动与休息的科学知识,还积极引导学生将这些知识转化为实际行动,逐步养成均衡饮食、规律运动、充足睡眠等健康生活习惯。这些良好的习惯不仅能够有效提升学生的身体素质,增强他们的抵抗力,还有助于他们形成积极向上的生活态度和终身受益的健康管理模式。

应对能力提高:应对能力提高是教育体系中的关键目标之一。我们专注于培养学生在面对疾病挑战时的自主应对能力,通过教育引导学生学会正确用药的方法,理解药物说明并遵循医嘱;同时,增强学生的健康意识,鼓励他们在身体出现不适时及时寻求医疗帮助,有效避免病情恶化,促进康复进程。这一系列措施旨在为学生筑起一道坚实的健康防线。

④效果的评估与反馈

定期评估:定期评估是确保学生健康水平与自我保健能力持续提升的重要环节。我们采用多元化的评估手段,包括设计详尽的问卷调查以收集学生的健康认知与行为习惯数据,以及实施全面的健康测试来监测学生的身体状况。这些评估不仅帮助我们准确了解学生的健康水平,还能及时发现自我保健能力上的不足,为后续的健康教育与干预措施提供有力依据,确保每位学生都能在健康成长的道路上稳步前行。

反馈调整:反馈调整是提升健康教育质量的关键步骤。在全面收集并分析评估结果后,我们迅速行动,对现有的健康教育内容进行细致的审视与调整。我们确保教育内容紧密贴合学生的实际需求与健康问题,采用更加灵活多样的教学方法,如互动式教学、案例分析等,以增强学生的学习兴趣与参与度。这一系列的调整措施旨在提高健康教育的针对性和有效性,确保每位学生都能从中受益,获得实质性的健康知识与能力提升。

(3)具体案例分析

在某中学深入贯彻预防为主原则的健康教育策略后,校园内掀起了一股积极向上的健康风潮。学生们在这一系列精心设计的健康教育活动中,不仅理论知识得到了显著提升,更在实践中逐步形成了对疾病预防的深刻认识和高度重视。通过系统而全面的健康教育课程,学生们掌握了从日常饮食均衡、个人卫生习惯到心理健康维护等全方位的基本健康知识和技能,这些宝贵的知识成了他们日常生活中不可或缺的指南。

学校创新性地采用多样化的教学手段,如模拟演练、小组讨论、专家讲座等,极大地激发了学生的学习兴趣与参与热情。此外,定期举办的健康知识竞赛,不仅检验了学生的学习成果,还以竞赛的形式促进了知识的传播与分享,形成了良好的学习氛围。健康主题班会的开展,更是为学生们提供了一个交流心得、分享经验的平台,进一步巩固了他们的健康素养。

随着时间的推移,这些努力逐渐显现出了显著的成效。该校学生的健康状况得到了明显改善,不仅体质有所增强,而且疾病发病率也显著降低。学生们开始自觉地进行健康管理,养成了良好的生活习惯,如定时作息、适量运动、合理膳食等,这些积极的变化不仅惠及学生个人,也为构建更加健康、和谐的校园环境奠定了坚实的基础。这一成功案例,无疑为其他学校开展健康教育提供了宝贵的经验与启示。

(4)总结

在深入探讨并实践了预防为主原则在教育领域的应用后,我们深刻认识到其对学生健康成长的深远影响。这一原则不仅是医学领域的核心理念,当它被巧妙地融入教育体系中时,更是展现出了强大的生命力与积极效果。

首先,预防为主的教育模式显著提升了学生的健康素养。通过系统性的健康教育课程、生动的实践活动以及丰富的健康知识竞赛等形式,学生们不仅掌握了基础的健康知识,还学会了如何将这些知识应用于日常生活中,从而形成了良好的健康习惯和自我保健能力。这种素养的提升,为他们未来的生活和发展奠定了坚实的基础。

其次,预防为主原则的有效实施,极大地减少了疾病在学生群体中的发生和传播。通过提前预防、早期干预和科学管理,许多潜在的健康问题被及时发现并得到有效解决,有效降低了疾病的发病率和传播风险。这不仅减轻了学生的身体负担,也减少了因疾病而导致的学业中断和家庭经济负担。

因此,我们应该在教育实践中坚定不移地贯彻预防为主的原则,将其作为促进学生健康成长的重要手段。通过不断优化教育内容、创新教学方法、完善评价体系,我们可以为学生营造一个更加健康、安全、和谐的学习环境,让每一个孩子都能在阳光下快乐成长,成为社会的有用之才。

5. 实践性原则

实践性原则在教育领域,特别是在健康教育中,强调通过实践环节的设计和实施,让学生在亲身体验中学习、掌握和应用健康知识和技能。以下是对实践性原则的详细讲解和具体案例分析:

(1)实践性原则的核心思想

①实践是知识的真正源泉:实践性原则深刻揭示了学习的本质,即知识并非单纯依靠理论学习的堆砌便能融会贯通,它更需要在实践活动的磨砺中得以深化与活化。通过亲身参与和实际操作,个体能够更直观地理解抽象概念,将所学知识应用于解决实际问题中,从而不仅加深了对知识的记忆与理解,还培养了解决实际问题的能力与创新能力。这一原则强调了理论与实践相结合的重要性,是教育和学习过程中不可或缺的一环。

②亲身体验的重要性不容忽视:在学习的旅程中,通过丰富多彩的实践活动,学生能够亲自踏足知识的实地,亲身体验健康知识与技能在日常生活中的实际应用。这种亲历亲为的过程,不仅让抽象的概念变得生动具体,还极大地激发了学生的学习兴趣和动力,促使他们更加深入地探究、理解和掌握所学内容。因此,亲身体验是学习成效提升的关键要素之一。

(2)实践性原则在健康教育中的实践

①实践环节的设计

a. 针对性设计:针对性设计是确保健康教育有效性的重要环节。在教育实施过程中,我们需紧密围绕健康教育的核心目标与具体内容,精心策划并设计出既符合学生当前年龄阶段认知特点,又能充分激发其兴趣爱好的实践活动。这样的设计不仅能够吸引学生的注意力,提升参与度,还能使健康教育的信息传递更加精准有效,促进学生身心健康的全面发展。

b. 多元化设计是教育创新的关键所在,它涵盖了课堂内外的多种互动形式。在课堂上,我们采用角色扮演和模拟操作等生动有趣的方式,让学生在模拟情境中亲身体验,加深对知识的理解和记忆。而课外,则鼓励学生参与实地参观和社区服务等活动,通过亲身体验拓宽视野,增强社会责任感,实现理论与实践的有机结合,从而全面提升学生的综合素质。

②实践活动的实施

a. 教师引导:教师引导是实践活动中不可或缺的重要环节。在这一过程中,教师不仅扮演着引导者的角色,还负责提供细致的指导,确保每位学生都能充分参与并理解活动目的。他们通过精心的设计与安排,激发学生的探索欲和创造力,同时密切关注活动的进展,及时调整策略,确保活动能够安全、有序且富有成效地进行,为学生的全面发展奠定坚实基础。

b. 学生主体:学生主体在实践活动中占据核心地位,他们不仅是活动的直接参与者,更是推动活动向前发展的关键力量。学生需要充分发挥自身的主观能动性,积极参与各项任务,勇于表达见解,主动思考问题,通过实践与探索来深化理解,提升能力。这种积极主动的参与态度,不仅能够促进个人成长,还能够为整个活动注入生机与活力。

③实践效果的评估

a. 过程评估:过程评估是实践活动中不可或缺的一环,它侧重于全面而细致地观察学生在整个活动周期内的具体表现。这包括但不限于学生的参与度,即他们是否全身心投入,积极贡献自己的力量;合作能力,观察学生如何与团队成员协作,共同解决问题;以及问题解决能力,评估学生在面对挑战时能否灵活运用所学知识,创造性地提出并实施解决方案。通过这样的过程评估,能够更准确地把握学生的成长轨迹,为后续的指导与反馈提供有力依据。

b. 结果评估:结果评估是检验学生学习成效的重要环节,它采用多样化的手段如问卷调查和专项测试等,全面而深入地评估学生对健康知识和技能的掌握情况。问卷调查旨在收集学生对于健康知识的理解和态度转变的反馈,而测试则直接检验学生将理论知识应用于实际情境的能力。这样的综合评估方式,能够客观、准确地反映学生的学习成果,为后续的教学改进和个性化辅导提供宝贵的数据支持。

(3)具体案例分析

假设某中学在健康教育课程中,设计了一个关于“营养与健康”的实践活动。活动包括以下几个环节:

①课堂讲解:在课堂讲解的初始阶段,教师以生动有趣的方式首先引领学生们踏入营养与健康的知识殿堂。通过精心设计的讲解,教师系统地介绍了食物的基础分类,从五谷杂粮到蔬菜水果,再到肉类与奶制品,每一类别都配以生动的实例,帮助学生清晰认知。随后,深入剖析各类食物的营养价值,强调它们对身体健康的重要性,如维生素促进免疫力、矿物质维持生理功能等。最后,教师着重阐述饮食搭配的原则,引导学生理解平衡膳食的概念,确保营养摄入的全面与均衡。这一系列的课堂讲解,为学生打下了坚实的营养与健康知识基础。

②模拟购物:在模拟购物活动中,学生们被划分为若干小组,每组成员需紧密合作,运用他们在课堂上学到的营养知识,精心策划并实践一次健康购物之旅。他们穿梭于模拟超市的各个区域,认真比对食品标签,仔细挑选富含蛋白

质的瘦肉、富含维生素的果蔬、富含膳食纤维的全谷物等，力求组合出一份营养均衡、美味可口的购物清单。教师在旁耐心观察，适时给予专业指导和个性化建议，确保每位学生都能深刻体验到将理论知识应用于实践的乐趣与成就感。

③营养餐制作：学生利用所购食材，在教师的指导下制作营养餐。这一环节不仅锻炼了学生的动手能力，还让他们亲身体验了食物制作的过程。

④分享与交流：学生完成营养餐后，进行分享与交流。他们分享了自己的制作过程和心得，同时也从其他同学那里学到了更多的营养知识。

通过这个实践活动，学生不仅掌握了营养与健康的基本知识，还通过亲身体验和实践操作，加深了对这些知识的理解和掌握。他们学会了如何根据自己的身体状况和营养需求来选择合适的食物，如何制作健康美味的营养餐。这种实践能力对于他们的健康成长具有重要意义。

(4)总结

实践性原则在健康教育中的应用，通过设计和实施多样化的实践活动，让学生在亲身体验中学习、掌握和应用健康知识和技能。这种教育方式不仅提高了学生的学习兴趣和参与度，还增强了他们的实践能力和自我保健能力。因此，在健康教育中应充分贯彻实践性原则，为学生提供更多实践锻炼的机会。

6. 系统性原则

系统性原则强调教育过程要有组织、有计划、有步骤地进行，使学生在学习过程中形成一个完整的知识体系。在体质健康教育中，系统性原则的应用体现在将体质健康教育纳入学校整体教育体系中，与其他学科相互渗透、相互促进，形成系统的教育合力。

(1)系统性原则的核心思想

①整体性

体质健康教育在学校教育中占据着举足轻重的地位，它应当被无缝融入并视为整体教育体系中不可或缺的一环。这一理念强调体质健康教育与语文、数学、科学等其他学科之间的紧密关联与相互促进，共同编织成学生全面发展的多维度网络。通过跨学科的整合与协作，不仅能够加深学生对健康生活方式的理解与认同，还能促使他们在学习其他学科时保持更加充沛的精力和更高的学习效率。体质健康教育的整体性实践，旨在培养学生成为身心健康、具备良好社会适应能力的未来栋梁，为他们的终身学习与发展奠定坚实的基础。

②协调性

在教育的广阔天地中,协调性是实现学生全面发展不可或缺的关键要素。它要求各教育环节,无论是课程设置、教学方法、评价体系还是课外活动,都需紧密相连、相互呼应,共同构建起一个和谐统一的教育生态系统。通过精细的规划与有效的沟通,确保各个环节之间不存在脱节或矛盾,从而形成一股强大的教育合力。这种协调性不仅有助于学生在知识、技能上的均衡积累,更能在情感、态度、价值观等层面实现全面而协调的成长,为他们未来的人生道路铺设坚实的基石。

③有序性

教育过程的有序性,是保障学生学习成效与身心健康成长的重要基石。它强调在教育实施过程中,必须遵循既定的步骤、流程与内在规律,确保每一步都扎实稳固,为下一步的学习奠定良好基础。从基础知识的学习到高级技能的掌握,从体能锻炼的初级阶段到高级运动技能的达成,都需要有条不紊地推进。这种有序性不仅有助于学生系统地吸收知识、技能,还能培养他们循序渐进的学习习惯与逻辑思维能力,为终身学习奠定坚实的基础。

2. 系统性原则在体质健康教育中的实践

(1)纳入整体教育体系

①体质健康教育在学校教育中占据不可或缺的地位,它应当被正式纳入学校课程体系之中,与其他学科如数学、语文等相辅相成,共同构建一个全面、均衡的教育框架。通过这样的设置,体质健康教育能够与其他学科形成互补,不仅提升学生的身体素质,还能培养他们的意志品质、团队合作精神等多方面的能力,促进学生全面发展。

②体育课作为体质健康教育的核心阵地,承担着增强学生体能、传授运动技能的重要职责。然而,体质健康教育的实施不应仅限于体育课,其他学科如生物学、体育与健康理论等也应适度融入相关知识,如人体解剖学、运动生理学原理等,使学生在多学科的学习中形成对体质健康更全面、深入的理解与重视。

(2)与其他学科相互渗透

①例如,在语文课程中,教师可以精心挑选并引入一系列与体育精神、运动员奋斗历程或体育赛事相关的文章或故事,如描写运动员坚持不懈、勇于挑战自我的感人篇章。这样不仅能够丰富学生的文学素养,还能在潜移默化中激发学生对体育运动的热爱与兴趣,培养他们的体育情感和积极向上的生活态度。

②在数学课程中,教师可以巧妙地融入体育运动元素,比如通过让学生计算运动员的速度、距离、时间等运动数据,或者引导他们分析运动项目的规律,如投篮命中率的变化趋势。这样的教学活动不仅能够增强学生的数学应用能力,还能有效培养他们的逻辑思维能力和数据分析能力,让学生在解决实际问题的过程中感受到数学的魅力与实用性。

③在科学课程中,教师可以系统地介绍人体结构与运动原理的奥秘,从骨骼系统的支撑作用到肌肉群的协同工作,再到神经系统如何调控运动过程,这些知识的深入讲解能够极大地加深学生对体育运动的理解。学生将认识到每一次跳跃、奔跑或投掷背后复杂的生理机制,从而更加珍视体育运动,并在参与中体验到科学的严谨与美妙。

(3)形成教育合力

①学校应当积极构建体质健康教育的全面协调机制,确保从课程设置、教学实施到效果评估等各个环节之间能够顺畅衔接、无缝对接。这一机制旨在促进体育教育与其他学科教育的有机融合,确保学生在校期间能够全方位、系统地接受体质健康教育,从而提升他们的身心健康水平,为终身发展奠定坚实基础。

②教师们应当积极加强彼此之间的沟通与合作,通过定期的教学研讨会、经验分享会等形式,共同商讨并制定科学、合理的教学计划与教学资源。这种紧密的协作有助于教师们形成统一而富有成效的教育风格和方法,确保教学质量的一致性和稳定性,为学生的全面发展提供更加有力的支持。

③学校应当积极策划并组织丰富多彩的体育活动与竞赛,如运动会、球类比赛、田径赛事等,旨在为学生提供一个广阔而充满挑战的展示自我才华与能力的舞台。这些活动不仅能够激发学生的运动兴趣,增强体质,更能在实践中培养他们的团队协作精神、公平竞争意识和积极向上的生活态度,为学生的全面发展奠定坚实基础。

3. 案例分析

以某中学为例,该校将体质健康教育纳入整体教育体系中,通过以下措施形成系统的教育合力:

(1)为了全面促进学生身心健康与综合素质的提升,亟须制定详尽且科学的《体育与健康课程标准》。这一标准应明确界定体质健康教育的核心目标,包括但不限于增强学生的身体素质、培养终身体育意识、提升心理健康水平等,并详细规划教学内容，确保课程的系统性、连贯性和针对性。同时，标准还需注重与其他学科教育的协调一致，通过跨学科融合的教学设计，让学生在掌握体育技能的同时，也能在德、智、美、劳等多方面得到均衡发展，从而实现教育的全面性和整体性。

(2)为了促进学生体质健康教育的全面覆盖与深度融入，我们倡导在语文、数学、科学等核心课程中巧妙渗透体质健康教育的元素。在语文课堂上，可以通过引导学生阅读关于体育人物传记、体育赛事报道等文章，让他们在阅读中领悟坚韧不拔的体育精神，感受运动的魅力与意义。数学课程中，则可以设计相关活动，如利用数学计算来分析运动数据，如速度、距离、时间的关系，让学生在解决实际问题的过程中，既锻炼了数学思维，又增强了对体育运动的科学理解。这样的跨学科融合，不仅丰富了课程内容，也促进了学生身心的全面发展。

(3)为了全面激发学生的体育兴趣与潜能，学校应积极开展多样化的体育活动与比赛，构建一个充满活力与竞争的校园体育文化氛围。除了传统的田径运动会，我们还应引入篮球比赛、足球比赛等多样化的竞技项目，这些活动不仅考验着学生的体能与技巧，更是团队合作与策略布局的舞台。通过这些丰富多彩的体育活动，学生不仅能够展示自己的运动才华和竞技能力，还能在比赛中学会尊重对手、团结协作，培养坚韧不拔的意志品质。这样的平台，为学生提供了一个全面发展的广阔空间，让他们的青春在汗水中闪耀光芒。

(4)为了确保体育教学的高质量与高成效，我们必须将加强师资队伍建设置于核心地位。这意味着要持续投入资源，提升体育教师的专业素养，包括但不限于最新的体育教学理论、运动技能训练方法以及运动医学知识等。同时，重视教师的教学能力发展，通过定期的培训、研讨和教学实践交流，鼓励教师们创新教学方法，使课堂更加生动有趣，激发学生学习体育的热情。这样的努力，旨在打造一支高素质、专业化的体育教师队伍，为学生提供科学、系统、高效的体育教学，确保每位学生在体育课上都能获得实质性的成长与进步。

4. 总结

总结而言，将系统性原则深度融入体质健康教育中，是促进学生全面发展的重要基石。这一原则的实施，不仅确保了学生在体能、技能、理论知识及健康意识等多个维度上实现均衡而深入的发展，还促进了体质健康知识体系的完整构建。通过系统性的规划与设计，我们能够确保教育内容的连贯性、科学性和针对性，使每一位学生都能根据自身的实际情况，获得量身定制的成长方案。

进一步地，将体质健康教育无缝对接至整体教育框架之中，使之成为跨学科融合的桥梁，是提升教育效能的关键。这种融合不仅促进了体育与其他学科如生物学、心理学、营养学的交叉渗透，还通过项目式学习、综合实践等方式，鼓励学生将体质健康理念应用于日常生活与学习中，形成积极健康的生活方式。

综上所述，明确校院大学生体质健康教育的方向和要求，既是对系统性原则的深入践行，也是对教育本质与目标的深刻把握。它不仅为教育工作者提供了清晰的行动指南，也为学生的长远发展奠定了坚实的基础。未来，随着教育理念的不断进步和实践经验的积累，我们有理由相信，体质健康教育将在系统性原则的引领下，绽放出更加璀璨的光芒，照亮学生健康成长的道路。

第4章　大学生体质健康教育的实施策略

随着现代社会对健康需求的日益增长,大学生体质健康教育的重要性日益凸显。本章旨在深入探讨大学生体质健康教育的实施策略,从课程体系改革与构建、课外体育活动的组织与指导以及体质健康监测与评估三个方面展开,以期为提高大学生的体质健康水平提供有效的路径和方法。

首先,课程体系改革与构建是实施大学生体质健康教育的基础。通过合理的课程设置和学时分配,确保学生能够在校期间接受全面、系统的体质健康教育。同时,课程内容与教学方法的创新也是关键,需要紧密结合学生的实际需求和兴趣,提高教学效果。

其次,课外体育活动的组织与指导是提升学生体质健康水平的重要途径。通过体育活动社团与俱乐部的建设,为学生提供多样化的锻炼选择,激发他们的运动热情。同时,定期举办体育竞赛和健身活动,不仅能够检验学生的锻炼成果,还能促进校园体育文化的繁荣。

最后,体质健康监测与评估是确保大学生体质健康教育有效性的重要保障。建立完善的体质健康测试体系,定期对学生进行体质测试,全面了解学生的体质状况。同时,对测试数据进行深入分析,及时反馈给学生和教师,为改进教学和提高锻炼效果提供科学依据。

综上所述,本章将从课程体系改革与构建、课外体育活动的组织与指导以及体质健康监测与评估三个方面详细阐述大学生体质健康教育的实施策略,以期为提高大学生的体质健康水平提供有益的参考和借鉴。

4.1 课程体系改革与构建

在当今社会,大学生的体质健康日益受到社会各界的关注。为了促进大学生的全面发展,提高他们的体育素养和健康水平,我们必须对现有的大学生体质健康教育课程体系进行深入的改革与构建。本章将重点探讨课程体系改革与构建的两个关键方面:课程设置与学时分配,以及课程内容与教学方法。通过合理的课程设置、科学的学时分配以及创新的教学内容和方法,我们期望能够构建一个更加完善、更加适应大学生需求的体质健康教育体系,为培养德智体美劳全面发展的新时代大学生奠定坚实基础。

4.1.1 课程设置与学时分配

1. 课程设置

(1)指导思想

在推进课程设置的改革进程中,确立清晰而明确的指导思想是至关重要的第一步。这一指导思想应紧密围绕市场需求与人才培养质量的双重核心,确保教育体系的灵活性与前瞻性。具体而言,我们需坚持以市场为导向的基本原则,即深入洞察行业发展趋势,精准把握企业对于各类专业技能人才的实际需求,确保课程设置与职业岗位及岗位群的需求高度契合,从而为学生的未来就业奠定坚实的基础。

同时,我们强调以能力为本位的教育理念,这意味着在课程设计与实施过程中,应注重学生实践能力和创新能力的培养,通过项目式学习、模拟实训、顶岗实习等多种方式,让学生在真实或接近真实的工作环境中锻炼技能、积累经验,实现理论知识与实践能力的深度融合。

在此基础上,深化校企合作模式成为不可或缺的一环。通过与企业建立紧密的合作关系,共同制定人才培养方案,优化课程体系,实现教学资源的共享与互补。以数控技术专业为例,我们可以依据企业对于数控技术人才的迫切需求,大力推行"工学结合,校企合作"的教学模式,邀请企业专家参与课程设计,引入企业真实案例与项目,确保课程内容紧密对接行业前沿技术与企业实际工作流程,为学生打造一条从校园到职场的无缝对接之路。

(2)课程类型与结构

在构建课程体系时,确保课程类型与结构的合理性是提升教学质量、促进学生全面发展的关键。一个科学合理的课程结构应当涵盖多个维度,既要有助于学生专业知识的积累,也要注重其综合素质的提升。课程类型应丰富多样,包括理论课程、实践课程、选修课程及跨学科课程等,以满足学生不同学习需求与兴趣偏好。

具体到英语教育专业,其课程类型与结构的设置需尤为精细。除了基础的英语语音、语法课程外,还应开设听力、口语、阅读和写作等专项技能课程,这些课程不仅各自独立成体系,又相互关联、相互促进,共同构成了学生英语交流能力全面提升的基石。在安排这些课程时,需遵循由浅入深、循序渐进的原则,确保学生能够在掌握基础知识后,逐步向更高层次的学习目标迈进。

此外,课程之间的衔接也是不可忽视的重要环节。通过合理设置课程的前后顺序与交叉融合,可以帮助学生构建起完整的知识框架,促进知识的内化与迁移。例如,在学生学习了一定量的词汇和语法知识后,适时引入阅读课程,让学生在具体语境中巩固所学,同时提升阅读理解能力;而在口语课程中,则可以鼓励学生运用所学词汇和语法进行实际交流,从而实现语言技能的全面提升。这样的课程结构与类型设置,不仅有助于学生的专业成长,也为他们未来的职业发展奠定了坚实的基础。

(3)课程目标

课程目标作为教学设计的核心导向,对于确保教育质量与学生发展具有不可估量的价值。每一门课程都应被赋予清晰、具体且可衡量的学习目标,这些目标不仅是教学活动的指南针,也是评估学生学习成效的重要标尺。更为关键的是,这些课程目标应当紧密关联学生未来的职业发展,为他们步入社会、投身工作奠定坚实的基础。

以数学课程为例,其课程目标远不止于让学生掌握基础的数学公式和计算方法,更在于培养学生的数学思维能力,包括逻辑推理、抽象概括、空间想象等高级认知能力。同时,通过解决各种实际问题,学生的问题解决能力也将得到显著提升,这种能力在各行各业中都显得尤为重要。

再来看英语课程,其目标同样多维且深远。除了基本的听说读写能力提升外,英语课程还致力于培养学生的跨文化交际能力,使他们能够在全球化的背景下自信地与国际友人交流,理解并尊重不同文化的差异。这种能力的获得,不仅有助于学生拓宽国际视野,也为他们未来在国际舞台上的发展铺平了道路。

综上所述,课程目标的设定需兼顾知识传授、能力培养与未来导向三个方面,确保学生在完成学业后,能够成为既具备扎实专业知识,又拥有良好综合素质和广阔发展前景的复合型人才。

2. 学时分配

(1)总体学时规划

在学校教育体系中,总体学时规划是一项至关重要的工作,它直接关系到学生知识结构的构建与综合素质的培养。学校应深入分析各专业特点,充分调研学生发展需求,科学合理地制定总体学时规划,以确保教育资源的优化配置和教学质量的持续提升。

在规划过程中,首要任务是明确各类课程的学时比例。这要求学校既要遵循教育部颁布的大学阶段新课标指导原则,如确保语文、数学、英语等基础课程的课时量,以奠定学生坚实的学科基础;同时,也要根据专业特色,适当倾斜于物理、化学等专业课程的学时安排,以满足专业学习的深入需求。一般来说,基础课程如语文、数学、英语等,因其广泛的基础性和重要性,往往被安排在每周4节课左右,每节课时长通常为45分钟,以保证学生有足够的时间进行知识吸收和巩固。

此外,学期学时分配也是总体学时规划中不可忽视的一环。学校需根据课程性质、难易程度及学生认知规律,合理安排各学期的课程密度与进度。例如,对于难度较大的专业课程,可以适当分散到多个学期进行教学,以减轻学生的学习负担,促进知识的渐进式积累;而对于一些实践性强的课程,则可以集中安排在特定学期或学期末,以便于组织实践教学活动,增强学生的动手能力和实践经验。

总之,总体学时规划是学校教育教学工作的重要组成部分,它要求学校具备高度的前瞻性、科学性和灵活性,以更好地服务于学生的全面发展与专业成长。

(2)课程学时分配

在完成了总体学时规划的蓝图之后,接下来的关键步骤便是深入细化每一门具体课程的学时分配。这一过程不仅是对总体规划的具体落实,更是对教学质量与学生个性化需求的高度关注。

课程学时分配的核心在于精准把握课程性质与教学目标，同时紧密结合学生的实际学习情况。以英语课程为例，鉴于语言学习的特殊性和实用性，学时分配应充分考虑到学生的口语表达能力和听力理解能力。对于口语较弱的学生群体，可以灵活调整教学计划，适当增加口语训练的学时，通过模拟对话、角色扮演等形式，提升学生的口语流利度和交流自信。而对于听力理解能力有待提高的学生，则可以设置专门的听力训练环节，如新闻听力、影视片段分析等，让学生在实践中提高听力水平。

数学课程同样需要精细化的学时分配。数学作为一门逻辑性强、应用性广的学科，其学时分配应侧重于问题解决能力的培养和数学知识的实际应用。因此，在数学课程中，可以增加问题解决和数学应用的学时，通过案例分析、数学建模等活动，引导学生将理论知识与实际问题相结合，培养学生的创新思维和解决问题的能力。同时，针对数学基础薄弱的学生，还应安排适量的基础复习和巩固练习，确保每位学生都能在适合自己的节奏中稳步提升。

综上所述，课程学时分配是一项复杂而细致的工作，它要求学校和教育工作者具备高度的专业素养和敏锐的观察力，能够根据学生的实际需求和教学目标，科学合理地分配每一分每一秒的教学时间，为学生的全面发展奠定坚实的基础。

(3)实践教学学时的重要性与合理安排

在构建现代教育体系的过程中，实践教学学时的合理安排显得尤为重要。实践教学作为课程体系中不可或缺的一环，不仅能够加深学生对理论知识的理解与掌握，更是培养学生实际操作能力、创新思维和社会适应能力的重要途径。

具体而言，针对不同专业的特点和需求，实践教学的学时分配需量身定制。以数控技术专业为例，这一领域对技能的精准度和操作的熟练度有着极高的要求。因此，通过增加实验课程和实习机会的学时，可以让学生在模拟或真实的生产环境中，亲手操作数控机床，熟悉设备性能，掌握加工流程，从而有效提升其专业技能和职业素养。这样的实践教学安排，不仅有助于学生毕业后快速适应工作岗位，更为其未来的职业发展奠定了坚实的基础。

而在英语教育专业中，实践教学同样扮演着举足轻重的角色。通过组织丰富多样的教学实习和课堂观摩活动，学生可以将所学的教育理论和教学方法应用于实际教学中，亲身体验教师角色的职责与挑战。这种“学中做，做中学”的教学模式，不仅能够帮助学生积累宝贵的教学经验，提升其教学实践能力，还能激发他们对教育事业的热爱与追求,为培养优秀的英语教师队伍贡献力量。

综上所述,实践教学学时的合理安排是提升教学质量、促进学生全面发展的关键所在。学校和教育工作者应高度重视实践教学环节,根据专业特点和学生需求,科学规划实践教学学时,确保实践教学与理论教学相辅相成,共同促进学生的全面发展。

课程设置与学时分配作为课程体系改革与构建的基石,其重要性不言而喻。这一过程不仅是教育理念的具体体现,更是对学生全面发展需求的深刻回应。在推进课程体系改革的过程中,我们首要明确指导思想,即以学生为中心,注重培养学生的创新思维、实践能力和社会责任感,确保课程内容与社会发展需求紧密对接。

优化课程类型与结构是改革的关键一步。我们需打破传统学科壁垒,加强跨学科融合,形成既有深度又有广度的课程体系。同时,注重理论与实践相结合,增加实验、实训、实习等实践教学环节,让学生在实践中学习,在学习中实践,从而更好地掌握知识和技能。

明确课程目标是课程体系构建的核心。每一门课程都应设定清晰、具体、可衡量的教学目标,确保教学活动有的放矢,学生学习有章可循。这些目标应涵盖知识掌握、能力提升、情感态度等多个维度,促进学生全面发展。

合理规划学时分配则是确保课程体系有效实施的重要保障。我们应根据课程性质、教学目标和学生特点,科学安排各门课程的学时,确保理论教学与实践教学相互平衡,既不过度压缩理论教学时间,也不忽视实践环节的重要性。

综上所述,通过一系列科学合理的措施,我们可以构建一个更加完善、更加适应学生发展需求的课程体系。这一体系将有效提升学生的综合素质和就业竞争力,为社会输送更多具有创新精神和实践能力的优秀人才,为国家的繁荣富强和社会的进步发展贡献力量。

4.1.2 课程内容与教学方法

1. 课程内容

(1)内容更新与优化

①结合市场需求:课程体系改革必须紧密贴合市场需求,实现教育与产业的深度融合。在构建课程体系时,我们应当敏锐洞察市场发展趋势,及时对课程内容进行更新与优化,确保学生所学知识与行业前沿保持同步。以信息技术

专业为例，鉴于云计算、大数据、人工智能等新兴技术的蓬勃发展及其对行业变革的深远影响，课程体系中应增设相关课程模块，不仅涵盖这些技术的理论基础，还应强化实践操作和案例分析，以培养学生的创新能力和解决实际问题的能力，从而精准对接市场需求，为社会输送高质量的信息技术人才。

②整合与精简：在进行课程体系改革时，整合与精简传统课程内容是至关重要的一环。这意味着我们需要对现有的课程体系进行全面审视，识别并去除那些重复、冗余以及过时的内容，避免学生时间和精力的无谓消耗。同时，通过科学合理的整合，将相关知识点进行有机串联，形成更加紧凑、连贯的学习路径。在此基础上，我们还应重点突出核心知识和技能的培养，确保学生能够在有限的学习时间内掌握最关键、最实用的能力，为其未来的职业发展奠定坚实的基础。

(2)实践性与应用性

①案例分析与项目实践：为了增强学生的实践能力和解决问题的能力，我们应在课程内容中显著增加案例分析与项目实践环节。这不仅有助于学生将抽象的理论知识转化为具体的应用技能，还能促使他们在模拟或真实的场景中深入探索与理解。以商务管理专业为例，我们可以精心挑选具有代表性的企业案例，引导学生进行深入剖析，从中提炼出管理策略与决策思路。同时，设置商务项目实践课程，让学生亲身参与项目策划、执行与评估的全过程，通过团队协作与实际操作，不断提升其解决问题的能力、创新思维以及团队协作精神。

②校企合作：深化校企合作是提升教育质量与学生就业竞争力的关键途径。通过构建稳固的校企合作关系，我们可以将企业的最新技术动态、市场需求及实际项目无缝对接到课堂教学之中。这种合作模式不仅能让课程内容更加贴近行业前沿，增强其实践性和应用性，还能为学生提供宝贵的实习实训机会，让他们在学习阶段就能接触到真实的工作环境，提前适应职场要求。此外，校企合作还能促进教师与企业专家的交流互动，共同研发教学案例与项目，形成产学研一体化的良性循环，为培养高素质的应用型人才奠定坚实基础。

(3)跨学科融合

①综合性课程：综合性课程的设置是现代高等教育的重要趋势，它强调跨学科知识的融合与贯通，旨在培养学生综合运用知识解决实际问题的能力。以环境工程专业为例，我们精心设计了环境经济学、环境社会学等跨学科融合的综合性课程。这些课程不仅让学生深入理解环境科学的基本原理，还引导他们

从经济、社会等多维视角审视环境问题,学会运用经济学原理分析环境政策的成本效益,以及从社会学角度探讨环境问题的社会影响与公众参与。通过这样的综合性学习,学生的知识面得到拓宽,思维更加开阔,为成为具有创新精神和跨界合作能力的环境领域专业人才奠定坚实基础。

②课程整合:课程整合是优化教育资源、提升教学质量的有效手段。在生物科学专业中,我们积极实施课程整合策略,将生物化学、分子生物学、细胞生物学等原本独立但相互关联紧密的课程进行系统性整合,构建成一个完整的生物科学基础课程模块。这一举措不仅避免了课程内容的重复与冗余,更重要的是促进了知识结构的连贯性和系统性,使学生能够在更广阔的框架下理解生物科学的基本原理与核心概念。通过整合后的课程体系,学生不仅能够获得更为全面和深入的学科知识,还能够提升综合分析与解决问题的能力。

2. 教学方法

(1)学生中心

①翻转课堂:翻转课堂作为一种创新的教学模式,正逐步在教育领域展现出其独特的魅力。在这种模式下,教师精心准备学习材料,如视频讲解、PPT 课件等,让学生在课前进行自主学习,初步掌握课程的基础知识。到了课堂上,教师则转变为引导者和促进者的角色,通过组织小组讨论、案例分析、问题解决等互动活动,帮助学生深化对知识的理解,促进知识的内化与应用。这种教学模式不仅培养了学生的自主学习能力,还增强了课堂的互动性和实效性,让学习变得更加高效和有趣。

②合作学习:合作学习作为一种富有成效的教学策略,在教育实践中被广泛采用。它强调学生之间的相互协作与共同进步,通过组织小组讨论、项目合作等多种形式的学习活动,鼓励学生积极参与、相互学习。在这个过程中,学生们不仅能够在知识上相互补充、共同提高,更能在实践中锻炼团队协作能力和沟通能力。合作学习不仅促进了学生个体的发展,还增强了班级凝聚力,为学生未来的社会交往和职业发展奠定了坚实的基础。

(2)实践教学

①实验教学:实验教学在教育体系中占据举足轻重的地位,其核心在于加强实践操作环节,以此作为培养学生实践能力和动手能力的关键途径。通过精心设计的实验课程,学生们得以亲手操作实验器材,观察实验现象,记录并分析实验数据,这一系列过程不仅加深了他们对理论知识的理解,更重要的是,培养

了他们的动手实践能力、问题解决能力以及科学探究精神。实验教学不仅是知识传授的延伸,更是学生综合素质提升的重要载体。

②实习实训:实习实训作为教育过程中不可或缺的一环,旨在通过组织学生参与实际工作环境中的操作训练,实现理论与实践的深度融合。这一过程中,学生不仅能够亲身体验职场氛围,了解行业规范与工作流程,还能在真实任务中锻炼专业技能,提升问题解决能力和团队协作能力。更重要的是,实习实训为学生提供了宝贵的职业经验积累,帮助他们提前适应职场生活,明确职业规划方向,从而全面提升职业素养和综合能力,为未来职业生涯奠定坚实的基础。

(3)现代教育技术

①在线课程:在线课程,作为现代教育领域的一大创新,充分利用了在线教育平台的优势,为广大学生群体提供了前所未有的灵活性与多样性学习体验。通过这一模式,学生不再受限于地理位置和固定时间表的束缚,可以根据自己的节奏和兴趣,随时随地访问丰富的课程资源。从基础课程到专业进阶,从理论讲解到实操演练,多样化的课程内容满足了不同学生的学习需求。同时,在线课程还融入了互动问答、小组讨论等多元学习形式,促进了师生间的交流与反馈,极大地提升了学习效率和兴趣。

②多媒体教学:多媒体教学,作为现代教学手段的重要组成部分,巧妙地融合了文字、图像、音频、视频等多种媒体元素,极大地丰富了教学内容的呈现形式。通过这种方式,原本抽象复杂的知识点变得生动直观,易于学生理解和吸收。多媒体教学不仅能够吸引学生的注意力,激发他们的学习兴趣,还能够通过模拟真实场景、展示微观世界等手段,帮助学生建立更加清晰、深刻的知识体系。此外,它还能促进师生之间的互动,使教学过程更加活跃和高效。

总结而言,在课程体系改革与构建的宏伟蓝图中,课程内容和教学方法犹如双轮驱动,共同推动着教育质量的飞跃。课程内容作为知识的载体,其更新与优化是首要任务。这要求我们在保持学科基础稳固的同时,紧跟时代步伐,引入前沿理论与技术,增加实践性与应用性强的内容,确保学生所学能够紧密对接社会需求。跨学科融合更是关键一步,它打破了传统学科壁垒,促进了知识的交叉与融合,为学生提供了更为广阔的视野和综合性的问题解决能力。

另一方面,教学方法的革新同样不可或缺。以学生为中心的教学理念,强调了学生在学习过程中的主体地位,鼓励自主探究与合作学习,培养了学生的批判性思维和创新能力。注重实践教学,通过案例分析、项目驱动、模拟实训等多种形式,让学生在做中学、学中做,将理论知识转化为实际操作能力。此外,现代教育技术的广泛应用,如多媒体教学、在线学习平台、虚拟仿真技术等,不仅丰富了教学手段,还极大地提升了学生的学习兴趣和参与度,使教学过程更加生动有趣,学习效果显著提升。

综上所述,课程体系改革与构建是一项系统工程,需要我们在课程内容和教学方法上双管齐下,不断创新与探索,以培养出更多适应未来社会发展需要的高素质人才。

4.2 课外体育活动的组织与指导

在当今教育体系中,课外体育活动不仅是学生身心健康发展的重要组成部分,更是培养学生团队协作、公平竞争及领导力等多元素质的重要途径。本章将深入探讨课外体育活动的组织与指导,特别是在体育活动社团与俱乐部的建设、体育竞赛与健身活动的组织等方面,以期为学校体育教育提供有益的参考和启示。

通过精心组织与指导课外体育活动,我们能够更好地满足学生多样化的运动需求,激发他们的运动热情,让他们在运动中感受快乐、提升能力。接下来,我们将从体育活动社团与俱乐部的建立与管理、体育竞赛的策划与实施、健身活动的推广与指导等方面展开详细论述,旨在为学校构建丰富多彩的课外体育活动体系提供具体的指导和建议。

4.2.1 体育活动社团与俱乐部

1. 背景与意义

体育活动社团与俱乐部作为学校课外体育活动的重要组成部分,近年来在各级学校中得到了广泛的推广和普及。这些社团和俱乐部为学生提供了一个丰富多彩、自由选择的平台,使学生在紧张的学习之余,能够参与自己喜爱的体育活动,不仅锻炼了身体,也培养了各种综合素质。

(1)展示自我、锻炼能力的平台

体育活动社团与俱乐部,作为校园内一道亮丽的风景线,不仅是学生们放松身心、增强体质的绿洲，更是他们展示自我风采、锻炼综合能力的璀璨舞台。在这个充满活力的平台上，每位学生都能依据个人的兴趣偏好与独特才能，挑选出最适合自己的社团或俱乐部加入，从而开启一段充满挑战与收获的旅程。

加入这些团体，学生们有机会在专业教练的指导下，接受系统而科学的训练，无论是篮球场上的默契配合、足球场上的激烈对抗，还是羽毛球的轻盈跳跃、游泳的优雅身姿，每一次挥汗如雨的练习，都是对自我极限的一次勇敢突破，也是对体育技能水平的不断提升。在比赛与交流的舞台上，学生们更是能够将日常训练的成果转化为耀眼的表现，无论是团队间的默契协作，还是个人技术的精彩展现，都让人眼前一亮，赢得了观众的掌声与认可。

更重要的是，这个过程让学生们深刻体会到了成长的喜悦与成就感。每当看到自己技能上的进步，感受到身体与心理的双重蜕变，那份由内而外的自信与自尊便油然而生。体育活动社团与俱乐部，因此成了学生们自我认同与价值实现的重要场所，激励着他们不断追求卓越，勇往直前。

(2)培养团队协作、领导能力等综合素质

体育活动社团与俱乐部不仅是展现个人风采的舞台，更是孕育团队协作与领导能力等综合素质的摇篮。在这些充满活力的集体中，每一项运动的开展都深刻依赖于团队成员之间的紧密合作与默契配合。学生们在参与体育活动的过程中，不得不面对各种挑战与机遇，这些经历促使他们学会倾听他人的意见，理解并尊重每个人的差异，从而建立起深厚的团队情谊。

在团队中，学生们需要共同制定策略、分配任务、协调行动，这一过程不仅锻炼了他们的沟通能力与组织协调能力，还培养了他们的责任感与担当精神。面对团队内部的分歧与矛盾，学生们学会了以开放的心态进行对话，寻找共识，这种解决问题的能力是他们未来无论是学习还是工作中都不可或缺的宝贵财富。

尤为重要的是，体育活动社团与俱乐部还为学生提供了展现领导力的平台。通过担任队长、组长等职务，学生们有机会在实践中学习如何带领团队、激励成员、制定目标并推动实施。这些经历不仅提升了他们的自信心与决策能力，更让他们深刻理解到领导者的责任与使命，为他们未来成为社会的栋梁之材奠定了坚实的基础。

(3)享受运动乐趣、促进身心健康

参与体育活动社团与俱乐部，对于学生们而言，是一场身心的盛宴，他们在其中不仅能够尽情挥洒汗水，享受运动带来的纯粹乐趣，更能在这份快乐中收获身心的全面健康与成长。

在繁忙的学习生活中，体育活动如同一股清新的风，为学生们提供了释放压力、调节情绪的宝贵途径。当学生们沉浸在运动的节奏中时，那些日常累积的学业压力仿佛随着每一次呼吸、每一次跳跃而逐渐消散。运动中的成就感更是成为他们心灵的慰藉，每一次突破自我、达成目标的瞬间，都让他们感受到前所未有的满足与自信。

此外，体育活动对于促进学生们的身心健康具有不可估量的价值。通过持续、规律的锻炼，学生们的身体素质得到显著提升，心肺功能增强，肌肉力量增加，免疫力也随之提高，为他们的日常学习和生活提供了坚实的身体基础。同时，运动还能有效调节学生的生物钟，改善睡眠质量，让他们拥有更加充沛的精力和更加清醒的头脑去应对挑战。

总之，参与体育活动社团与俱乐部，让学生们在享受运动乐趣的同时，也促进了身心的全面发展与成长。他们在这里学会了如何面对压力、如何调节情绪、如何保持健康的生活方式，这些宝贵的经历将成为他们人生旅途中不可或缺的财富。

(4)具体分析

以某高中的篮球俱乐部为例，我们可以更具体地分析体育活动社团与俱乐部的作用和意义。

①组织训练与比赛

篮球俱乐部作为学生们挥洒汗水、追求篮球梦想的舞台，其日常活动丰富多彩且充满挑战。俱乐部精心策划并定期组织一系列篮球训练课程，旨在全面提升学生的篮球技能。这些训练不仅包括扎实的基础技能训练，如运球、投篮、传球与接球等，还涵盖了复杂的战术训练，通过模拟比赛场景，让学生在实践中理解并执行各种战术布置，培养团队协作与应变能力。

此外，篮球俱乐部还积极策划并举办校内外的篮球比赛，为学生们搭建起展示自我、实现梦想的广阔平台。校内比赛激发了学生们之间的竞技热情，促进了友谊与团结；而校外比赛则让学生们有机会走出校门，与来自不同学校的篮球爱好者同场竞技，交流心得，切磋技艺，不仅拓宽了视野，也增强了他们的比赛经验和心理素质。通过这些比赛，学生们不仅提升了自己的篮球水平，更收获了宝贵的成长经历。

②培养团队协作与领导能力

在篮球俱乐部这一充满活力的环境中,学生们被赋予了培养团队协作与领导能力的宝贵机会。每一场比赛,每一次训练,都是对他们默契配合与领导力潜能的深刻锻炼。队员们学会倾听队友的意见,共同商讨对策,形成强大的团队凝聚力。而队长,则作为团队的灵魂人物,需要具备高瞻远瞩的战略眼光,制定出既符合队伍实际又充满创意的战术方案,并有效调动每位队员的积极性,确保任务的高效执行。

面对比赛中的突发状况,队长还需迅速做出判断,调整策略,展现出卓越的应变能力和决策力。这些经历不仅让学生们深刻理解了团队协作的重要性,更在无形中锻炼了他们的领导力,教会他们如何在压力下保持冷静,如何激发团队的潜能,共同克服困难,走向胜利。未来,无论他们身处何种环境,面对何种挑战,这段在篮球俱乐部中积累的宝贵经验都将成为他们最坚实的后盾。

③促进身心健康

参与篮球俱乐部,学生们在日复一日的刻苦训练中,不仅塑造了强健的体魄,还显著提升了身体素质与耐力。每一次运球、投篮、防守,都是对身体极限的挑战与超越,促进了肌肉力量、灵活性和心肺功能的全面发展。而篮球场上那激烈的对抗与竞争,更是成了学生们释放学习压力、调节情绪的有效途径。汗水与笑声交织中,他们找到了释放自我的方式,让紧绷的神经得以放松,心灵得到愉悦与满足。

更值得一提的是,篮球俱乐部还精心策划了一系列团建活动,如户外拓展挑战、团队聚餐等,这些活动不仅丰富了学生们的课余生活,更在轻松愉快的氛围中加深了彼此间的了解与信任,进一步增强了团队的凝聚力和向心力。这些经历,无疑为学生们的身心健康与全面发展奠定了坚实的基础。

总之,体育活动社团与俱乐部在学生的成长与发展轨迹中扮演着不可或缺的角色,其深远意义远超出了单纯的运动范畴。这些组织不仅是学生们展示自我风采、磨砺个人技能的璀璨舞台,更是他们在实践中学习、成长的摇篮。通过参与各类体育活动,学生们能够逐步培养出坚韧不拔的意志力、勇于挑战的精神以及面对失败时的积极态度。

更重要的是,体育活动社团与俱乐部为学生们搭建了一个绝佳的社交平台,让他们在实践中学会团队协作、沟通协调,这些能力在未来的社会竞争中显得尤为重要。在团队中,学生们能够体会到相互支持的力量,学会倾听他人意见，共同解决问题，从而不断提升自己的领导力和团队协作能力。

此外，体育活动还以其独特的魅力，为学生们带来了无尽的乐趣与享受。在运动中，学生们能够释放压力、放松身心，让紧绷的神经得到舒缓，这对于他们的心理健康同样具有不可估量的价值。因此，学校应当高度重视体育活动社团与俱乐部的建设与发展，积极提供场地、资金、师资等支持，为学生们创造更多元化、更高质量的体育活动选择，让他们在运动中收获快乐、健康成长。

2. 组织与指导

(1)社团与俱乐部的建立

①确定目标与定位：确定目标与定位是建立和发展体育活动社团或俱乐部的首要任务。这需要我们清晰地勾勒出社团或俱乐部的愿景，比如旨在通过系统化的训练和专业指导，有效提高学生的运动技能水平，使他们能够在各类体育竞赛中脱颖而出，展现个人风采与团队实力。同时，我们还应致力于培养学生的运动兴趣，让他们在参与活动的过程中发现乐趣，形成终身锻炼的良好习惯。

在此基础上，我们需要明确社团或俱乐部在学校体育活动中的独特地位和作用。它不仅是学生课余生活的重要组成部分，更是推动校园体育文化建设、增强学生体质、促进学生全面发展的关键力量。通过精心策划和组织各类体育活动，社团或俱乐部能够激发学生的体育热情，营造积极向上的校园氛围，为学校的整体发展注入新的活力。

②招募成员：在招募成员这一环节，我们采取多元化的宣传策略，以最大限度地吸引那些对体育充满热情与兴趣的学生加入。首先，利用校园广播、海报、横幅等传统媒体进行广泛宣传，详细介绍社团或俱乐部的宗旨、活动内容及过往成就，激发学生的好奇心和参与欲望。同时，我们积极利用社交媒体平台，如微信公众号、微博等，发布精彩的活动照片、视频及成员心得，以更直观、生动的方式展现社团魅力，拓宽招募渠道。

此外，我们还会组织现场招募活动，如设立咨询摊位、举办小型体验课等，让学生亲身体验社团或俱乐部的活动氛围，增进彼此间的了解与互动。通过这些努力，我们致力于构建一个充满活力与凝聚力的团队，确保社团或俱乐部拥有足够的成员参与，共同推动体育活动的蓬勃发展。

③建立组织结构：在建立组织结构的过程中，我们深知一个高效、有序的团队对于社团或俱乐部的长远发展至关重要。因此，我们精心规划并设立了多个

关键岗位,包括负责人、教练员以及后勤保障团队等。负责人作为社团或俱乐部的核心,负责整体规划与决策,确保各项活动的顺利进行;教练员则承担着专业技能传授与训练指导的重任,他们不仅具备丰富的专业知识和教学经验,还致力于激发学生的运动潜能,提升团队整体实力。

同时,后勤保障团队也是不可或缺的一环,他们负责物资管理、场地安排、安全监督等工作,为各项活动的成功举办提供坚实的保障。通过明确各岗位的职责和任务,我们建立起了一套完善的运行机制,确保了社团或俱乐部的日常管理和各项活动的正常运转,为成员们创造了一个和谐、有序的成长环境。

(2)活动策划与实施

①制定活动计划:在制定活动计划时,我们始终紧密围绕社团或俱乐部的核心目标与成员们的实际需求,力求策划出既富有吸引力又具实效性的活动方案。首先,我们深入分析成员的兴趣爱好、技能水平及成长需求,以此为基础确定活动的主题与方向。随后,我们详细规划活动的各项细节,包括确定具体的活动时间,选择适宜的活动地点,确保环境既安全又符合活动要求。同时,活动内容的设计更是精心考量,力求丰富多彩、寓教于乐,旨在通过多样化的活动形式,如技能培训、交流比赛、户外拓展等,全面提升成员的综合素质与能力。此外,我们还会预留足够的灵活性,以便根据实际情况对活动计划进行适时调整,确保活动的顺利进行与目标的圆满达成。

②组织训练与比赛:在组织训练与比赛的过程中,我们严格遵循活动计划,为社团或俱乐部的成员量身打造了一套系统的训练方案。首先,我们根据成员们的体能状况、技能水平及发展潜力,安排了科学合理的训练课程,涵盖了基础体能训练、专项技能提升及战术策略演练等多个方面。通过定期、有序的训练,成员们的运动技能得到了显著提升,竞技状态也日益饱满。

与此同时,我们还积极组织成员参加校内外的比赛和交流活动,为他们提供宝贵的实战经验和展示自我的平台。在比赛中,成员们不仅能够检验自己的训练成果,还能在激烈的竞争中激发潜能、磨砺意志。而通过与其他团队和选手的交流互动,成员们还能够拓宽视野、增进友谊,共同推动社团或俱乐部的发展壮大。

③开展特色活动:为了进一步增强社团或俱乐部的凝聚力与影响力,我们精心策划并开展了一系列独具特色的活动。其中,文化节作为年度盛事之一,不仅展现了社团或俱乐部的文化底蕴与特色,还通过丰富多彩的展览、表演和

互动环节,吸引了众多师生的关注与参与。文化节上,成员们纷纷亮出自己的才艺与创意,展现了社团或俱乐部的多元魅力,同时也加深了成员之间的了解与友谊。

此外,我们还定期举办运动会,为成员们提供一个展示运动技能、挑战自我的舞台。运动会项目多样,既有传统的田径、球类比赛,也有结合社团特色的趣味运动,让每一位成员都能找到属于自己的光芒。通过这些特色活动,社团或俱乐部的凝聚力得到了显著提升,同时也扩大了在校园乃至社会上的影响力,为社团或俱乐部的长远发展奠定了坚实基础。

(3)管理与监督

①制定规章制度:为了确保社团或俱乐部的健康、有序发展,我们首要任务是制定一套全面而细致的规章制度。这套规章制度不仅详细列出了成员的基本权利与义务,明确了他们在社团或俱乐部活动中应享有的权益以及需承担的责任,还针对成员的日常行为进行了规范,如参与活动的纪律要求、会议出席的考勤制度、资源使用的规定等。通过制定这些规章制度,我们旨在构建一个公平、公正、透明的社团或俱乐部环境,让每位成员都能明确自己的角色定位,遵守共同的行为准则,从而促进社团或俱乐部的和谐稳定与持续发展。同时,规章制度的实施也将增强成员们的归属感和责任感,为社团或俱乐部的长远发展奠定坚实的制度基础。

②加强安全管理:为了全面加强社团或俱乐部活动过程中的安全管理,我们必须采取一系列有力措施。首先,制定详尽的安全预案是关键,这包括针对各类可能发生的安全风险进行预判,并制定相应的应对措施和紧急疏散方案。其次,加强安全教育是必不可少的环节,通过定期举办安全知识讲座、实操演练等活动,提升成员们的安全意识和自我保护能力。同时,我们还将建立健全安全监督机制,对活动现场进行全程监控,确保各项安全措施得到有效执行。通过这些努力,我们旨在营造一个安全、放心的活动环境,让每一位成员都能在活动中尽情享受乐趣,无后顾之忧。

③建立反馈机制:为了确保活动的持续优化与提升,我们高度重视建立并维护一个高效的反馈机制。这一机制的核心在于广泛而深入地收集成员们对每次活动的真实反馈意见。我们会通过线上问卷、面对面访谈、小组讨论等多种形式,鼓励成员们积极分享他们的参与体验、亮点发现以及改进建议。收集到的反馈意见将被系统地整理与分析,作为我们调整活动计划和内容的重要依

据。基于这些宝贵意见,我们将及时对活动进行必要的调整与优化,以确保活动内容更加贴近成员需求,活动形式更加新颖有趣,从而不断提升活动的整体质量和成员的满意度。

3. 案例分析

以某高校篮球俱乐部为例,该俱乐部在建立之初就明确了提高学生篮球技能和培养篮球兴趣的目标。通过招募成员、建立组织结构、制定活动计划等措施,该俱乐部逐渐发展壮大。在活动策划与实施方面,该俱乐部定期组织训练和比赛,同时还邀请专业教练进行指导,提高了成员的技能水平。此外,该俱乐部还积极参加校内外比赛和交流活动,取得了优异的成绩。在管理与监督方面,该俱乐部制定了详细的规章制度和安全预案,并建立了反馈机制,确保了活动的顺利进行和成员的安全。

总结而言,体育活动社团与俱乐部的组织与指导是一项系统工程,其成功运作离不开多个关键环节的紧密配合与持续优化。首先,明确目标至关重要,它如同航海中的灯塔,为社团或俱乐部的发展指明了方向,确保所有努力都聚焦于提升学生的运动技能和竞技水平,进而全面培养学生的综合素质,促进身心健康的和谐发展。

其次,建立清晰的组织结构是保障活动有序进行的基础。通过设立合理的职位分工,明确各成员的责任与权限,确保信息传递的畅通无阻,能够极大地提升团队运作效率。同时,制定详尽的活动计划,包括时间安排、内容设计、资源调配等,为每一次活动的成功举办奠定坚实基础。

在安全管理方面,更是容不得丝毫懈怠。建立健全的安全管理制度,加强安全教育与培训,确保活动场地、器材的安全性,以及活动过程中的安全监控与应急处理措施,是保障学生安全、维护社团或俱乐部良好形象的必要条件。

此外,增强社团或俱乐部的凝聚力和影响力也是不可忽视的一环。通过组织丰富多彩的特色活动,如校际友谊赛、体育文化节等,不仅能够激发学生的参与热情,还能有效扩大社团或俱乐部的影响力,吸引更多志同道合的学生加入其中,共同推动校园体育文化的繁荣发展。

综上所述,体育活动社团与俱乐部的组织与指导是一项既具挑战性又充满意义的工作。只有全面考虑、精心策划、细致执行,才能不断推动社团或俱乐部的健康发展,为学生的全面发展贡献力量。

4.2.2 体育竞赛与健身活动

体育竞赛与健身活动是课外体育活动的重要组成部分，它们不仅能够提高学生的运动技能和竞技水平，还能培养学生的团队协作、竞争意识和健康生活方式。以下将详细讲解并具体分析体育竞赛与健身活动的组织与指导。

1. 体育竞赛的组织与指导

(1)竞赛项目的选择

①在选择合适的竞赛项目时，我们需全面考量学校的体育设施条件、师资力量的专业特长以及学生的广泛兴趣与偏好。首先，针对学校的体育设施，我们会评估田径场、篮球场、足球场及游泳馆等硬件设施的完善程度与可利用率，确保所选项目能够充分利用现有资源，为学生提供优质的训练与比赛环境。其次，结合学校体育教师的专业背景与教学经验，我们会优先选择师资力量雄厚、能够给予学生专业指导与支持的竞赛项目，如田径、篮球或足球等，以保障学生技能水平的稳步提升。最后，深入调研学生的兴趣爱好，了解他们的参与意愿与期望，力求所选项目能够激发学生热情，增强团队凝聚力，如引入游泳项目，既满足了部分学生对于水上运动的向往，也丰富了校园体育文化的多样性。

②为了确保竞赛项目的多样性和趣味性，我们致力于打造一个丰富多彩的体育竞技平台，以吸引更多学生的积极参与。首先，在项目的设置上，我们不仅保留了传统的田径、篮球、足球等经典项目，还积极引入新兴且受学生欢迎的体育项目，如游泳、羽毛球、乒乓球等，以满足不同学生的兴趣爱好。其次，为了增加竞赛的趣味性，我们创新竞赛形式，如设置趣味接力赛、技能挑战赛等，让学生在轻松愉快的氛围中展现自我，体验体育竞技的乐趣。此外，我们还注重竞赛项目的宣传与推广，通过校园广播、海报、社交媒体等多种渠道，广泛传播竞赛信息，激发学生的参与热情，共同营造一个充满活力与激情的校园体育氛围。

(2)竞赛规程的制定

①为了确保竞赛的顺利进行，我们首要任务是制定一套详尽且周密的竞赛规程。规程中，我们将明确列出比赛的具体时间安排，包括报名截止日期、预赛、复赛及决赛的具体日期与时间，以便参赛者合理安排训练与准备。同时，详细标注比赛地点，确保每位参赛者都能清晰知晓比赛场地位置，提前做好路线规划与交通准备。

在参赛资格方面，我们将设定公平、公正的标准，明确参赛者的年龄、健康状况、技能水平等要求，并设立资格审核机制，确保每位参赛者都符合参赛条件。此外，竞赛规则也是规程中的核心内容，我们将详细阐述比赛的各个环节、评分标准、犯规与处罚措施等，确保比赛过程公正透明，维护良好的竞赛秩序。

综上所述，制定详细的竞赛规程是保障竞赛顺利进行的关键一步，我们将全力以赴，确保规程的完善与有效执行。

②为了确保竞赛规程的公正性、公平性和公开性，我们将采取一系列严谨的措施。首先，在规程的制定过程中，将广泛征求各方意见，包括参赛者、裁判员、赛事组织者以及行业专家的建议，确保规程内容全面、合理且符合实际情况。其次，规程一旦确定，将通过官方渠道进行公示，让所有参与者都能清晰了解并遵守，以此保障信息的公开透明。

同时，我们还将建立有效的监督机制，对规程的执行过程进行全程跟踪与监督，确保各项规定得到严格执行，不偏不倚。针对可能出现的争议和纠纷，我们将设立专门的仲裁机构，依据规程内容进行公正裁决，及时解决矛盾，维护赛事的和谐氛围。通过这些努力，我们将全力确保竞赛规程的公正、公平和公开，为参赛者提供一个公平竞争的舞台。

(3)竞赛的宣传与报名

①为了全面而有效地进行竞赛宣传，我们精心策划了多渠道、广覆盖的宣传策略。首先，充分利用学校官方网站这一权威平台，发布详细的竞赛通知、规则介绍及往届精彩回顾，让全校师生乃至外界都能便捷地获取到竞赛信息。同时，在学校内的显著位置设置公告栏，张贴精美的海报和宣传单，吸引过往师生的注意，营造浓厚的竞赛氛围。

此外，我们还积极拥抱社交媒体的力量，通过微博、微信公众号、抖音等热门平台，发布创意短视频、图文推送及互动话题，利用社交媒体的传播速度和广度，迅速扩大竞赛的影响力。我们鼓励师生分享竞赛信息，形成裂变式传播效应，让更多人了解并参与到竞赛中来。这一系列宣传举措旨在全方位、多角度地推广竞赛，激发广大师生的参与热情，共同推动校园文化的繁荣发展。

②为了确保每位学生都能顺利、便捷地参与到竞赛中来，我们特别设立了明确的报名时间和方式。首先，我们会在竞赛宣传阶段就明确公布报名开始与截止的具体日期，给予学生充足的时间进行准备和考虑。同时，为了最大化地简化报名流程，我们提供了多种报名方式供学生选择。

学生可以通过学校官方网站上的在线报名系统，填写相关信息并提交即可完成报名,这种方式既快捷又环保。此外,我们也设立了现场报名点,安排专人在指定时间段内接受学生的纸质报名表,为不熟悉网络操作的学生提供便利。同时,我们还开通了报名热线电话和邮箱,解答学生的疑问,处理报名过程中可能遇到的问题,确保每位学生都能顺利报名参与竞赛。这样的报名安排,旨在让每位学生都能感受到参赛的便捷与温暖,激发他们的参与热情。

(4)竞赛的组织与实施

①为了确保比赛的公平、公正与顺利进行,我们精心安排了专业的裁判团队和高效的工作人员负责整个比赛的组织与监督工作。裁判团队由具备丰富经验和高度专业知识的成员组成,他们将严格依据比赛规则进行评判,确保每一个环节的准确无误。同时,现场工作人员将全力配合裁判工作,负责比赛场地的布置、设备的调试、参赛选手的引导以及突发事件的应急处理等,为比赛的顺利进行提供坚实的保障。这样的安排,不仅彰显了我们对比赛质量的严格要求,也体现了对每一位参赛者的尊重与负责。

②为了确保比赛场地的安全无虞以及比赛器材的完备可靠,我们采取了全面的准备措施。首先,对比赛场地进行了细致的安全检查,包括场地结构稳定性、紧急疏散通道畅通性以及安全防护措施的完善性,确保在比赛过程中不发生任何安全事故。同时,我们精心挑选并准备了符合国际标准的比赛器材,从器材的采购、运输到安装调试,每一个环节都经过严格把关,确保器材的性能达到最佳状态,为选手们提供最佳的竞技环境。这样的努力,旨在让每一位参赛者都能在安全、专业的氛围中尽情展现自己的实力。

③在比赛过程中,我们设立了专门的应急处理团队,负责迅速且公正地处理可能出现的任何问题和纠纷。无论是技术故障、规则争议还是选手间的摩擦,我们都将秉持公平、公正、公开的原则,第一时间介入,通过有效的沟通与协调,寻求合理的解决方案,确保比赛的连续性和公正性不受影响,从而保障整个比赛流程能够顺利进行,让每一位参与者都能享受到比赛的乐趣与尊重。

(5)竞赛的总结与表彰

①在比赛结束后,我们严格遵循既定规则与标准,对比赛结果进行全面、细致、公正且公平的评判。评判过程由经验丰富的专业团队主导,确保每一环节都符合比赛要求,避免任何主观偏见。评判结果随后将通过官方渠道进行及时、透明的公示,接受社会各界的监督与验证,以此维护比赛的权威性与公信力,让每一位参赛者都能感受到比赛的公平与公正。

②在比赛圆满落幕之际，我们特别举办了一场隆重的颁奖典礼，对在比赛中脱颖而出的优秀选手和团队进行了表彰。通过颁发荣誉证书、奖杯以及丰厚的奖品，我们旨在充分肯定他们的卓越表现与不懈努力，并以此为契机，进一步激发他们的斗志与潜能，鼓励他们在未来继续追求卓越，不断超越自我。

2. 健身活动的组织与指导

（1）健身活动的目的与内容

①为了全面促进学生的身心健康，我们明确设定了健身活动的多重目的。首要任务是显著提升学生的身体素质，通过定期锻炼增强他们的体能与耐力。同时，活动也旨在培养学生的健康意识，引导他们认识到健康生活方式的重要性，从而在日常生活中自觉践行健康行为，为终身健康奠定坚实基础。

②为了激发学生的运动兴趣并满足不同学生的需求，我们精心设计了多样化的健身活动内容。这包括但不限于舒缓身心的瑜伽课程，旨在提升柔韧性和平衡感；高强度的体能训练，增强肌肉力量和爆发力；以及促进心肺功能的有氧运动，如跑步、游泳等，确保每位学生都能找到适合自己的锻炼方式，享受运动带来的乐趣与益处。

（2）健身活动的宣传与招募

①为了广泛传播健康生活的理念并吸引更多学生参与健身活动，我们充分利用了多种宣传渠道。首先，在学校显眼位置设立了宣传栏，定期更新健身活动的精彩瞬间、成效展示及报名信息，营造积极向上的运动氛围。同时，我们也积极利用社交媒体平台，如微信公众号、微博等，发布生动有趣的健身小贴士、活动预告及参与者的积极反馈，通过互动与分享，进一步扩大宣传范围，激发学生的参与热情。

②为了确保健身活动的顺利进行并筛选出合适的参与者，我们特别设立了明确的招募时间和条件。招募时间提前公布，给予学生充分的准备和考虑时间。同时，我们详细列出了参与条件，包括身体健康状况、兴趣爱好等方面的要求，旨在鼓励所有符合条件的学生都能积极报名参与，共同享受健身带来的乐趣与益处。

（3）健身活动的指导与监督

①为了确保每位参与者的安全与健身效果，我们精心安排了经验丰富的专业教练负责整个健身活动的指导和监督。教练们不仅具备扎实的专业知识，还擅长根据学员的体质特点和健身目标，量身定制个性化的训练计划。在训练过

程中，他们全程陪伴，及时纠正动作，提供科学建议，确保每位学员都能在安全、高效的氛围中享受健身的乐趣。

②为了确保活动场地的绝对安全以及器材的完备无缺，我们采取了多项严格措施。场地方面，我们定期进行安全检查，包括地面防滑处理、紧急出口标识清晰等，以预防任何潜在的安全隐患。器材方面，我们配备了先进的健身设备，并每日进行清洁、维护与检查，确保所有器材都处于良好状态，能够满足不同学员的多样化需求。

③为了确保学生在健身过程中能够科学锻炼并有效避免运动损伤，我们特别注重指导学生掌握正确的健身方法和技巧。通过专业的教练团队，我们为学生制定个性化的训练计划，并详细讲解每个动作的要领和注意事项。同时，我们强调热身与拉伸的重要性，帮助学生在运动前做好身体准备，运动后则通过适当的拉伸放松肌肉，从而减少运动伤害的风险。

(4)健身活动的评估与反馈

①为了确保学生的健身效果达到最佳，并定期了解他们的进展与需求，我们建立了完善的评估与反馈机制。通过定期的身体指标测试（如体重、体脂率、肌肉量等）以及体能评估（如耐力、力量、灵活性等），我们全面评估学生的健身成效。随后，我们会根据评估结果，给予每位学生个性化的反馈与建议，帮助他们调整训练计划，确保健身目标的持续、有效达成。

②我们始终将学生的反馈与建议视为提升服务质量的关键。通过设立多渠道的沟通平台，积极收集并细致分析每位学生的反馈意见，我们能够精准把握学生需求与期望。基于这些宝贵信息，我们不断审视并调整健身活动内容，力求在课程内容、训练方法、设施环境等多个方面实现持续优化，确保每位学生都能享受到更加科学、有趣且高效的健身体验。

总结而言，体育竞赛与健身活动的组织与指导是一项系统工程，它涵盖了从项目甄选到最终评估反馈的全方位流程。在项目选择阶段，需充分考虑学生的兴趣爱好、体能基础及教育目标，确保活动既具吸引力又富有教育意义。规程制定则需明确比赛规则、评分标准及安全要求，为活动的公正、有序进行奠定坚实基础。

宣传报名环节，通过多样化的宣传渠道和创意十足的招募方式，激发学生的参与热情，确保活动信息广泛传播，吸引更多学生加入。组织实施过程中，注重细节管理，包括场地布置、器材准备、人员调配等，确保活动顺利进行。同时，加强现场指导与监督，确保活动安全有序，学生能在专业指导下充分展现自我。

体育竞赛与健身活动不仅旨在提升学生的运动技能和竞技水平，更重要的是通过参与过程，培养学生的团队协作精神、公平竞争意识和积极向上的生活态度。这些宝贵的品质将伴随学生一生，成为他们未来成长道路上的重要财富。

最后，总结表彰与评估反馈是不可或缺的一环。通过表彰优秀个人与团队，激励学生继续努力；同时，收集参与者的反馈意见，为下一次活动的改进提供宝贵参考。如此循环往复，不断优化提升，推动体育竞赛与健身活动在促进学生全面发展方面发挥更大作用。

4.3　体质健康监测与评估

在当今社会，学生体质健康已成为衡量学生综合素质的重要指标之一。为了全面了解学生的体质状况，促进学生身心健康发展，学校需要建立完善的体质健康监测与评估体系。本章将重点介绍体质健康测试体系以及体质健康数据分析与反馈两个方面，旨在为学校提供一套科学、系统、实用的体质健康监测与评估方法，为学生的健康成长保驾护航。

在接下来的内容中，我们将首先探讨体质健康测试体系的构建，包括测试项目的选择、测试标准的制定以及测试流程的优化等方面。通过科学的测试体系，我们能够全面、准确地掌握学生的体质状况，为后续的健康干预提供有力支持。

接着，我们将深入分析体质健康数据的收集、整理和分析方法。通过对大量数据的分析，我们可以发现学生体质健康的规律，识别潜在的健康问题，并为学生提供个性化的健康指导。此外，我们还将探讨如何将体质健康数据反馈给学校、家长和学生本人，以便他们更好地了解学生的体质状况，共同制定有效的健康改善计划。

通过本章的学习，我们希望能够帮助学校建立起一套完善的体质健康监测与评估体系，为学生的健康成长提供有力保障。同时，我们也希望通过数据分析与反馈，激发学生的健康意识，促进他们形成健康的生活方式，为未来的成长打下坚实的基础。

4.3.1 体质健康测试体系

1. 测试项目的选择

体质健康测试体系包括多个测试项目,这些项目旨在全面评估学生的身体形态、身体机能和身体素质。

(1)身体形态类指标在健康评估中占据重要地位,它们直接关联到学生的生长发育状况及体型特征。具体而言,身高作为生长发育的一个直观标志,不仅反映了骨骼系统的发育程度,还与学生未来的生理机能潜力紧密相连。体重则是衡量身体质量的关键指标,过重或过轻都可能对学生的健康产生不良影响。而BMI(身体质量指数)指数,作为身高与体重的综合反映,能够更为科学地评估学生的体型是否处于健康范围,是判断超重、肥胖或体重不足的重要参考依据。通过这些身体形态类指标的监测与分析,我们可以全面了解学生的生长发育状况,为制定个性化的健康促进计划提供科学依据。

(2)身体机能类评估中,肺活量测试占据着举足轻重的地位,它是衡量学生呼吸系统功能及肺部健康状况的直接指标。肺活量不仅体现了肺部一次最大吸气后再尽最大能力所呼出的气体量,还间接反映了胸廓的发育程度、呼吸肌的力量以及呼吸道的通畅情况。通过肺活量测试,我们可以清晰地了解到学生的呼吸机能强弱,进而评估其身体耐力、运动能力及潜在的健康风险。对于肺活量较低的学生,及时采取针对性的锻炼措施,如深呼吸练习、有氧运动等,可以有效提升呼吸系统功能,促进身体健康发展。因此,肺活量测试在学生体质健康监测中具有重要意义。

(3)身体素质类的评估广泛而全面,它涵盖了多个关键项目,旨在全方位地考察学生的体能状况。其中,50米跑作为速度与灵敏性的标杆,不仅考验学生的爆发力,还检验其快速反应能力;坐位体前屈则专注于柔韧素质的评估,通过测量学生能够达到的最大伸展距离,反映其关节的灵活性和肌肉的伸展性。此外,一分钟跳绳不仅要求速度,更强调协调性与耐力的结合,是全身性锻炼的极佳体现;一分钟仰卧起坐则专门针对腹肌力量与耐力进行测试,帮助学生了解并提升核心肌群的强度。而50米×8往返跑,作为速度与耐力的综合考察项目,更是对学生体力与意志的双重挑战,促进了学生全面身体素质的均衡发展。

2. 测试标准的制定

体质健康测试体系的核心在于其科学、合理且具针对性的测试标准,这些标准不仅是评估学生体质健康状况的基准,也是推动学生积极参与体育锻炼、促进身心全面发展的关键驱动力。在制定这些标准时,教育部门充分考虑了学生的年龄、性别以及生长发育的阶段性特点,力求确保测试结果的准确性和公平性。

具体而言,测试标准的制定遵循了严格的科学原则,依据大量的生理学、运动学及统计学数据,对不同年龄段、性别的学生进行了细致的分类研究。例如,在《国家学生体质健康标准》中,学生的测试成绩被明确地划分为优秀、良好、及格和不及格四个等级,每个等级都对应着具体的分数范围。这种分级制度不仅便于学校和学生直观地了解自身的体质状况,也为学生设定了清晰可及的改进目标。

对于不同年龄段的学生,测试标准会根据其生长发育的规律和特点进行相应的调整。比如,在小学阶段,测试项目更加注重基础体能和柔韧性的培养,如 50 米跑、坐位体前屈等;而到了中学阶段,随着学生身体机能的逐渐成熟,测试项目则更加侧重于耐力、速度和力量等方面的综合考察,如 800 米/1 000 米跑、引体向上/仰卧起坐等。

此外,性别差异也是制定测试标准时不可忽视的重要因素。由于男女生在生理结构、体能特点等方面存在差异,因此测试标准在设定时会充分考虑这些差异,确保测试结果的公正性和准确性。例如,在耐力测试中,男生的测试距离可能会比女生稍长一些,以更好地反映其体能水平。

综上所述,体质健康测试标准的制定是一个复杂而精细的过程,它需要综合考虑多种因素,确保测试结果的科学性、合理性和公平性。通过这些标准的实施,我们可以更加全面、客观地了解学生的体质健康状况,为制定有效的体育锻炼计划和促进学生身心健康发展提供有力支持。

3. 测试流程的优化

为了确保体质健康测试的准确性和有效性,需要优化测试流程。这包括:

(1)标准化测试设备在体质健康测试体系中扮演着至关重要的角色,它们是确保测试结果准确性和可靠性的基石。为了达成这一目标,所有用于测试的设备都需经过严格的校准和标准化流程,以符合国际或国内统一的规范和标准。

这些标准化测试设备不仅要求具备高精度和稳定性,还需能够经受住频繁使用的考验,保持长期的测量准确性。在每次测试前,专业人员都会对设备进行全面的检查和维护,确保其处于最佳工作状态。同时,定期的校准工作也是必不可少的,它能帮助识别并纠正任何可能因设备老化或环境因素引起的测量偏差。

标准化测试设备的使用,还意味着测试过程的规范化和一致性。无论是在哪个学校、哪个班级,甚至是不同的测试时间,只要使用相同的标准化设备,就能保证测试结果的相互比较和参考价值。这种一致性不仅有利于学校内部对学生体质健康状况的跟踪和分析,也为跨地区、跨学校的体质健康比较研究提供了可能。

总之,标准化测试设备是体质健康测试体系中不可或缺的一部分。它们通过确保测试结果的准确性和可靠性,为评估学生体质健康状况、制定体育锻炼计划以及推动学生身心全面发展提供了坚实的保障。随着科技的不断进步和测试设备的日益完善,我们有理由相信,未来的体质健康测试将更加精准、高效和人性化。

(2)专业测试人员在体质健康测试环节中占据着举足轻重的地位,他们的专业素养和操作技能直接决定了测试过程的专业性和规范性。为了确保测试结果的准确性和有效性,所有参与测试工作的人员都必须经过系统的培训和严格的认证程序。

这些专业测试人员不仅需要掌握扎实的理论基础,包括人体解剖学、生理学、运动科学等相关知识,还需要具备丰富的实践经验,能够熟练操作各种测试设备,并准确理解测试指标的含义和重要性。在培训过程中,他们不仅要学习测试流程、测试技巧以及应急处理措施,还要接受职业道德和职业操守的教育,确保在测试过程中始终保持公正、客观和负责任的态度。

在测试过程中,专业测试人员会严格按照规定的程序和标准进行操作,确保每个测试环节都符合规范。他们会耐心指导学生完成测试动作,及时纠正学生的错误姿势,确保测试数据的真实性和有效性。同时,他们还会密切关注学生的身体状况和反应,确保测试过程的安全性和舒适性。

总之,由经过培训和认证的专业人员负责测试工作,是保障体质健康测试专业性和规范性的重要措施。这些专业人员以其扎实的专业素养、丰富的实践经验和严谨的工作态度,为评估学生体质健康状况提供了有力的支持,也为推动学生身心全面发展贡献了自己的力量。

(3)安全保障措施在体质健康测试过程中是至关重要的,它们构成了保障学生安全不可或缺的一环。为了确保每位学生在参与测试时都能处于安全无虞的环境中,我们实施了一系列全面而细致的安全保障措施。

首先,测试场地在测试前会进行全面的安全检查,确保场地平整、无障碍物,并设置明显的安全警示标识。同时,我们还会根据测试项目的不同,合理配置安全保护设施,如防护垫、护栏等,以减轻意外摔倒或碰撞可能带来的伤害。

其次,我们为每位参与测试的学生准备了必要的防护装备,如运动服、运动鞋等,以减少因装备不当而导致的伤害风险。同时,测试前会进行充分的热身运动指导,帮助学生激活肌肉、预防拉伤,为测试做好充分的准备。

在测试过程中,专业测试人员会密切关注学生的身体状况和反应,一旦发现学生出现不适或异常情况,会立即停止测试并采取必要的救助措施。此外,我们还配备了专业的医疗团队和急救设备,以应对可能发生的紧急情况,确保学生能够得到及时有效的救治。

通过这些安全保障措施的实施,我们努力营造一个安全、有序的测试环境,让学生在参与体质健康测试的过程中不仅能够得到准确的体质评估,更能够感受到学校对他们身心健康的深切关怀和重视。

4. 测试结果的反馈与应用

体质健康测试作为评估学生身体状况与运动能力的重要手段,其结果的反馈与应用不仅关乎学生个体的健康成长,也直接影响到学校体育教学质量的提升与教学策略的调整。因此,及时、准确地将测试结果传达给学生、家长及学校,并据此采取相应措施,显得尤为重要。

首先,测试结果的反馈应当及时且全面。学校应建立高效的信息反馈机制,确保每位学生在测试结束后不久便能收到自己的体质健康报告。这份报告应详细列出各项测试指标的数据、所处的水平区间以及相应的健康建议。同时,学校还应通过家长会、家校联系平台等多种渠道,将学生的测试结果及解读意见传达给家长,以便家长了解孩子的身体状况,家校合作共同促进孩子的健康成长。

针对测试结果不佳的学生,学校应给予特别的关注与帮助。一方面,学校可以组织专业的体育教师或健康顾问,为这些学生提供个性化的健康指导,分析他们在体质健康方面存在的问题,并制定相应的改善计划。这些计划可能包括调整饮食结构、增加运动量、改善睡眠习惯等多个方面,旨在全方位提升学生的体质健康水平。另一方面,学校还应鼓励学生积极参与体育社团、课外体育活动等,通过多样化的运动方式激发学生的运动兴趣,培养他们的运动习惯。

此外,学校还应根据体质健康测试的结果,对体育教学内容和方法进行适时的调整与优化。通过深入分析测试结果,学校可以了解学生在不同运动项目上的表现差异及兴趣偏好,从而有针对性地调整课程设置、教学方法和教学手段。例如,对于在耐力项目上表现较弱的学生,学校可以增加长跑、游泳等耐力训练内容;对于在协调性方面有待提高的学生,则可以引入更多的体操、舞蹈等协调性训练课程。这样不仅能够更好地满足学生的个性化需求,还能有效提升体育教学的针对性和实效性。

综上所述,体质健康测试体系是体质健康监测与评估的重要组成部分。通过选择合适的测试项目、制定明确的测试标准和优化测试流程,可以全面、准确地评估学生的体质健康状况,并为学生提供个性化的健康指导。

4.3.2 体质健康数据分析与反馈

在体质健康监测与评估中,数据分析与反馈是一个至关重要的环节。它不仅能帮助我们深入理解学生的体质状况,还能为后续的体育教学和健康指导提供科学依据。下面将详细讲解并具体分析体质健康数据分析与反馈的过程。

1. 体质健康数据分析

(1)数据收集

①体质健康测试产生的数据是深入分析与评估学生身体状况不可或缺的基石。这些数据覆盖了多个关键指标,如身高、体重用以评估学生的生长发育状况及体型特征;肺活量反映了学生的呼吸系统功能与体能储备;50 米跑则直接体现了学生的速度素质和爆发力;而坐位体前屈则衡量了学生的柔韧性和关节灵活性。这些全面而细致的数据,共同构建了一个多维度、立体化的学生体质健康画像,为后续的分析、比较及制定个性化健康提升计划提供了坚实的数据支撑。

②确保体质健康测试数据的准确性是维护其权威性和实用性的核心前提。为此,必须严格遵循国家体育总局与教育部的相关标准与指导原则,采用经过认证、符合规范要求的体质健康测试专用仪器进行测试。这些仪器经过精密校准,能够准确捕捉并记录学生在各项测试中的表现数据,如身高、体重的测量需精确到毫米与克,肺活量测试则需保证气密性与读数稳定,50 米跑则需利用电子计时设备确保时间记录的准确无误。通过这样严谨的测试流程,我们能够获

得高度可靠的数据,为后续的健康分析与指导奠定坚实基础。

(2)数据整理

①在体质健康测试项目完成后,对收集到的海量数据进行系统整理是至关重要的环节。我们首先将原始数据按照年级进行细致划分,确保各年龄段学生的体能状况得以清晰呈现;随后,依据性别差异进一步分类,因为不同性别的学生在生长发育、体能特征上往往存在显著差异。这一分类过程不仅有助于数据的条理化,还为后续深入分析提供了便利。通过对数据的精细化分类整理,我们能够更加准确地把握学生体质健康的整体趋势与个体差异,为制定针对性强的健康促进策略提供有力支持。

②在处理复杂的数据集时,我们可以充分利用 Excel 等强大的电子表格软件来辅助完成排序、筛选等高级操作。Excel 不仅支持根据单一列或多列数据进行升序、降序排序,还能根据特定条件对数据进行筛选,如筛选出某一年级中体能成绩优秀的学生或对比不同性别间的某项体能指标差异。这些操作不仅简化了数据处理流程,还能以图表、图形等形式直观地呈现数据结果,使得数据之间的关系和趋势一目了然,为后续的数据分析和决策制定提供了极大的便利。

(3)数据分析

①在数据处理的深入阶段,我们积极采用统计学方法来对数据进行全面而细致的分析。通过计算平均数,我们能够把握整体体质状况的平均水平,了解参与者的普遍表现;而标准差等变异指标的引入,则进一步揭示了数据间的离散程度,帮助我们识别出体质状况中的极端值或异常点。这些统计学指标的综合运用,不仅加深了我们对数据内在规律的理解,也为后续制定针对性的体质提升计划或干预措施提供了坚实的科学依据。

②在评估学生体质水平时,我们灵活运用多种科学的评价方法,其中离差法与百分位数法尤为关键。离差法通过计算个体数据与平均值之间的偏差,量化学生的体质状况相对于整体的偏离程度,为评估提供了精确的数据支持。而百分位数法则是一种基于数据排序的统计方法,它将学生体质数据分为若干百分比段,能够直观地反映学生在群体中所处的位置,从而科学、公正地确定每个学生的体质评价等级。这两种方法的结合使用,使得我们的评价体系更加全面、准确,能够更好地促进学生的体质健康发展。

③在深入分析学生体质状况的过程中,我们特别注重探讨不同体质测试项

目之间的内在联系与相互影响。例如,通过统计学方法分析身高与体重的关系,可以揭示学生的身体形态是否健康,是否存在超重或偏瘦的问题。同时,考察肺活量与跑步成绩之间的相关性,则能深入了解学生的心肺功能对其耐力运动表现的影响。这样的相关性分析不仅帮助我们更全面地把握学生的体质状况,还能为制定个性化的体育锻炼计划提供科学依据,促进学生的全面发展与健康成长。

(4)结果呈现

①为了更直观、有效地展示体质分析的结果,我们精心将复杂的数据转化为图表与报告等形式。图表通过色彩丰富的线条、柱状图或饼图,直观地展现出身高与体重的比例、肺活量与跑步成绩的关系等关键信息,使数据一目了然,易于理解。而详细的报告则进一步深入解析各项数据背后的含义,提出针对性的建议与策略,便于教育者、家长及学生本人快速获取关键信息,并有效传播至更广泛的受众群体,共同关注学生的体质健康。

②图表作为一种强大的数据可视化工具,能够直观地展示数据的分布状况与动态趋势。通过精心设计的图表,我们能够迅速捕捉到数据间的关联与差异,比如销售额的季节性波动、用户增长率的逐年提升等。而报告则是对这些图表背后故事的深入阐述,它不仅详细记录了分析的全过程,包括数据来源、处理方法、模型构建等,还基于严谨的逻辑推理,得出了具有指导意义的结论与建议。这样的结合,使得信息传达既直观又全面,有助于决策者快速把握问题本质,制定科学策略。

2. 体质健康数据反馈

(1)反馈对象

数据反馈作为教育评价体系中的重要环节,其对象应当广泛覆盖与学生教育成长息息相关的多方利益相关者。具体而言,数据反馈应首先直接面向学生,帮助他们了解自身学习进展与不足,激发自我提升的动力;同时,家长作为孩子教育的重要参与者,也应成为数据反馈的重要对象,以便他们及时了解孩子在校表现,与教师共同促进孩子的全面发展。此外,教师作为教学活动的直接实施者,通过数据反馈可以精准把握教学效果,调整教学策略;而管理层则能基于全面的数据反馈,优化资源配置,推动教育质量的整体提升。这样的全方位反馈机制,确保了教育评价的公正性、有效性和针对性。

(2)反馈内容

①在构建反馈体系时,反馈内容的详尽与针对性至关重要。具体而言,对于学生的体质测试结果,反馈内容应详尽列出各项测试数据,如肺活量、体能耐力、柔韧性等关键指标,使学生和家长能够清晰了解学生在体质方面的具体表现。同时,结合这些数据,给予学生一个客观的评价等级,既是对其努力的认可,也是对其未来发展方向的指引。更重要的是,反馈中还应明确指出学生在体质方面存在的问题,如某些体能项目的薄弱环节,并据此提出具体的改进建议,如增加锻炼频次、调整饮食结构、学习科学的训练方法等,以期帮助学生全面提升体质健康水平。

②在体质健康管理的反馈机制中,信息的传递需根据接收者的不同而有所侧重。对于学生,反馈应直接明了地告知其当前的体质状况,并明确指出哪些方面有待加强和改进,以此激发学生的自我提升动力。对于家长,反馈则需更为详尽,除了提供孩子体质状况的具体数据外,还应附带专业的改进建议,帮助家长在日常生活中更好地支持孩子的体质发展。而针对教师和管理层,反馈则需具有宏观性和指导性,全面呈现全校或全年级的体质健康状况,揭示普遍存在的问题,并据此提出全校性的改进方向和策略,以促进整体体质健康水平的提升。

(3)反馈方式

①在体质健康管理的反馈环节,我们采取多元化、全方位的沟通渠道,以确保信息的有效传达。首先,通过精心编制的书面报告,详细记录每位学生的体质检测数据与分析结果,既便于学生个人查阅,也为家长提供了权威、全面的参考依据。其次,定期召开家长会,面对面地向家长汇报孩子的体质状况,解答疑惑,共同探讨改进策略。此外,还充分利用校园网站这一现代信息平台,发布全校体质健康报告,分享健康小贴士,让师生家长随时随地获取最新资讯,形成全校关注体质健康的良好氛围。

②针对学生群体,我们直接将个人体质健康报告发放至每位学生手中,让他们能够清晰地了解自己的身体状况、进步空间及需要注意的方面,从而增强自我管理和健康意识。对于家长,我们灵活采用两种方式:一是通过定期召开的家长会,面对面地解读报告,促进家校共育;二是利用电子邮件,将电子版报告及时发送给家长,方便他们随时查看,深入了解孩子的体质状况。而对于教师和管理层,我们则通过内部会议或专门的报告形式,集中反馈全校的体质健

康数据,为制定更科学、更有针对性的教育教学和健康管理策略提供依据。

(4)反馈效果评估

①在数据反馈工作完成后,至关重要的一步是对反馈效果进行全面而细致的评估。这一环节不仅涉及检查反馈是否成功传达至目标受众,更核心的是要衡量其是否真正触发了预期的改变或响应。我们需通过问卷调查、访谈、数据分析等多种手段,收集反馈信息接受者的实际反应与行为变化,以此评估反馈的针对性和有效性。同时,还要对比预设目标与实现成果,客观分析差距所在,为后续改进和优化反馈策略提供宝贵依据,确保每一次反馈都能精准对接需求,达成既定效果。

②为了深入了解学生和家长对于数据反馈的满意度及宝贵建议,我们可以采取多元化、系统性的信息收集方式。具体而言,设计详尽且有针对性的问卷调查是首要之选,通过在线或纸质形式,广泛覆盖不同年级、学科背景的学生及其家长,收集他们对数据反馈内容的清晰度、相关性、及时性等方面的评价。此外,开展面对面的访谈也是不可或缺的一环,它能让我们更直接地聆听学生与家长的声音,捕捉问卷中难以触及的细微情感和深层次需求。综合这些反馈意见,我们能够更全面地把握数据反馈工作的成效与不足,为后续的优化调整提供有力支持。

通过以上步骤,我们可以有效地进行体质健康数据分析与反馈工作,为体育教学和健康指导提供科学依据,促进学生身心健康的全面发展。

第 5 章　大学生体质健康教育的案例研究

随着现代社会对大学生全面发展的要求日益提高,体质健康教育已成为大学教育中不可或缺的一环。本章将通过对国内外高校体质健康教育的案例研究,探讨其教育策略、实施效果及对学生的深远影响。首先,我们将关注国内高校在体质健康教育方面的创新实践,通过分析具体案例,评价其教育成效,并提出改进建议。随后,我们将目光投向国外高校,借鉴其先进的体质健康教育理念和方法,以期为我国高校体质健康教育提供有益的启示。

5.1　国内高校体质健康教育案例

在国内,随着大学生体质健康问题的日益凸显,众多高校开始积极探索体质健康教育的有效途径。通过案例选择与介绍,我们将深入了解国内高校在体质健康教育方面的具体做法,分析其教育策略的有效性和创新性。同时,我们还将对案例进行细致的分析与评价,探讨其对学生体质健康水平的提升及全面发展的促进作用。

5.1.1　案例选择与介绍

案例:某大学体质健康教育创新实践

在浩瀚的学术海洋中,某大学以其卓越的教育质量与创新精神独树一帜,成了国内乃至国际教育界的一颗璀璨明珠。这所历史悠久的高等学府,不仅在学术研究上追求卓越,更在学生的全面发展上倾注了大量心血,其中,体质健康教育便是其教育体系中不可或缺的一环。

面对当代社会对学生身心素质日益增长的需求,某大学深刻认识到,健康的体魄是学生追求学术梦想、实现人生价值的基础。因此,该校积极响应国家关于加强青少年体育、增强青少年体质的号召,将体质健康教育提升到了前所未有的高度,并通过一系列富有创意与实效的创新实践,为这一领域树立了新的标杆。

首先,某大学构建了全方位、多层次的体质健康教育课程体系。除了传统的体育课程外,学校还引入了瑜伽、跆拳道、攀岩等新兴体育项目,旨在激发学生的运动兴趣,培养其多样化的体育技能。同时,结合学生专业特点,开发了跨学科融合的体质健康课程,如医学专业的运动康复课程、艺术专业的舞蹈与形体训练等,实现了体育与专业知识的有机结合。

其次,该校充分利用现代信息技术手段,打造智慧体育平台。通过智能穿戴设备监测学生的运动数据,为学生提供个性化的运动处方;利用大数据分析技术,评估学生的体质健康状况,为教学方案的调整提供科学依据。此外,平台还开设了线上健身课程、运动挑战赛等活动,让学生在课余时间也能享受到运动的乐趣,形成良好的运动习惯。

再者,某大学积极倡导“体育+”理念,推动体育与其他领域的深度融合。学校定期举办校园马拉松、篮球联赛等大型体育赛事,不仅丰富了学生的校园文化生活,还培养了学生的团队合作精神和竞争意识。同时,学校还鼓励学生参与社区体育服务、公益跑等活动,将体育精神传递到社会各个角落,展现了新时代大学生的责任与担当。

通过上述创新实践,某大学在体质健康教育领域取得了显著成效。学生的体质健康状况得到了显著改善,运动技能得到了有效提升,更重要的是,学生们逐渐形成了积极向上的生活态度和坚韧不拔的意志品质。这些成果不仅为学生个人的全面发展奠定了坚实基础,也为学校赢得了广泛的社会赞誉和认可。

1. 创新实践内容

(1)课程设置与教学改革

某大学在课程设计上的远见卓识,深刻体现在对体质健康教育的全面融入与高度重视上。该校将体育课程设定为每位学生的必修课程,这一举措不仅彰显了学校对学生身心全面发展的坚定承诺,还通过增加学时与学分的方式,为学生提供了充足的时间与空间,确保他们能在繁忙的学术生活中,依然能享受到体育锻炼的乐趣与益处。

为了满足学生多样化的兴趣与个性化需求,××大学精心打造了一系列丰富多彩的体育课程。从传统的篮球、足球、羽毛球等团队运动,到新兴的瑜伽、舞蹈、健身操等身心平衡课程，每一门课程都旨在激发学生的运动潜能，让他们在享受运动的同时，也能找到适合自己的锻炼方式。这种多元化的课程设置，不仅丰富了校园体育文化生活，还促进了学生之间的交流与合作，增强了班级与校园的凝聚力。

在教学改革方面，××大学更是走在了时代的前沿。学校积极引入国际先进的体育教学方法与理念，如游戏化教学、项目式学习等，这些创新的教学模式打破了传统体育教学的框架，让学生在轻松愉悦的氛围中，通过团队合作、挑战自我等方式，自然而然地提升体质健康水平。更重要的是，这些教学方法还注重培养学生的体育兴趣与实践能力，让体育锻炼成为学生生活中不可或缺的一部分，为他们的终身健康奠定坚实的基础。

(2)体质健康监测与评估

笔者所在大学在关注学生体质健康方面展现出了高度的责任感与前瞻性，通过构建一套全面而精细的体质健康监测与评估体系，确保了对学生体质健康状况的深入了解与精准干预。每年，学校都会精心组织全校范围内的体质健康测试活动，这一测试不仅覆盖了身高、体重等基础生理指标，还深入到了肺活量、体能(如耐力跑、立定跳远、引体向上/仰卧起坐等)等多个维度，从而实现对学生体质健康状况的全面、立体评估。

为了确保数据的连续性与可追溯性，学校还创新性地建立了学生体质健康档案系统，每位学生的体质健康数据都被细致记录并妥善保存。这一举措不仅为学生个人提供了宝贵的健康记录，便于他们随时查阅自己的体质变化，还为学校提供了丰富的数据源，用于制定个性化的健康改善计划和提供针对性的健康指导。

此外，该大学还高度重视体质健康监测结果的应用价值，定期发布详尽的体质健康报告。这些报告不仅详细分析了学生的总体体质健康状况、存在的共性问题及改善建议，还通过数据对比，揭示了不同年级、性别、专业之间的体质差异，为学校的教学改革、课程设置以及体育活动的安排提供了坚实的科学依据。通过这一系列举措，该大学不仅促进了学生体质健康的全面提升，还为学生营造了一个更加科学、健康、和谐的学习生活环境。

(3)校园体育文化建设的深耕与拓展

该大学深知体育文化在促进学生全面发展中的重要作用，因此不遗余力地推动校园体育文化的深度建设与广泛传播。学校不仅将体育视为增强体质的手段，更将其视为塑造学生品格、培养团队精神、增进友谊的重要途径。

为了营造浓厚的体育氛围，该大学精心策划并举办了丰富多样的体育赛事和活动。每年一度的运动会，成了全校师生共同期待的体育盛宴，赛场上学生们奋力拼搏的身影，展现了青春的力量与激情。此外，篮球赛、足球赛等热门项目的定期举办，不仅激发了学生对体育运动的热爱，还促进了班级之间、院系之间的交流与竞争，增强了集体荣誉感。

除了体育赛事，学校还注重体育文化的内涵建设，通过举办体育讲座、健康知识普及等活动，邀请知名运动员、体育学者来校分享经验，提高学生对体育精神、运动科学等方面的认知与理解。这些活动不仅丰富了学生的课余生活，还引导他们树立了正确的健康观念和生活方式。

值得一提的是，该大学还积极寻求与校外体育组织的合作机会，通过校际交流、友谊赛等形式，为学生搭建更广阔的体育交流平台。这些活动不仅拓宽了学生的体育视野，还促进了不同学校之间的文化交流与友谊发展，为学生未来的社会交往打下了坚实的基础。

(4)体育设施与资源建设的全面升级与持续优化

该大学深谙体育设施与资源对于学生体育锻炼质量的重要性，因此持续加大投入，致力于打造一个现代化、全方位、高品质的体育锻炼平台。学校不仅拥有一系列先进且功能完备的体育场馆，如宽敞明亮的室内体育馆，配备了先进的照明与音响系统，能够满足篮球、羽毛球、网球、乒乓球等多种室内运动的需求；还有设施完备的游泳池，水质清澈，为学生提供了游泳锻炼的理想场所；以及配备齐全、器械先进的健身房，满足学生力量训练和有氧运动的多样化需求。

在保障硬件设施的同时，该大学同样重视体育器材的更新与维护工作。学校定期评估现有器材的使用状况，及时淘汰老旧、损坏的器材，并引进最新的体育科技产品，确保学生能够使用到最安全、最舒适的器材进行锻炼。此外，学校还建立了完善的器材管理制度，确保器材的规范使用与妥善保管。

为了进一步提升学生的体育锻炼效果，该大学还积极引进专业的体育教练和人才。这些教练不仅具备扎实的专业技能和丰富的教学经验，还能够根据学生的实际情况制定个性化的训练计划，提供专业的指导和帮助。他们的加入，不仅提升了学校体育教学的整体水平，也为学生提供了更加科学、高效的锻炼方式。

2. 成果与深远影响

该大学在体质健康教育领域的深耕细作,已然绽放出璀璨的成果之花。通过一系列富有创意与实效的实践举措,该校成功引领了一场体质健康的变革,学生的身心健康状况实现了质的飞跃。具体而言,学生的体质健康水平显著提升,体测成绩普遍提高,耐力、力量、柔韧性等关键指标均展现出积极向上的趋势,这为学生未来的学习与生活奠定了坚实的身体基础。

与此同时,体育参与度和兴趣的大幅增加成了另一大亮点。学生们不再将体育活动视为负担,而是积极投身其中,享受运动带来的快乐与成就感。校园内,各类体育社团蓬勃发展,体育赛事层出不穷,学生们在参与中学会了团队合作,培养了坚韧不拔的精神品质。

更为重要的是,该大学的体育文化建设在此过程中得到了前所未有的加强。学校通过举办体育文化节、体育知识讲座、体育明星进校园等活动,营造了浓厚的体育氛围,使得体育精神深深植根于每位师生的心中。这种积极向上的校园文化,不仅丰富了学生的课余生活,更促进了学生综合素质的全面提升。

综上所述,该大学在体质健康教育方面的成果不仅惠及了学生个体,更对学校乃至社会产生了深远的影响。它为学生搭建了一个全面发展的平台,也为学校赢得了社会的广泛赞誉和高度认可,进一步提升了学校的知名度和影响力。

3. 总结与展望

某大学在体质健康教育方面的创新实践为我们提供了宝贵的经验和启示。未来,学校将继续深化体质健康教育改革,加强体育设施与资源建设,推动校园体育文化的繁荣发展。同时,学校还将积极探索新的教学模式和方法,进一步提高体育教学的质量和效果。相信在不久的将来,某大学的体质健康教育将会取得更加辉煌的成就。

(1)创新教育模式

某大学在体质健康教育领域展现出了前瞻性的视野与勇于探索的精神,成功地将传统体育课程与现代教育理念深度融合,开创了一系列别具一格的教育模式。该校深刻认识到,体质健康不仅仅是体育技能的展现,更是健康素养与良好生活习惯的综合体现。因此,在课程设计上,学校不仅保留了体育技能的传授与训练,更在此基础上进行了大胆的创新与拓展。

“健康生活方式”课程便是这一创新教育模式下的杰出代表。该课程打破了传统体育课程单一化的教学框架，通过丰富多彩的讲座、互动讨论、实践操作等多种形式，全方位地引导学生探索健康饮食、科学运动、心理健康等多个维度的健康知识。学生们在课堂上不仅能够学习到如何搭配营养均衡的膳食、掌握高效的运动技巧，还能深入了解心理健康的重要性，学会如何调节情绪、缓解压力。更重要的是，课程鼓励学生们将所学知识积极应用于日常生活之中，形成健康、积极、向上的生活方式。

这种创新教育模式不仅极大地提升了学生的学习兴趣与参与度，更为他们的终身健康奠定了坚实的基础。学生们在轻松愉悦的氛围中，不仅增强了体质，更培养了良好的健康意识与行为习惯，为未来的学习与生活注入了源源不断的活力与动力。

(2)建立多元化评价体系

在追求学生体质健康全面发展的道路上，某大学迈出了重要一步，即构建了一套科学、全面且多元化的评价体系。这一体系的建立，旨在超越传统单一的体育测试框架，实现对学生体质健康水平的综合评估与精准指导。

除了保留并优化传统的体育测试项目，如体能测试、运动技能考核等，学校还创新性地引入了健康素养评估环节。这一环节通过问卷调查、案例分析、知识竞赛等形式，全面考查学生对健康饮食、疾病预防、急救知识等健康素养的掌握情况，促进学生将理论知识转化为实际应用能力。

此外，心理健康测试也是该评价体系不可或缺的一部分。学校认识到，良好的心理状态是体质健康的重要保障。因此，通过专业的心理测评工具，学校能够及时了解学生的心理健康状况，为有需要的学生提供心理咨询与干预服务，帮助他们建立积极向上的心态，应对学习与生活中的挑战。

多元化评价体系的建立，不仅丰富了学生体质健康评价的内涵，也为学生提供了更为全面、个性化的健康指导。它鼓励学生全面发展，不仅要在体育测试中取得优异成绩，更要注重健康素养的提升与心理健康的维护。这种评价方式的变革，无疑为培养具有强健体魄、良好心态的高素质人才奠定了坚实的基础。

(3)加强师资队伍建设

在推动学生体质健康教育的进程中，某大学深刻认识到师资队伍建设的重要性，将其视为提升教学质量、促进学生全面发展的关键一环。为此，学校采取了一系列有力措施，以全面提升体育教师的专业素养与教学能力。

首先,学校建立了常态化的培训体系,定期组织体育教师参加国内外高水平的学术研讨会、工作坊和专业技能培训。这些活动不仅让教师们有机会学习最新的教育理念、教学方法和科研动态,还促进了教师间的交流与合作,激发了教学创新的灵感。通过培训,教师们的教育视野得以拓宽,教学能力得到有效提升,为学生提供了更加丰富、多元的学习体验。

其次,学校积极引进高水平体育教师和专家,以充实和优化体育教师队伍。这些新引进的教师和专家不仅具备深厚的学术背景和丰富的实践经验,还能为学生带来前沿的体育知识和技能,以及独特的教学风格和理念。他们的加入,不仅提升了教师队伍的整体素质,也为学生提供了更高质量的体质健康教育服务。

综上所述,某大学通过加强师资队伍建设,不仅提升了体育教师的专业素养和教学能力,还为学生提供了更加优质、全面的体质健康教育资源。这一举措对于推动学生体质健康教育的深入发展、培养具有国际视野和创新能力的高素质人才具有重要意义。

(4)营造健康校园文化

某大学深刻理解到,一个健康向上的校园文化环境对于促进学生全面发展、培养积极健康的生活方式具有不可替代的作用。因此,学校积极采取措施,全方位营造健康校园文化氛围。

学校将体育活动视为校园文化建设的重要组成部分,定期举办大型运动会、体育节等综合性体育活动。这些活动不仅为学生提供了一个展示自我、挑战自我的舞台,还激发了学生们对体育运动的热情,增强了班级凝聚力和团队合作精神。运动场上,学生们挥洒汗水,奋力拼搏,展现了青春的风采和活力。

同时,学校还注重培养学生的体育兴趣和爱好,鼓励学生根据自己的兴趣加入各类体育社团和兴趣小组。这些社团和小组涵盖了篮球、足球、羽毛球、瑜伽等多种体育项目,满足了不同学生的多样化需求。在社团活动中,学生们不仅能够学到专业的体育技能,还能结交志同道合的朋友,享受运动的乐趣,共同促进身心健康。

此外,学校还通过校园广播、宣传栏、网络平台等多种渠道,广泛宣传健康校园文化的理念,引导学生树立正确的健康观念,养成良好的体育锻炼习惯。这些措施共同构成了某大学健康校园文化的多维框架,为学生们营造了一个充满活力、积极向上的学习生活环境。

(5)家校合作共育

在构建全面育人体系的过程中,某大学深刻认识到家校合作的重要性,积极搭建家校沟通桥梁,共同促进学生体质健康与全面发展。学校不仅致力于校内教育质量的提升,还十分重视与家长的紧密合作,共同为学生的健康成长保驾护航。

学校建立了定期的学生体质健康反馈机制,通过家长会、家访、电话沟通以及在线平台等多种方式,及时向家长反馈学生的体质健康监测结果、体育锻炼情况及日常表现。这种开放透明的沟通方式,不仅增强了家长对学生体质健康的关注,还促进了家校双方对学生个性特点、兴趣爱好的深入了解,为制定个性化的健康管理和教育方案提供了有力支持。

此外,学校还积极邀请家长参与学生的体育锻炼和健康管理过程。通过组织亲子运动会、健康徒步活动等形式多样的家校互动活动,不仅增进了亲子关系,还激发了学生对体育运动的兴趣,培养了家庭共同锻炼的好习惯。同时,学校还定期举办家长健康教育讲座,邀请专家学者就青少年健康成长的热点问题进行讲解,帮助家长提升健康素养和健康教育能力,使家长能够在日常生活中更好地引导孩子树立健康观念,养成良好的生活习惯。

家校合作共育的深入实践,不仅促进了学生体质健康的全面提升,还增强了家庭与学校的紧密联系,构建了和谐共生的教育生态。某大学将继续深化家校合作机制,不断创新合作模式,为学生的健康成长和全面发展创造更加有利的环境。

5.1.2 案例分析与评价

案例:A 大学“健康校园,全面成长”体质健康教育项目

1. 案例介绍

A 大学近年来积极响应国家关于加强学生体质健康教育的号召,推出了“健康校园,全面成长”体质健康教育项目。该项目以提高学生体质健康水平为核心目标,通过课程体系改革、校园文化建设、健康管理等多个方面,全面促进学生身心健康发展。

(1)课程体系改革

A 大学在追求卓越教育质量的道路上,积极响应时代对健康教育的重视,对原有体育课程体系进行了全面而深入的改革。在这一背景下,学校不仅保留

了传统体育课程的精髓,更在此基础上创新性地增设了健康教育课程,并将其正式纳入必修课程体系,这一举措标志着 A 大学在促进学生全面发展方面迈出了坚实的一步。

新设立的健康教育课程,旨在打破传统体育教学的界限,不仅聚焦于体育技能的传授与训练,更将重点放在了培养学生的健康意识、健康行为以及积极向上的生活方式上。课程内容丰富多样,涵盖了营养学基础、心理健康、疾病预防、运动伤害预防与急救等多个方面,力求通过系统的教学,使学生在掌握体育技能的同时,也能深刻理解健康生活的真谛。

此外,A 大学还积极倡导跨学科健康教育理念,鼓励教师将健康教育元素巧妙地融入其他专业课程的教学中。无论是理工科、人文社科还是艺术类专业,都努力寻找与健康教育相结合的切入点,通过案例分析、小组讨论、实践操作等多种形式,让学生在各自的专业领域内也能感受到健康教育的魅力与价值。这种跨学科的教学模式,不仅拓宽了学生的知识面,也促进了学生综合素质的全面提升。

综上所述,A 大学课程体系改革中的健康教育课程增设及跨学科健康教育实践,不仅体现了学校对学生健康成长的深切关怀,也为培养具有健康意识、健康行为和社会责任感的未来人才奠定了坚实的基础。

(2)校园文化建设

A 大学深知校园文化建设对于塑造学生健康人格、培养全面发展人才的重要性,因此,在营造浓厚的健康文化氛围方面不遗余力。学校通过精心策划与组织,举办了一系列丰富多彩的体育比赛和健康活动,旨在让健康理念深入人心,成为校园生活不可或缺的一部分。

每年一度的运动会,不仅是 A 大学体育竞技的盛会,更是全校师生共同参与、享受运动乐趣的狂欢节。赛场上,学生们挥洒汗水,奋力拼搏,展现了青春的风采与活力;赛场下,观众们的加油声、欢呼声此起彼伏,形成了浓厚的体育氛围。此外,篮球赛、足球赛等热门体育赛事也定期举行,吸引了众多学生的关注与参与,进一步激发了学生们对体育运动的热爱与追求。

除了体育赛事,A 大学还设立了健康俱乐部,为学生提供了一个集健康咨询、运动指导、心理辅导等功能于一体的综合性服务平台。俱乐部聘请了专业的健康顾问和心理咨询师,定期举办健康讲座、运动训练班等活动,为学生提供个性化的健康指导和咨询服务。在这里,学生们可以学习到科学的运动方法,了解健康饮食的重要性,掌握有效的压力管理技巧,从而全面提升自身的健康素养。

通过这些举措,A 大学成功营造了一个充满活力、积极向上的健康文化氛围,不仅丰富了学生的课余生活,也促进了学生身心健康的全面发展。

(3)健康管理

A 大学深谙健康管理对学生成长成才的重要性,因此,建立了一套全面而完善的学生健康管理体系,旨在全方位、多维度地关注学生的身心健康状况。

这一体系以健康档案为基础,每位学生入学时都会建立详细的个人健康档案,记录其基本信息、过往病史、体检结果等关键数据,为后续的健康管理和干预提供科学依据。学校还利用现代信息技术手段,实现健康档案的电子化管理和实时更新,确保信息的准确性和时效性。

为了及时了解学生的体质健康状况,A 大学定期组织学生进行全面的体质健康测试,包括心肺功能、身体形态、运动能力等多个方面。测试结果不仅记录在案,还会通过专业分析,为学生量身定制个性化的健康评估报告。对于测试结果不佳的学生,学校高度重视,会迅速启动健康干预机制,制定针对性的运动计划、营养建议等干预措施,帮助学生改善体质,提升健康水平。

此外,A 大学还注重健康教育的普及和宣传,通过开设健康课程、举办健康讲座、发放健康手册等方式,向学生传授健康知识,培养他们的健康意识和自我保健能力。同时,学校还鼓励学生积极参与体育锻炼和健康活动,营造积极向上的校园健康氛围。

综上所述,A 大学的学生健康管理体系以健康档案为基础,以体质健康测试为手段,以个性化健康干预为核心,辅以全面的健康教育和积极的校园健康氛围营造,为学生提供了一个全方位、多层次、个性化的健康管理平台。

2. 案例分析与评价

(1)优点分析

①全面性:A 大学在体质健康教育方面展现出了极高的全面性和系统性,其项目设计精妙地融合了课程体系、校园文化以及健康管理等多个维度,构建了一个全方位、立体化的健康教育生态系统,实现了对学生身心健康的全面关注与促进。

首先,课程体系是 A 大学体质健康教育的基石。学校不仅开设了丰富多样的体育课程,如篮球、足球、瑜伽、游泳等,满足不同学生的兴趣和需求,还融入了健康教育理论课程,系统传授运动科学、营养学、心理健康等知识,帮助学生建立科学的健康观念和生活方式。

其次,校园文化在 A 大学的体质健康教育中扮演着重要角色。学校通过举办各类体育竞赛、健康讲座、健身活动等形式,营造积极向上的校园体育文化氛围,激发学生的运动热情,培养他们的团队合作精神和竞争意识。同时,学校还鼓励学生自发组织健康相关的社团和兴趣小组,让学生在参与中体验健康生活的乐趣,形成健康向上的生活方式。

最后,健康管理作为 A 大学体质健康教育的有力保障,通过建立健全的学生健康档案、实施定期体质健康测试、提供个性化健康干预等措施,确保每位学生的身心健康得到及时关注和有效维护。这种全方位、多层次的健康教育模式,不仅有助于提升学生的身体素质和心理素质,还为他们未来的全面发展奠定了坚实的基础。

②系统性:A 大学在构建学生健康管理体系方面展现出了高度的系统性和专业性,该体系从健康监测的细微之处出发,逐步延伸至精准的健康干预,形成了一套严谨而高效的工作流程,全面保障了学生的身心健康。

健康监测作为体系的首要环节,A 大学采用了先进的检测技术和设备,定期为学生进行全面的体质健康测试,包括身高体重测量、心肺功能评估、体能测试等多个方面,确保数据的准确性和全面性。同时,学校还建立了电子化的健康档案系统,实时记录并跟踪每位学生的健康状况,为后续的干预措施提供科学依据。

在健康监测的基础上,A 大学针对不同学生的体质特点和健康问题,制定了个性化的健康干预方案。这些方案涵盖了饮食调整、运动指导、心理咨询等多个方面,旨在通过科学的方法改善学生的健康状况。学校还配备了专业的健康管理团队,包括医生、营养师、心理咨询师等,他们根据学生的具体情况,提供一对一的指导和帮助,确保干预措施的有效性和针对性。

此外,A 大学还注重健康管理体系的持续优化和升级。学校定期评估体系的运行效果,收集学生反馈,不断调整和完善工作流程,以适应学生健康需求的变化。同时,学校还积极开展健康教育研究,探索更加高效、便捷的健康管理方式,为学生的健康成长提供更加坚实的保障。这种系统性的健康管理体系,不仅体现了 A 大学对学生身心健康的深切关怀,也为其在健康教育领域的领先地位奠定了坚实的基础。

③创新性：A 大学在体质健康教育领域不断突破传统框架，以一系列富有创意和前瞻性的举措，彰显了其卓越的创新性。首先，学校独具匠心地增设了多样化的健康教育课程，这些课程不仅涵盖了基础的生理健康知识，还融入了心理健康、营养学、运动科学等前沿内容，旨在全方位提升学生的健康素养。课程设计上，A 大学注重理论与实践相结合，通过案例分析、小组讨论、实地考察等多种教学方式，激发学生的学习兴趣和参与度。

其次，A 大学鼓励跨学科健康教育的深度融合，打破学科壁垒，促进医学、体育学、心理学、营养学等多个学科之间的交叉合作。这种跨学科的教育模式，不仅丰富了健康教育的内容，还培养了学生综合运用知识解决实际问题的能力，为他们未来的健康管理和疾病预防奠定了坚实的基础。

此外，A 大学还积极举办各类体育比赛和健康活动，如校园马拉松、健身挑战赛、心理健康月等，这些活动不仅增强了学生的体质，还促进了学生之间的交流与合作，营造了积极向上的校园健康文化氛围。通过这些创新性的举措，A 大学不仅提升了学生的体质健康水平，还激发了他们对健康生活的热爱和追求，为培养全面发展的高素质人才做出了积极贡献。

(2)不足与改进

①资源投入不足：尽管 A 大学在体质健康教育领域持续努力并取得了显著的成果，然而，不容忽视的是，当前仍面临资源投入不足的挑战，这在一定程度上限制了其教育质量与影响力的进一步提升。具体而言，部分学生和教师普遍反映，校园内的体育设施尚不够完善，无法满足日益增长的学生锻炼需求。设施的老旧、数量的不足以及功能的单一性，都成了制约学生积极参与体育活动、提升体质健康的瓶颈。

同时，健康教育课程的师资力量也显得捉襟见肘。随着健康教育内容的不断扩展和深化，对于专业教师的需求日益迫切。然而，目前课程教师的数量有限，且部分教师可能存在专业知识结构单一、教学方法传统等问题，难以充分满足学生多样化的学习需求。

针对这一资源投入不足的问题，A 大学应当引起高度重视，并采取切实有效的措施加以解决。学校应进一步加大资金投入，优化资源配置，加快体育设施的更新与扩建步伐，确保学生能够享受到先进、完善的锻炼条件。同时，加强健康教育课程师资队伍建设，通过引进优秀人才、加强教师培训与交流等方式，提升教师队伍的整体素质与教学水平，为学生提供更加优质、全面的健康教育服务。通过这些努力,A 大学将能够更好地应对资源投入不足的挑战,为培养身心健康的高素质人才奠定坚实的基础。

②学生参与度有待提高:在 A 大学,为了促进学生体质健康与全面发展,学校精心策划并举办了丰富多彩的体育比赛和健康活动,这些活动旨在激发学生的运动兴趣,增强团队合作意识,并提升整体健康水平。然而,尽管校方付出了诸多努力,但仍有一部分学生对此类活动的参与度显得不够积极,这在一定程度上影响了活动的整体效果与教育目标的实现。

针对此现象,学校应深刻反思并采取有效措施,以进一步提高学生的参与度。首先,加大宣传力度是关键。学校可以利用校园广播、网络平台、海报展板等多种渠道,广泛宣传体育比赛和健康活动的重要性、趣味性及参与后的积极影响,营造积极向上的校园体育文化氛围,激发学生对参与活动的兴趣与热情。

其次,学校还应注重活动的多样性和包容性,设计更多符合不同学生兴趣和需求的体育活动,确保每位学生都能找到适合自己的参与方式,从而在活动中获得成就感与满足感。同时,加强活动组织与管理,确保活动流程顺畅、安全有序,也是提高学生参与度的重要因素。

综上所述,通过加大宣传力度、丰富活动内容、优化活动组织与管理等多方面的努力,A 大学有望显著提升学生对体质健康教育的认识和重视程度,进而促进更多学生积极参与到各类体育比赛和健康活动中来,共同为构建健康、活力、和谐的校园环境贡献力量。

③持续跟踪与反馈机制的完善对于促进学生体质健康教育的有效性和针对性至关重要。当前,随着社会对青少年健康问题的日益关注,学校作为教育的主阵地,承担着培养学生良好体质习惯、提升整体健康水平的重任。然而,要实现这一目标,仅仅依靠定期的体育教学活动和健康讲座是远远不够的,还需要建立一套科学、系统的体质健康持续跟踪与反馈机制。

这一机制的核心在于“持续”与“反馈”。首先,“持续”意味着跟踪工作不应仅局限于某个时间段或特定活动,而应贯穿于学生的整个在校生活,甚至延伸至家庭和社会环境,形成全方位、全时段的监测网络。通过定期的身体素质测试、日常运动数据收集等手段,学校可以实时掌握学生的体质健康状况,为后续的干预措施提供数据支持。

其次,“反馈”是机制有效性的关键。学校应设立专门的机构或团队,负责对学生体质健康数据的分析解读,并将分析结果及时反馈给相关教师和学生家长。这样一来,教师就能根据学生的具体情况调整教学内容和方法,实施更加个性化的教学方案;家长也能及时了解孩子的体质状况,与学校形成合力,共同促进孩子的健康成长。

此外,反馈机制还应包括对学生体质健康教育工作的整体评估。通过定期总结工作经验、分析存在的问题与不足,学校可以及时调整和改进工作策略,确保体质健康教育的质量和效果持续提升。

建立完善的体质健康持续跟踪与反馈机制,是学校推进体质健康教育工作、促进学生全面发展的重要保障。只有通过这样的机制,学校才能更加精准地把握学生的体质健康状况,更加有效地实施干预措施,为学生的健康成长保驾护航。

综上所述,A 大学的"健康校园,全面成长"体质健康教育项目在提高学生体质健康水平方面取得了显著成效。通过进一步完善资源投入、提高学生参与度以及完善持续跟踪与反馈机制等措施,该项目有望在未来取得更加优异的成绩。

5.2 国外高校体质健康教育案例

在国际上,许多知名高校在体质健康教育方面积累了丰富的经验。通过案例选择与介绍,我们将领略国外高校在体质健康教育方面的先进理念和方法。同时,我们还将结合国内实际情况,对案例进行深入分析和启示提炼,以期为我国高校体质健康教育提供有益的借鉴和参考。

通过对国内外高校体质健康教育案例的研究,我们希望能够为我国高校体质健康教育的改革与发展提供有益的启示和借鉴。同时,我们也期待更多的高校能够加入体质健康教育的行列中来,共同为我国大学生的全面发展贡献力量。

5.2.1 案例选择与介绍:美国亚利桑那州立大学体质健康教育案例

1. 案例背景

在全球化背景下,学生体质健康已成为世界各国教育体系中不可忽视的重要议题。美国亚利桑那州立大学(Arizona State University),作为一所享有盛誉的高等教育机构,始终站在教育创新的前沿,特别是在促进学生体质健康教育方面,展现出了非凡的远见与行动力。近年来,随着社会对青少年健康问题的日益关注,以及全面学校体育活动计划(Comprehensive School Physical Activity Program,CSPAP)的广泛推广,亚利桑那州立大学积极响应,将这一理念深度融入其教育体系之中,开启了体质健康教育的新篇章。

CSPAP 的核心理念在于通过整合学校、家庭及社区资源,构建一个全方位、多层次的体育活动体系,旨在确保学生每天都能获得足够的身体活动机会,从而促进其身心健康全面发展。亚利桑那州立大学深刻认识到这一计划的重要性,于是,该校在原有体育教育的基础上,进行了大刀阔斧的改革与创新。

首先,学校加强了体育教师队伍的建设与培训,不仅提升了体育教师的专业素养和教学能力,还鼓励他们将公共健康知识融入日常教学中,使体育课程不再仅仅是技能的传授,更是健康生活方式的培养。通过举办工作坊、研讨会等形式,体育教师们不断交流学习,共同探索体质健康教育的最佳实践。

其次,亚利桑那州立大学积极构建了一个多元化的体育活动平台,包括体育课程、课外运动俱乐部、校内体育赛事以及与健康相关的讲座和研讨会等。这些活动不仅丰富了学生的课余生活,还激发了他们对体育运动的热爱和参与度,为形成良好的体育锻炼习惯打下了坚实的基础。

此外,学校还注重与家庭及社区的紧密合作,通过家长会、社区活动等方式,向家长和社区居民普及体质健康知识,鼓励他们参与到孩子的体育锻炼中来,共同营造一个支持学生体质健康成长的良好环境。

亚利桑那州立大学在 CSPAP 的指引下,通过一系列创新举措,成功地将体育教师教育与公共健康有效融合,为学生提供了全面、系统的体质健康教育。这一案例不仅为美国乃至全球的教育界提供了宝贵的经验借鉴,也为推动青少年体质健康事业的发展贡献了重要力量。

2. 案例内容

(1)课程体系改革

①健康教育课程:亚利桑那州立大学在本科教育的关键阶段——第 5 至 8 学期,精心设计了全面的健康教育课程体系。这一课程结构巧妙地融合了知识传授与实践操作两大环节,确保学生能够获得既深刻又实用的学习体验。知识课程部分,广泛覆盖了体育理论、健康促进策略、疾病预防与干预等核心领域,同时融入了最新的健康研究成果与专业技能训练,旨在为学生打下坚实的理论

基础,并培养他们未来在健康教育领域所需的专业素养和实际操作能力。实习课程则作为知识课程的延伸,为学生提供了将所学应用于真实场景的机会,通过与社区、学校及医疗机构合作,学生在实践中深化理解,增强解决问题的能力,为成为优秀的健康教育工作者奠定坚实基础。

②跨学科融合:亚利桑那州立大学在推动健康教育的过程中,展现出高度的前瞻性与创新性,尤为注重跨学科融合的教育理念。该校不仅专注于健康教育课程本身的深化与拓展,更致力于将健康教育的核心内容巧妙融入其他专业课程之中,如心理学、营养学等,从而构建起一个多维度、立体化的健康教育网络。这种跨学科的教学方式,不仅丰富了学生的知识视野,还促进了不同学科间的交叉碰撞与融合创新,使学生在学习心理学时能够深入理解心理健康的重要性,在营养学课程中掌握健康饮食的科学原理,进而全面提升其综合素养与健康管理能力。

(2)实践导向学习

①实习课程:在亚利桑那州立大学的教育体系中,实习课程被视为学生成长与发展的重要环节。学校坚信,理论与实践的紧密结合是通往专业精进的必由之路。因此,除了扎实的知识学习外,学生还被鼓励积极参与各类实习课程,将课堂上学到的理论知识应用到实际工作中去。这些实习机会不仅覆盖了众多行业领域,还为学生提供了与业界专家面对面交流、解决实际问题的宝贵平台。通过实习课程的历练,学生们不仅巩固了专业知识,更在实践中锻炼了操作技能、团队协作能力和问题解决能力,为未来的职业生涯奠定了坚实的基础。

②CSPAP 实施:在积极响应并深入实施综合学校体育活动计划(CSPAP)的过程中,该校展现出了对学生体质健康与全面发展的高度重视。学校巧妙地将高质量的体育课程、丰富多彩的校内体育活动以及拓展至校外的体育实践有机融合,构建了一个全方位、多层次的体育锻炼体系。这一举措不仅丰富了学生的校园生活,更激发了他们对体育运动的热爱与参与热情。通过 CSPAP 的实施,学生们能够在多样化的体育锻炼中增强体质、磨炼意志、培养团队精神,为终身健康打下坚实基础,同时也促进了身心健康的全面发展。

(3)资源投入

①体育设施:亚利桑那州立大学以其卓越的体育设施而闻名,这些设施不仅种类繁多,而且设施完善,充分展现了学校对学生体育健康的高度重视。校内拥有现代化的体育馆,配备了先进的健身器材和多功能运动场地,无论是篮

球、排球还是羽毛球等球类运动，都能在这里找到理想的训练与竞技空间。此外，广阔的户外运动场也是学生们挥洒汗水、享受运动的理想之地，从田径跑道到足球场，每一处都洋溢着青春与活力，为学生们提供了充足的锻炼空间，助力他们全面发展，健康成长。

②师资力量：亚利桑那州立大学汇聚了一支由资深专家与青年才俊共同组成的体育教师团队，他们在体质健康教育领域展现出了卓越的专业素养与深厚的教学经验。这些教师不仅精通各类体育运动技能，还深入研究体质科学、运动生理学等理论知识，能够为学生提供科学、全面的体育教学与指导。他们注重培养学生的运动兴趣与习惯，通过创新教学方法与个性化辅导，帮助学生掌握正确的运动技巧，提升身体素质，为学生的健康成长奠定坚实的基础。同时，教师们还积极参与学术交流与科研活动，不断提升自身的专业水平，为学校体育教育事业的发展贡献着力量。

(4)健康促进活动

①体育赛事：我们学校高度重视学生的全面发展，为此定期策划并举办丰富多彩的体育赛事，旨在为学生提供一个展示自我、挑战极限的舞台。这些赛事涵盖了田径、篮球、足球、羽毛球等多个项目，既有个人竞技的激烈比拼，也有团队协作的默契考验。我们鼓励学生积极参与其中，通过汗水与努力，在比赛中不仅锻炼身体素质，提升运动技能，更重要的是学会团队合作，培养坚韧不拔的精神风貌。这些体育赛事不仅丰富了学生的校园生活，更为他们的青春记忆增添了绚烂的色彩。

②健康讲座：我们学校深知健康对于学生学习与成长的重要性，因此，定期邀请在健康领域享有盛誉的专家来校举办健康讲座。这些讲座内容广泛，从日常饮食的营养均衡到心理健康的维护，从疾病预防的科普知识到急救技能的传授，无一不为学生提供最新、最实用的健康资讯和专业建议。通过专家的讲解与互动，学生们能够更加科学地认识健康，掌握保持身心健康的方法，为未来的成长与发展奠定坚实的基础。

3. 案例分析与评价

(1)优势

①全面性：亚利桑那州立大学的体质健康教育项目展现出了极高的全面性，它不仅精心设计了一系列丰富多样的课程，涵盖了体育锻炼、营养学、心理健康等多个维度，还积极组织各类实践活动，如户外探险、团队运动竞赛等，让

学生在实践中体验运动的乐趣，增强团队协作与领导能力。此外，学校还配备了充足的健康资源，包括先进的体育设施、专业的健康咨询团队以及丰富的在线教育资源，全方位、多角度地支持学生的体质健康发展，确保每位学生都能获得全面而深入的体质健康培养。

②实践导向：该校秉持着强烈的实践导向教学理念，深信“知行合一”的力量。在课程设计上，不仅注重理论知识的传授，更强调通过实际操作和项目实践来深化学生对知识的理解与应用。学校鼓励学生积极参与各类实践活动，如实验室研究、企业实习、社会服务项目等，这些实践活动不仅为学生提供了将所学知识应用于现实情境的宝贵机会，还极大地提升了他们的实际操作能力、问题解决能力和创新思维。通过实践导向的学习，学生能够在真实环境中成长，为未来职业生涯奠定坚实的基础。

③资源丰富：该校在资源建设方面展现出了卓越的远见与投入，拥有着一系列完善且现代化的体育设施，包括但不限于标准的田径场、多功能体育馆、游泳池、篮球场及健身房等，这些设施不仅满足了学生多样化的体育锻炼需求，还为他们提供了展示自我、挑战极限的舞台。同时，学校汇聚了一支专业精湛、经验丰富的教师团队，他们不仅在各自领域内有着深厚的学术造诣，更以饱满的热情和无私的奉献精神，为学生营造了一个充满爱与关怀的学习环境。这样的资源组合，为学生提供了全方位、高质量的学习条件和成长机会。

（2）不足与改进

①持续跟踪：学校为了全面保障学生的身心健康，正积极致力于进一步完善学生体质健康的持续跟踪机制。这一机制将涵盖从入学体检到日常健康监测，再到定期体质测试的全方位流程，确保能够实时、准确地掌握每位学生的健康状况及其变化趋势。通过引入先进的健康管理系统，结合定期的数据分析与评估，学校能够及时发现潜在的健康问题，并采取相应的干预措施，为学生提供个性化的健康指导和支持。这种持续跟踪的做法，不仅体现了学校对学生健康的深切关怀，也为构建更加健康、和谐的校园环境奠定了坚实基础。

②国际合作：在国际化的教育背景下，加强与其他国家高校在体质健康教育领域的合作与交流显得尤为重要。学校积极寻求与全球知名学府建立合作伙伴关系，旨在通过互访交流、学术研讨、师资培训等多种形式，引进国际先进的体质健康教育理念和方法。这种合作不仅有助于拓宽我们的教育视野，提升教学质量，还能促进文化交融与理解，共同推动全球体质健康教育的进步与发

展。通过共享资源、协同创新,我们期待能够培养出更多具有国际视野和跨文化交流能力的健康人才。

美国亚利桑那州立大学的体质健康教育案例无疑为全球高等教育领域树立了一面鲜明的旗帜,其成功经验与深刻启示为众多高校提供了宝贵的参考蓝本。该校通过一系列创新而全面的策略,深刻诠释了体质健康教育在现代教育体系中的核心地位。

首先,课程体系改革是该校成功的基石。亚利桑那州立大学不仅将体质健康教育纳入必修课程,还精心设计课程内容,确保理论与实践并重,既传授体育知识与技能,又注重培养学生的健康意识和生活习惯。这种改革不仅丰富了学生的学习体验,更从根本上提升了他们对体质健康重要性的认识。

其次,实践导向学习模式的引入,为学生提供了将理论知识转化为实际行动的平台。通过组织多样化的体育活动、户外探险、健身挑战等,学校鼓励学生走出教室,亲身体验运动的乐趣与益处,从而在实践中深化对体质健康的理解与追求。

再次,该校在资源投入上的不遗余力也是其成功的关键。无论是先进的体育设施、专业的教练团队,还是丰富的健康促进资源,都为学生提供了全方位的支持与保障,确保了体质健康教育的有效实施与高质量开展。

最后,亚利桑那州立大学还通过举办健康讲座、工作坊、竞赛等丰富多彩的健康促进活动,进一步营造了积极向上的校园健康文化氛围。这些活动不仅增强了学生的身体素质,还促进了学生之间的交流与合作,形成了良好的同伴支持网络。

综上所述,亚利桑那州立大学的体质健康教育案例展现了一种全面、系统且富有成效的教育模式,其成功经验对于其他高校而言具有重要的借鉴意义。通过借鉴其课程体系改革、实践导向学习、资源投入及健康促进活动等方面的做法,各高校可以结合自身实际情况,探索出适合自身发展的体质健康教育路径,共同推动学生体质健康水平的全面提升。

5.2.2　案例分析与启示

1. 案例选择与介绍

在探讨体质健康教育的典范时,美国加州大学伯克利分校(UC Berkeley)无疑是一个不可忽视的璀璨案例。作为世界顶尖学府之一,该校不仅在学术研究上引领风骚,更在体育与健康教育领域树立了新的标杆,展现了其对学生全面发展的深切关怀与卓越追求。

加州大学伯克利分校深知,强健的体魄是学生学习与生活的基石,因此,该校将体质健康教育置于极为重要的位置,并以此为出发点,精心策划了一系列全面而深入的教育计划。这些计划不仅涵盖了传统的体育课程,如篮球、足球、游泳等,还融入了现代健康理念,如瑜伽、冥想、营养学讲座等,旨在从多个维度促进学生的身心健康。

尤为值得一提的是,UC Berkeley 在体质健康教育中强调实践与理论的有机结合。学校鼓励学生积极参与各类体育活动,通过亲身体验感受运动的乐趣与益处,同时,也注重理论知识的传授,帮助学生建立正确的健康观念,掌握科学的锻炼方法。此外,该校还充分利用校内外资源,为学生提供丰富的健康促进活动和咨询服务,确保每位学生都能得到个性化的关怀与指导。

综上所述,加州大学伯克利分校的体质健康教育案例不仅展现了该校在体育与健康教育领域的卓越表现与先进理念,更为全球高校提供了宝贵的经验与启示。通过借鉴其成功经验,各高校可以进一步推动体质健康教育的改革与创新,为学生的全面发展奠定坚实基础。

2. 案例内容

加州大学伯克利分校的体质健康教育案例主要包括以下几个方面:

(1)多元化的体育课程

在加州大学伯克利分校,多元化的体育课程是促进学生体质健康与个性发展的重要组成部分。学校深刻理解到,每个学生的兴趣爱好、体能状况及发展目标各不相同,因此,精心构建了一个包罗万象的体育课程体系,旨在为广大学生提供一个广阔的选择空间。

这个课程体系不仅涵盖了经典的篮球、足球、游泳等传统运动项目,这些项目以其深厚的文化底蕴和广泛的群众基础,持续吸引着大量学生的参与和热爱。同时,学校也紧跟时代潮流,引入了攀岩、瑜伽、舞蹈等新兴项目,这些项目以其独特的魅力、挑战性和创新性,为体育课程注入了新的活力与色彩。

攀岩课程让学生在大自然或室内岩壁上挑战自我,体验极限运动的刺激与乐趣;瑜伽课程则通过柔和的体式与呼吸控制,帮助学生放松身心,提升身体柔韧性与平衡能力;舞蹈课程则以其优美的舞姿和动感的节奏,让学生感受艺术的魅力,同时锻炼身体的协调性和节奏感。

通过这样多元化的体育课程设置，加州大学伯克利分校不仅满足了学生多样化的运动需求，更激发了他们参与体育活动的热情与兴趣。学生们在课程中不仅能够学到专业的运动技能，还能在运动中结交志同道合的朋友，共同享受运动的快乐与成就感。这种全面而深入的体质健康教育模式，无疑为学生的全面发展奠定了坚实的基础。

(2)个性化的运动计划

在追求高效与个性化的教育环境中，我们学校深刻认识到，每个学生的身体状况、体能水平及运动偏好都是独一无二的。因此，我们实施了一项创新性的举措——为每位学生量身定制个性化的运动计划，旨在确保每位学生都能在最适合自己的运动轨道上稳步前行，最大化锻炼效果。

这一计划的起点是全面的体质测试与健康评估。通过先进的测试设备与专业人员的指导，我们对学生的身体成分、心肺功能、肌肉力量、柔韧性及运动耐力等多个维度进行全面评估。这些数据不仅为我们提供了学生当前体能状况的清晰画像，更为后续制定个性化运动计划提供了科学依据。

基于评估结果，我们的专业教练团队会与学生一对一沟通，深入了解其运动兴趣、目标及可能存在的运动限制。随后，结合学生的具体情况，制定出既符合其体能水平又兼顾兴趣爱好的个性化运动计划。这些计划可能包括特定的运动项目推荐、运动强度与频率的设定以及针对性的营养与恢复建议等。

个性化的运动计划不仅提升了学生的锻炼积极性与参与度，更确保了他们在安全、有效的前提下，逐步达到并超越自己的运动目标。同时，这种以学生为中心的教学理念，也进一步促进了学生身心健康的全面发展，为他们未来的学习与生活奠定了坚实的基础。

(3)健康教育与咨询服务

学校深知，健康的体魄与积极的心态是学生成长道路上的坚实基石。为此，我们设立了全方位的健康教育中心与咨询服务体系，致力于成为学生健康生活的引路人与守护者。

在健康教育中心，我们配备了专业的营养师、心理咨询师及运动医学专家，他们共同构建起一个知识丰富、服务全面的健康资源库。针对健康饮食，我们定期举办营养讲座与工作坊，教授学生如何科学搭配膳食、选择健康食材，培养均衡饮食的习惯。同时，我们还提供个性化的饮食建议，帮助学生根据自身体质与需求，制定合理的饮食计划。

在心理健康方面，我们的心理咨询师通过一对一咨询、团体辅导及心理健康月等活动，为学生提供情感支持、压力管理与心理调适的专业指导。他们耐心倾听学生的心声，用专业的知识与方法帮助学生解决心理困扰，促进其心理健康发展。

此外，针对运动过程中可能遇到的损伤与不适，我们设立了运动损伤预防与康复咨询服务。运动医学专家会为学生讲解运动前的热身准备、运动中的自我保护技巧及运动后的恢复方法，有效降低运动损伤的风险。同时，对于已经发生损伤的学生，我们提供个性化的康复方案与跟踪服务，助力他们早日重返运动场。

通过这些健康教育与咨询服务，我们旨在帮助学生树立健康意识，掌握健康知识，培养健康的生活方式与运动习惯，为他们的全面发展奠定坚实的基础。

(4)社区参与与合作

加州大学伯克利分校深刻理解到，作为社区的一部分，其影响力与贡献远不止于校园之内。因此，学校积极倡导并实践社区参与与合作的理念，特别是在体育活动与健康促进领域，与周边社区建立了深厚的联系与合作关系。

学校通过策划和组织多样化的体育活动，如校园马拉松、社区运动会及健康挑战赛等，不仅吸引了大量学生的参与，还主动邀请社区居民加入其中，共同享受运动的乐趣，增进彼此之间的了解与友谊。这些活动不仅丰富了校园生活，也为社区注入了新的活力，促进了健康生活方式的传播。

在健康促进项目上，加州大学伯克利分校更是与社区医疗机构、非营利组织及政府机构紧密合作，共同开展健康筛查、健康教育讲座及健康改善计划等。学校利用自身的学术资源与专业优势，为社区居民提供科学的健康指导与帮助，同时鼓励学生参与其中，将所学知识应用于实践，培养其社会责任感与公民意识。

通过这些社区参与合作项目，加州大学伯克利分校不仅扩大了学生的体育参与范围，提高了他们的体育素养，还让学生深刻理解到作为社会一员的责任与担当。这种跨界的合作模式，不仅促进了校园与社区的和谐共生，也为推动社会整体健康水平的提升做出了积极贡献。

3. 案例分析与启示

(1)注重学生的全面发展

加州大学伯克利分校在体质健康教育方面的卓越实践，深刻诠释了学校对学生全面发展的坚定承诺与不懈追求。在这一理念的引领下,学校不仅仅满足于学生在学术上的卓越表现,更将目光投向了学生身心健康的全面发展,视为教育不可或缺的重要组成部分。

为了实现这一目标,加州大学伯克利分校精心设计了多元化的体育课程体系,涵盖了从传统球类运动到新兴极限挑战、从竞技体育到休闲健身的广泛领域。这些课程不仅满足了学生多样化的运动兴趣与需求,更在潜移默化中培养了学生的团队精神、领导力及抗挫折能力等关键素质。同时,学校还注重个性化运动计划的制定与实施,针对每位学生的体质状况、运动兴趣及发展目标,量身定制专属的运动方案,确保每位学生都能在适合自己的领域中发光发热。

此外,加州大学伯克利分校还高度重视学生的心理健康,将体育教育与心理健康教育紧密结合。学校通过组织心理讲座、开展压力管理工作坊及提供心理咨询服务等措施,帮助学生建立正确的健康观念,学会有效管理情绪与压力,从而在学业与生活中保持积极向上的心态。

综上所述,加州大学伯克利分校在体质健康教育方面的成功案例,是对学生全面发展理念生动而深刻的诠释。学校通过多元化的体育课程、个性化的运动计划及全方位的心理健康教育,为学生搭建了全面发展的坚实平台,助力他们在未来的道路上勇往直前,成就非凡。

(2)个性化的教育方案

该校在推动体质健康教育的过程中,创造性地采用了个性化教育方案,这一创新举措不仅体现了学校对学生个体差异的深刻认识,也彰显了其致力于提升学生整体福祉的坚定决心。具体而言,学校通过全面而细致的体质测试和健康评估,收集到每位学生的身体状况、体能水平及潜在健康风险的详尽数据。这些数据如同定制教育的基石,为后续个性化运动计划的制定提供了科学依据。

基于这些个性化的评估结果,学校为每位学生量身定制了一套既符合其当前体能状况,又能促进其全面发展的运动计划。这些计划不仅涵盖了适合学生兴趣爱好的运动项目,还融入了目标设定、进度跟踪及适时调整等动态管理元素,确保了运动计划的有效性和可持续性。

这种个性化的教育方案极大地提升了学生的学习积极性和参与度。学生们在参与自己感兴趣的运动项目时,不仅享受到了运动的乐趣,还在不知不觉中提升了体能、增强了自信。同时,这种以学生为中心的教学模式也促进了师生之间的良好互动,增强了教育的针对性和实效性。

因此,该校的个性化教育方案无疑为我国高校提供了宝贵的借鉴与启示。在未来的教育实践中,我国高校应当积极探索并实施类似的个性化教育模式,以更好地满足学生的多元化需求,激发学生的内在潜能,推动教育质量的全面提升。

(3)跨学科的合作与交流

加州大学伯克利分校在体质健康教育领域的卓越实践,深刻诠释了跨学科合作与交流对于提升教育质量的关键作用。该校不仅专注于体育与健康教育本身的创新与发展,更勇于打破学科壁垒,积极寻求与其他学科领域的深度融合。

通过跨学科的合作与交流,加州大学伯克利分校成功地将健康教育内容巧妙地融入了诸如生物学、心理学、营养学、公共卫生乃至社会科学等多个专业课程之中。这种融合不仅丰富了这些传统学科的内涵,也为学生提供了从多维度、多角度审视和理解健康问题的视角。例如,在生物学课程中探讨运动对人体生理机能的影响,在心理学课程中分析运动对心理健康的促进作用,在营养学课程中教授如何通过合理饮食搭配来支持运动效果等。

这种跨学科的合作模式极大地提升了健康教育的深度和广度。它不仅使学生能够在专业领域内获得更为全面和深入的健康知识,还培养了他们的跨学科思维能力和解决问题的能力。同时,这种合作模式也促进了教师之间的学术交流与合作研究,为体质健康教育领域带来了新的理论创新和实践突破。

因此,加州大学伯克利分校的体质健康教育案例为我国乃至全球的高等教育机构树立了典范,强调了跨学科合作与交流在提升教育质量、培养复合型人才方面的重要作用。

(4)社区参与与社会责任

加州大学伯克利分校在推动体质健康教育的道路上,深刻认识到社区参与与社会责任的重要性。学校不仅致力于校园内的教育改革与创新,更主动迈出校园,与周边社区建立紧密的联系与合作,共同策划并实施了一系列富有成效的体育活动和健康促进项目。

这种社区参与的模式,首先为学生提供了更广阔的体育参与平台。通过与社区合作,学生有机会参与到多样化的体育活动中,如社区运动会、户外探险、健康讲座等,这些活动不仅丰富了学生的课余生活,还激发了他们对体育运动的热情,有效提升了他们的体育素养。同时,与社区成员的互动与交流,也让学生更加深刻地理解到体育在社会生活中的重要作用,增强了他们的社会责任感。

此外,加州大学伯克利分校还通过社区参与的方式,积极回馈社会,为社会做出贡献。学校利用自身的教育资源与人才优势,为社区提供健康咨询、体质测试、运动指导等服务,帮助社区居民提升健康水平,改善生活质量。这种双向互动的合作模式,不仅促进了学校与社区之间的和谐共融,也彰显了学校作为社会一员的责任与担当。

加州大学伯克利分校通过积极的社区参与和社会责任实践,不仅为学生提供了更丰富的体育体验和学习机会,也为社会带来了实质性的贡献,实现了教育与社会发展的良性互动。

综上所述,加州大学伯克利分校在体质健康教育领域的卓越实践,为我们树立了一个典范,提供了极为宝贵的经验和深刻的启示。该校不仅仅关注学生的学业成就,更将学生的全面发展置于核心地位,通过一系列精心设计的体质健康教育方案,有效提升了学生的身体素质和健康水平。

尤为值得一提的是,加州大学伯克利分校强调个性化教育的重要性,针对不同学生的体质状况、兴趣爱好和学习需求,量身定制教育方案,确保每位学生都能得到最适合自己的发展路径。这种因材施教的理念,极大地激发了学生的学习动力和积极性,促进了学生体质与心理的双重健康成长。

此外,该校还积极推动跨学科的合作与交流,将体育、医学、心理学等多个领域的专业知识有机融合,为学生提供了全方位、多维度的健康教育支持。这种跨学科的合作模式,不仅拓宽了学生的知识视野,也增强了教育的针对性和实效性。

最后,加州大学伯克利分校的社区参与和社会责任实践,更是为我们树立了良好的榜样。学校与社区紧密合作,共同开展体育活动和健康促进项目,不仅扩大了学生的体育参与范围,也增强了他们的社会责任感。这种双向互动的合作模式,不仅促进了学校与社区的和谐发展,也为社会带来了积极的影响。

第 6 章　大学生体质健康教育的挑战与对策

在当今社会,大学生体质健康教育的重要性日益凸显。然而,面对快速变化的教育环境和学生需求的多样化,大学生体质健康教育也面临着诸多挑战。本章将深入剖析当前面临的挑战,并探讨相应的应对策略与建议,以期为我国高校体质健康教育的改进与发展提供有益的参考。

6.1　当前面临的挑战

随着高校扩招和学生人数的不断增加,大学生体质健康教育面临着多方面的挑战。首先,教育资源不足是制约其发展的主要因素之一。许多高校在体育场地、设施、师资力量等方面存在不足,难以满足学生日益增长的体育与健康需求。其次,学生参与度低也是一个亟待解决的问题。由于学业压力、兴趣爱好等多种原因,许多大学生对体育课程和健康活动缺乏兴趣,导致参与度不高。最后,教育评价体系的不完善也影响了大学生体质健康教育的效果。当前的评价体系往往过于注重学生的体育成绩和技能水平,忽视了对学生体质健康状况的全面评估。

6.1.1　教育资源不足

在大学生体质健康教育中,教育资源不足是一个显著且紧迫的挑战。以下将详细列举并分析教育资源不足的具体表现:

1. 体育场地与设施短缺

(1)许多高校在体育场地与设施方面存在明显的短板

当前,众多高校在体育场地与设施的建设与管理上,面临着不容忽视的短板问题。据权威统计数据显示,部分高校的人均体育场地面积严重滞后于国家设定的标准线，这一现状直接制约了学生们日常体育锻炼的充分开展。随着学生数量的不断增加，有限的体育资源显得愈发捉襟见肘，篮球场、足球场、跑道等基础设施的紧张状况尤为突出。这不仅影响了学生体育活动的多样性和趣味性，更在一定程度上削弱了学生们参与体育锻炼的热情和积极性，长此以往，无疑会对学生的身心健康和全面发展造成不利影响。因此，加强高校体育场地与设施的建设与改善，已成为亟待解决的重要课题。

(2)体育设施的陈旧和缺乏更新也是一个重要问题

体育设施的陈旧与缺乏及时更新，是当前高校体育发展中一个不容忽视的严峻问题。许多高校内，体育器材因年久失修而显得破败不堪，这些过时的设备不仅无法跟上现代体育锻炼的多元化需求，其性能与安全性也大打折扣。例如，老旧的跑步机可能因缺乏维护而运行不畅，篮球架可能因锈蚀而摇摇欲坠，这些状况不仅影响了学生的锻炼体验，更严重的是，它们潜藏着不容忽视的安全隐患。学生在使用这些设施时，可能因设备故障而受伤，这无疑是对学生身心健康的巨大威胁。因此，高校应高度重视体育设施的更新与维护工作，确保学生能够在安全、先进的体育环境中享受运动的乐趣。

(3)体育场地设施短缺:制约大学生锻炼热情与效果的瓶颈

体育场地和设施的不足，是制约大学生积极参与体育锻炼的重要因素之一，这种短缺直接削弱了他们投入运动的热情与效果。在许多高校中，由于场地有限或设施不全，学生们常常面临预约难、排队等候时间长的困境，这不仅极大地限制了他们进行多样化运动的选择，也使得原本计划中的全面锻炼方案难以得到实施。在有限的条件下，学生们可能只能选择一两种体育活动进行，无法充分体验不同运动带来的乐趣与挑战，进而影响其整体运动量的积累与身体素质的提升。因此，加强体育场地和设施的建设与投入，对于激发大学生体育锻炼的积极性、提升锻炼效果具有至关重要的意义。

2. 师资力量薄弱

(1)高校体育教师的数量和质量也是教育资源不足的重要体现

高校体育教师的数量与质量，作为衡量教育资源充沛度的重要指标之一，直接关乎学生体育教育的广度与深度。当前，部分高校面临着体育教师资源匮乏的严峻挑战，这种不足不仅体现在教师数量的短缺上，更深刻地影响着教学质量的整体提升。由于师资力量有限，一些热门或新兴的体育课程难以得到及时开设，限制了学生多元化体育兴趣的培养与发展。同时，教师工作负担加重，难以保证每位学生都能获得充分的个性化指导与关注，进而影响了体育教学的有效性和学生的锻炼体验。因此，加强高校体育教师队伍建设，提升教师数量与质量，成为优化体育教育资源、促进学生全面发展的重要途径。（2）此外，部分体育教师缺乏先进的教学理念和方法，难以适应现代体育教学的发展。他们可能仍然采用传统的教学方式，忽视了学生的个体差异和需求，使得体育教学效果不佳。

（3）师资薄弱制约体育课程与大学生体质健康教育发展

师资力量的薄弱，对于高校体育教育而言，无疑是一道不容忽视的障碍，它不仅直接制约了体育课程的全面开设与高质量运行，更深层次地限制了大学生体质健康教育的深入发展。优秀的体育教师不仅是技能的传授者，更是学生体育兴趣激发、健康理念塑造的引路人。然而，当前部分高校因师资短缺，难以构建多元化、系统化的体育课程体系，导致学生只能接触到有限的体育项目和训练方法，难以获得全面的体育素养提升。此外，师资力量不足还意味着学生在体育锻炼过程中难以获得足够的个性化指导和监督，这对于学生体质健康水平的提升构成了潜在阻碍。因此，加强体育师资队伍建设，不仅是提升教学质量的关键，更是推动大学生体质健康教育向更高层次迈进的重要保障。

3. 课程内容和教学方法单一

（1）高校体育课程亟待创新：传统项目单调，学生个性化发展受限

在教学内容方面，当前部分高校的体育课程确实面临着亟待革新的挑战。它们往往过于依赖传统的体育项目，如篮球、足球、田径等，这些项目固然经典，但长期缺乏创新与变化，导致课程内容显得单调乏味，难以激发学生们的参与热情和学习兴趣。随着时代的发展和学生需求的多元化，高校体育课程应当积极引入新颖、有趣的体育项目，如攀岩、瑜伽、定向越野等，以丰富课程内容，增加其新颖性和吸引力。此外，课程内容的单一还严重限制了学生的选择权，未能充分考虑到学生个体差异和兴趣偏好，进而阻碍了学生个性化发展的可能。因此，高校亟须对体育课程进行全面审视与改革，以构建更加多元、开放、个性化的课程体系，促进学生体质健康与综合素质的全面提升。

（2）传统体育教学方法缺互动创新，难以激发学生学习兴趣与积极性

在教学方法的探索与实践中，部分高校体育教师仍固守着传统的讲解与示范模式，这种模式虽有其经典之处，却逐渐显露出互动性与创新性不足的弊端。课堂上，教师往往成为信息传递的主体，而学生则多处于被动接受的状态，双方

之间缺乏有效的双向沟通与即时反馈。这样的教学方法不仅难以充分调动学生的学习热情和探索欲望,还可能在一定程度上抑制了他们的创新思维和自主学习能力的发展。因此,体育教学方法亟须革新,融入更多互动元素与创新技术,如采用游戏化学习、情境教学、小组合作学习等多样化手段,以激发学生的学习兴趣,促进他们更加积极主动地参与到体育活动中来,从而实现教学质量的全面提升和学生个性化发展的目标。

(3)单一课程与教法制约体育教学效果,影响大学生体质健康教育质量深度

当前体育课程内容和教学方法的单一性,不仅构成了提升体育教学效果的重大障碍,更深刻地影响着大学生体质健康教育的整体质量和深度。传统上,体育教学往往侧重于基础的体能训练与技能传授,通过简单的讲解与示范来完成教学任务,这种模式的重复性和机械性难以满足不同学生的个性化需求和学习兴趣。缺乏多元化、互动性的课程内容设计,以及创新性教学方法的引入,导致学生参与度不高,难以激发其内在的学习动力和对体育活动的热爱。长远来看,这不仅限制了学生在体育领域的发展潜力,也削弱了体质健康教育对于促进学生身心健康、培养终身运动习惯的重要作用。因此,探索并实施更加丰富多样、寓教于乐的教学内容与方法,成为当前高校体育教学亟待解决的关键问题。

教育资源不足,作为当前大学生体质健康教育领域亟待解决的关键问题,正日益凸显其重要性。随着高等教育的普及和学生群体对体质健康需求的日益增长,体育场地与设施的短缺成了一道不容忽视的障碍。许多高校面临着运动场地有限、器材老化或不足的问题,难以满足学生多样化的锻炼需求,限制了体育教学活动的广度与深度。

再次,师资力量的薄弱也是制约体质健康教育质量提升的关键因素。优秀的体育教师不仅是知识的传播者,更是学生运动兴趣的激发者和健康习惯的培养者。然而,现实中高校体育教师数量不足、专业素养参差不齐的现象普遍存在,难以为学生提供高质量的指导与服务。

课程内容和教学方法的单一化问题同样不容忽视。传统的体育教学往往侧重于技能传授和体能训练,忽视了对学生体育兴趣、运动习惯及终身体育意识的培养。教学方法的陈旧也限制了学生主动性和创造性的发挥,难以激发学生的运动热情。

为应对这些挑战,高校需采取积极措施,加大对体育教育的投入力度。一方面,要改善体育场地和设施条件,建设更多功能齐全、设施先进的运动场所,为学生提供良好的锻炼环境。另一方面,要加强师资队伍建设,通过引进优秀人才、加强教师培训等方式,提升体育教师队伍的整体素质。此外,还应创新教学内容和教学方法,引入更多元化、趣味性的体育课程,采用现代化的教学手段,激发学生的学习兴趣和参与度,推动大学生体质健康教育的全面发展。

6.1.2 学生参与度低

在大学生体质健康教育中,学生参与度低是一个显著且亟待解决的问题。以下将详细列举并分析学生参与度低的具体表现及原因:

1. 参与度低的表现

(1)体育课程出勤率不高

①根据相关权威调查结果显示,当前部分高校在体育课程的出勤率方面呈现出普遍偏低的态势,这一现象在非必修体育课程及课外体育活动中尤为显著。在这些非强制性的体育活动中,学生的参与意愿明显不足,往往受到学业压力、兴趣偏好、时间安排等多重因素的影响。学生更倾向于将课余时间用于专业学习、社团活动或个人娱乐,而非主动参与体育锻炼,这在一定程度上反映了当前高校体育氛围的薄弱以及学生体育意识的待提升。因此,如何有效激发学生的体育兴趣,提高体育课程及课外活动的参与率,成为高校体育教育改革中亟待解决的问题。

②这种情况深刻地揭示了当前教育环境中,许多学生对于体育课程普遍缺乏浓厚的兴趣,或者持有一种误解,即认为体育课程相较于专业课程而言,对其当前的学业成绩及未来的职业发展并无直接的助力作用。这种观念往往导致学生将体育视为可有可无的副科,忽视了体育锻炼对于身心健康、团队协作能力及社会适应能力等多方面的积极影响。因此,改变这一现状,需要教育机构和教师共同努力,通过创新教学方式、强化体育课程的实际价值与意义,激发学生对体育的兴趣与热情,让学生充分认识到体育在其全面发展中的不可或缺性。

(2)课外体育活动参与度低

①除了体育课程这一正式的学习环节外,高校还普遍致力于丰富学生的校园生活,组织了一系列丰富多彩的课外体育活动。这些活动包括但不限于运动

会、各类体育社团的日常训练与比赛等，旨在为学生提供一个展示自我、挑战极限、增进友谊的平台。然而，遗憾的是，尽管这些活动设计初衷良好，但实际的参与度却往往不尽如人意。这可能与学生的个人兴趣、时间安排、对活动的认知度以及宣传力度不足等多方面因素有关。因此，高校需要采取更加积极的措施，如加强宣传、优化活动安排、提升活动的趣味性和吸引力，以激发学生的参与热情，让课外体育活动成为校园生活中一道亮丽的风景线。

②在当今多元化的校园环境中，许多学生面临着繁重的学业压力与丰富的社交娱乐选择，这导致他们更倾向于将宝贵的课余时间投入到学习、社交活动或个人娱乐中，而非参与体育锻炼。学习方面，他们可能希望通过额外的学习来巩固知识、提升成绩；社交活动则为学生提供了交流思想、建立人际关系的宝贵机会；而娱乐则成为他们放松身心、释放压力的重要方式。这些因素共同作用下，使得体育锻炼在学生的课余生活中往往被边缘化，尽管其对于身心健康的重要性不言而喻。因此，如何引导学生平衡好学习、社交、娱乐与体育锻炼之间的关系，成了一个值得深思的问题。

2. 参与度低的原因

(1)学业压力大

①在当前高度竞争的教育环境下，大学生群体正承受着前所未有的学业压力。他们不仅要深入理解并掌握专业课程知识，还需不断拓展自己的知识边界，以应对日益复杂多变的学科要求。为了能够在激烈的考试竞争中脱颖而出，并为未来的职业生涯奠定坚实基础，大学生们不得不投入大量时间进行自主学习、复习备考以及参与各类学术活动。这种高强度、高压力的学习状态，要求他们具备良好的时间管理能力和高效的学习策略，以确保在学业上取得优异成绩的同时，也能保持身心健康和全面发展。

②在繁重的学业负担下，大学生们往往发现自己陷入了时间与精力的双重困境，导致他们难以抽出足够的时间来参与体育锻炼。体育锻炼作为促进身心健康、缓解压力的重要方式，在快节奏的学习生活中却常常被忽视。他们可能因忙于准备考试、完成作业或参与学术项目，而牺牲了原本可以用于锻炼的时间。这种长期缺乏体育锻炼的状态，不仅可能影响大学生的身体健康，还可能加剧他们的心理压力，进而影响到整体的学习效果和生活质量。因此，平衡学业与体育锻炼，成了当代大学生需要面对的重要课题。

(2)对健康和体育的认识不足

①许多大学生对健康和体育的理解仍停留在表面,他们普遍缺乏对其重要性的全面认识。在他们看来,健康似乎仅仅是身体没有疾病的状态,却忽略了心理健康同样重要的一环。同样,体育也常被简单地视为一种增强体力的手段,而忽视了它对于提升心理素质、促进社交互动、培养团队协作精神等多方面的积极作用。这种认知上的局限,不仅限制了大学生们充分利用体育活动的多重益处,也可能在一定程度上阻碍了他们的全面发展。因此,加强健康教育,提升大学生对体育的全面认识,显得尤为重要。

②这种对健康和体育的片面理解,如同一道无形的屏障,严重削弱了大学生们参与体育锻炼的内在动力。他们可能因未能充分认识到体育锻炼在增强体质、改善心情、增强抗压能力以及促进人际交往等方面的巨大价值,而仅仅将其视为一项可有可无的活动。这种认知偏差,使得他们在面对学习压力、生活琐事时,更容易选择忽视体育锻炼的重要性,进而陷入一种恶性循环,即缺乏锻炼导致身体状况下滑,身体状况不佳又进一步削弱了锻炼的意愿。因此,纠正这种错误认识,激发大学生们参与体育锻炼的热情,是提升他们整体健康水平的关键所在。

(3)缺乏兴趣

①在当今多元化的大学校园里,部分大学生对体育课程及课外体育活动展现出了明显的淡漠态度,他们普遍认为这些活动形式单一,内容乏味,难以触动他们的兴趣点,更无法点燃他们心中的参与热情。这种观念的形成,可能源于对体育活动多样化、趣味性的误解,或是受到个人兴趣爱好、学业压力等多重因素的影响。然而,体育课程与课外体育活动不仅能够有效提升身体素质,还能在团队合作、挑战自我等方面带来独特的体验与成长。因此,如何创新活动形式,丰富活动内容,以更加贴近学生兴趣的方式引导他们积极参与,成了亟待解决的问题。

②这一现象的出现,深层次上亦与高校在体育课程设置与教学方法上的局限性息息相关。当前,部分高校在体育课程的规划上可能缺乏足够的创新性与时代感,未能充分考虑到学生的多元化需求与兴趣点,导致课程内容显得陈旧且难以激发学生的参与兴趣。同时,教学方法的单一与僵化,也限制了体育课程教学效果的发挥,难以有效调动学生的积极性与主动性。因此,为了改变这一现状,高校亟须从课程内容和教学方法两方面入手,进行大刀阔斧的创新与

改进，以更加灵活多样、贴近学生实际的方式，重塑体育课程的魅力，激发学生的参与热情。

(4)社会和文化因素的影响

①社会和文化因素在大学生体育参与度方面扮演着举足轻重的角色。具体而言，家庭氛围的塑造往往成为大学生体育习惯形成的早期影响因素。一些家庭可能由于传统观念或生活方式的限制，未能充分认识到体育锻炼的重要性，从而在日常生活中忽视了对孩子体育兴趣的培养和鼓励。此外，社会文化环境中对体育价值的认知偏差也是一大障碍，比如将体育视为"不务正业"的偏见，这种观念可能在社会各个层面流传，进一步削弱了大学生参与体育活动的积极性和动力。因此，改变社会和文化环境中对体育的误解与偏见，营造积极向上的体育文化氛围，对于提升大学生体育参与度至关重要。

②这种将体育视为"不务正业"的观念，会以一种难以察觉却深远持久的方式，潜移默化地影响大学生的体育参与意愿。在日常生活中，无论是家庭餐桌上的闲聊，还是社交媒体上的舆论风向，都可能充斥着对体育的轻视与偏见。这种环境氛围，会逐渐侵蚀大学生对于体育运动的热爱与向往，使他们在面临学业压力、时间分配等选择时，更倾向于放弃体育锻炼，转而投入到其他被认为"更有价值"的活动中。因此，要激发大学生的体育参与热情，就必须从根本上扭转这种消极观念，让体育成为他们生活中不可或缺的一部分。

学生参与度低已成为当前大学生体质健康教育领域亟待解决的关键挑战，其深远影响不容忽视。具体而言，这一现象集中体现在体育课程出勤率的低迷与课外体育活动参与度的显著下降上。学生们往往因繁重的学业任务而分身乏术，导致体育课堂时常出现"空座"现象，课外时间也更多被图书馆和自习室占据，而非绿茵场和篮球场。

深入分析，这一现象背后有多重原因交织。一方面，随着高等教育的普及与深化，学生面临的学业压力日益增大，时间分配上难免向专业课程倾斜；另一方面，部分学生对健康和体育的重要性认识不足，缺乏足够的动力去参与体育活动；再者，个人兴趣的差异也是一大因素，不少学生对传统体育项目兴趣索然；此外，社会和文化环境的导向也不容忽视，长期以来"重智轻体"的观念在一定程度上抑制了体育氛围的营造。

为有效应对这一挑战，高校需采取全方位、多层次的策略。首先，应合理调整课程设置与考核体系，适度减轻学生学业负担，为其参与体育活动腾出更多时间与空间。其次,加强健康教育和宣传,通过讲座、海报、社交媒体等多种渠道,提升学生对体育价值的认知。同时,丰富体育课程内容和教学方法,引入更多趣味性和互动性强的运动项目,以满足学生多样化的需求。最后,营造积极向上的体育文化氛围,举办各类体育赛事和活动,激发学生的参与热情和团队精神,让体育成为校园生活的重要组成部分。

6.1.3 教育评价体系不完善

1. 问题描述

在大学生体质健康教育中,教育评价体系的不完善是一个关键的挑战。一个完善的评价体系不仅能够全面、准确地反映学生的体质健康水平,还能为教育者和学校提供改进的依据。然而,当前的教育评价体系存在诸多不足,主要表现在以下几个方面:

2. 具体表现

(1)评价标准的单一性

①当前的评价体系在衡量学生体能时,普遍存在着过度依赖单一指标的问题,如过分看重跑步速度和跳远距离等直接量化的体能测试结果。诚然,这些指标能够直观地反映出学生在特定运动项目上的能力水平,为体育教学提供了一定的参考依据。然而,它们却难以全面而深入地揭示学生的整体健康状态,忽略了诸如柔韧性、协调性、心肺耐力以及心理素质等多维度的健康要素。因此,建立一个更加多元化、综合化的评价体系,以更全面地评估学生的身心健康状态,成了当前教育改革中亟待解决的问题。

②例如,在广泛应用的《国家学生体质健康标准》中,理论上已经较为全面地涵盖了身体形态、身体机能、身体素质以及心理素质等多个维度的评估内容,旨在全方位衡量学生的体质健康状况。然而,在实际操作层面,部分高校可能由于资源限制、认知偏差或应试导向等原因,仅将焦点集中在其中的某几项易于量化或较为显性的指标上,如跑步速度和 BMI 值,从而忽略了其他同样重要的健康因素。这种做法不仅限制了评价体系的全面性和客观性,也可能误导学生及家长对体质健康的理解与追求,导致评价结果的片面性和局限性。

(2)评价方法的局限性

①现有的学生体质健康评价方法,在很大程度上依赖于量化指标,如体重、身高、肺活量、运动成绩等可测量的数据。然而,这种以量化为核心的评价体

系，往往忽视了学生之间显著的个体差异以及他们自身对于健康状况的主观感受。每个学生的身体状况、运动基础、心理状况都不尽相同，而量化指标难以全面捕捉这些复杂多变的因素。因此，仅仅依赖量化指标进行评价，很可能导致评价结果与学生真实的健康状况之间存在偏差，无法真正反映学生的全面健康状况。

②例如，在评价学生的心肺功能时，若仅局限于肺活量这一单一的量化指标，显然无法全面且准确地揭示学生的真实健康状况。肺活量虽能在一定程度上反映肺部的容积及呼吸肌的力量，但它却受到诸多因素的制约，如学生的身高、体重、年龄、性别乃至遗传背景等。因此，仅仅依赖肺活量来评判学生的心肺功能，很可能忽略了个体间的差异性，导致评价结果存在偏差，无法真正体现学生的心肺健康水平。为了获得更全面、准确的评价，我们需要综合考虑多种因素，采用更加多元化和个性化的评价方法。

(3)评价过程的片面性

①当前的教育评价体系普遍存在着一种倾向，那就是过分聚焦于最终的成果与分数，却往往忽略了评价过程中至关重要的环节。这种倾向不仅限制了对学生全面发展的客观评估，更可能引导学生偏离了体育锻炼的初衷与乐趣。在追求高分与优异表现的道路上，学生们可能会逐渐丧失对体育运动的热爱与享受，将其视为一种沉重的负担而非身心愉悦的活动。因此，我们亟须构建一个既重视结果又兼顾过程的评价体系，以促进学生在体育锻炼中既获得成就感，又能深刻体会到运动的乐趣与益处。

②例如，在期末体育考试的紧张氛围下，学生们往往面临着巨大的成绩压力，可能会选择过度训练以追求更高的分数。这种急功近利的行为模式，不仅违背了体育锻炼循序渐进、持之以恒的原则，更可能带来严重的身体后果。过度训练不仅容易导致学生身体受伤，如肌肉拉伤、关节磨损等，还可能引发疲劳过度、免疫力下降等健康问题，严重影响到学生的日常生活与学习状态。这与体育锻炼旨在增强体质、促进健康的初衷背道而驰，提醒我们需重新审视并优化当前的体育教育评价体系。

(4)评价结果的反馈不足

①当前的教育评价体系在结果反馈方面确实存在显著的不足。学生在接受评价后，通常仅能得知一个笼统的分数或等级，却难以深入了解自己在具体学习领域或技能掌握上的短板与不足。这种“一刀切”的反馈方式，使学生们失

去了针对性改进的机会,难以制定出有效的提升策略。因此,评价体系亟须改进,以提供更加详细、具体的反馈报告,让学生明确自己的优势与劣势,从而有的放矢地进行学习调整和自我提升,真正实现教育的个性化与精准化。

②缺乏有效的反馈机制在学生健康管理领域可能引发一系列问题。学生若无法及时获取关于自身健康状况和锻炼效果的准确反馈,将难以把握身体的真实状态及锻炼的成效。这种信息的不对称可能导致学生对自己的锻炼计划产生盲目性,无法科学地调整锻炼强度和频率,进而影响锻炼的积极性和长期效果。长此以往,不仅可能削弱学生坚持锻炼的意愿,还可能因为不恰当的锻炼方式而引发身体损伤,违背了健康锻炼的初衷。因此,建立有效的反馈机制对于促进学生健康、提升锻炼效果至关重要。

3. 原因分析

(1)应试教育的影响

在应试教育这一传统教育模式的深刻烙印下,学校和家庭的教育观念普遍偏向于将学业成绩视为衡量学生成功与否的核心标准。这种单一的评价体系,不仅加剧了学生的学习压力,也在一定程度上忽视了学生的全面发展和身心健康的重要性。具体而言,在应试教育背景下,学校往往将更多的教育资源倾斜于学科知识的传授与应试技巧的训练,而对于体育教育这类看似与升学无直接关联的领域,则显得投入不足,甚至被边缘化。

体育教育作为促进学生体质健康、培养团队精神与竞技意识的重要途径,其重要性不言而喻。然而,在应试教育的导向下,体育课程的课时被压缩,体育设施的建设和维护得不到应有的重视,师资力量也相对薄弱。这些问题直接导致了体育教育质量的下滑,难以满足学生日益增长的健康需求和个性化发展。

此外,评价体系的缺失与不完善也是应试教育背景下体育教育面临的另一大挑战。当前的评价体系往往过于依赖学业成绩的量化考核,而对于学生体质健康、运动技能、体育精神等多维度的评估则显得力不从心。这种单一的评价方式不仅无法全面反映学生的综合素质,也难以激发学生参与体育活动的积极性和兴趣,进而影响了学生终身体育意识的培养。因此,在应试教育的背景下,加强体育教育的投入,完善评价体系,促进学生全面发展,已成为当前教育改革的重要课题。

(2)资源限制

资源限制是当前许多高校在体育教育领域面临的一大挑战,它直接影响了体育教育的发展质量和效果。具体而言，师资力量和场地设施作为体育教育的两大核心资源，其不足往往成为制约体育教育进一步发展的瓶颈。

在师资力量方面，部分高校由于编制有限、资金紧张等原因，难以吸引和留住高水平的体育教师。这导致教师队伍整体素质参差不齐，难以满足学生多样化的学习需求。同时，由于教师数量不足，往往出现一位教师负责多个班级、多个项目的教学任务，这不仅增加了教师的工作负担，也影响了教学质量和效果。

而在场地设施方面，一些高校由于校园面积有限或历史遗留问题，体育场馆的建设和维护面临诸多困难。这导致体育场地设施匮乏、老旧，难以满足学生日益增长的体育锻炼需求。特别是在恶劣天气条件下，学生往往因缺乏合适的室内运动场所而无法进行正常的体育活动，这无疑限制了学生参与体育运动的积极性和热情。

由于这些资源限制，高校在体育教育方面往往难以建立完善的评价体系或采用先进的评价方法。传统的评价方式往往依赖于简单的体能测试和技能考核，难以全面反映学生的体育素养和综合能力。而先进的评价方法，如基于大数据的个性化评估、智能化运动监测等，则需要大量的资金和技术支持，这在资源有限的情况下难以实现。因此，解决资源限制问题，提升体育教育资源配置的效率和效益，是推动高校体育教育发展、建立科学评价体系的关键所在。

(3)缺乏研究支持

当前，针对大学生体质健康评价体系的研究尚处于初级阶段，这一现状严重制约了高校在构建科学、有效的评价体系方面的进展。缺乏研究支持，不仅意味着我们在理论上缺乏深入的探索和创新，更在实践操作中缺乏可靠的依据和指导。

具体而言，科学研究的不足导致我们无法全面了解大学生体质健康的全面状况及其影响因素，难以把握体质健康变化的规律和趋势。这种知识空白使得高校在设立评价指标、制定评价标准时往往缺乏针对性和有效性，难以精准地反映出学生的实际体质状况和健康水平。

此外，缺乏系统的理论指导和实践经验，也使得高校在构建评价体系时面临诸多挑战和困惑。如何确保评价体系的全面性、客观性和可操作性，如何平衡不同评价指标之间的权重和关系，如何确保评价结果的准确性和可靠性，都是亟待解决的问题。

因此，加强大学生体质健康评价体系的研究显得尤为重要。我们需要通过跨学科的合作与交流,引入先进的科研方法和手段,深入探讨体质健康的内涵和外延,为评价体系的建立提供坚实的理论基础和实践支撑。同时,也需要注重实践经验的积累和总结,通过不断地试错和优化,逐步建立起符合我国大学生实际情况的体质健康评价体系。

教育评价体系的不完善,作为当前大学生体质健康教育领域的一项重大挑战,深刻影响着学生体质健康的全面提升。这一体系的缺陷不仅体现在评价标准的片面性和非科学性上,还涉及评价方法的单一性以及评价过程和结果反馈机制的缺失。为了有效应对这一挑战,学校必须采取一系列积极措施,全面加强评价体系的研究与建设。

首先,学校应加大对评价体系研究的投入,邀请教育专家、体育学者及一线教师共同参与,确保评价标准的制定既全面又科学,能够全面反映学生的体质健康状况和体育锻炼成效。同时,应积极探索多元化的评价方法和手段,如引入智能化测试设备、采用大数据分析技术等,以提高评价的准确性和效率。

其次,学校应建立健全的评价过程和结果反馈机制,确保评价工作的透明度和公正性。通过定期公布评价结果、开展评价反馈会议等方式,让学生和教师都能及时了解自身在体质健康方面的优势和不足,从而有针对性地制定改进措施。

此外,学校还应加强对学生健康意识的培养和教育,通过开设健康教育课程、举办健康讲座和体育活动等形式,引导学生树立正确的健康观念,提高他们的体育锻炼积极性和效果。只有当学生真正认识到体质健康的重要性,并付诸实践时,我们的教育评价体系才能真正发挥其应有的作用,推动大学生体质健康教育的全面发展。

6.2 应对策略与建议

针对上述挑战,我们提出以下应对策略与建议。首先,加强教育资源建设是提升大学生体质健康教育水平的关键。高校应加大投入,改善体育场地、设施条件,引进和培养优秀的体育教师,为学生提供更好的学习和锻炼环境。其次,提升学生参与积极性是推动大学生体质健康教育发展的重要途径。高校可以通过丰富多样的体育课程内容、创新的教学方式方法等手段,激发学生对体育与健康活动的兴趣,提高他们的参与度和积极性。最后,完善教育评价体系是确保大学生体质健康教育取得实效的重要保障。高校应建立科学、全面的评价体系,注重对学生体质健康状况的监测和评估,为教育教学的改进提供有力支持。

6.2.1　加强教育资源建设

针对大学生体质健康教育中存在的教育资源不足问题,加强教育资源建设是提升教育质量、满足学生需求的重要策略。教育资源包括但不限于师资、教学设施、教材等,它们的完善与优化将直接影响到体质健康教育的效果。

1. 应对策略与建议

(1)师资队伍建设

①引进专业人才:高校在推进体育与健康教育发展的过程中,引进专业人才是至关重要的一环。为了全面提升教学质量与学生综合素质,高校应当积极加大对体育与健康教育领域专业人才的引进力度,特别是在体育科学、运动医学、营养学等核心与前沿学科上。

体育科学专家的引进,能够为高校带来最新的体育理论研究成果与实践经验,指导学生掌握科学的训练方法,提高运动表现,同时促进校园体育文化的繁荣。这些专家不仅能在课堂上传授专业知识,还能在课外活动中指导学生进行科学的运动锻炼,确保学生在安全、有效的环境中享受运动的乐趣。

运动医学专家的加入,对于预防和处理学生运动伤害具有重要意义。他们能够提供专业的医疗建议,制定个性化的康复计划,帮助学生快速恢复健康,减少因运动伤害而带来的不良影响。此外,运动医学专家还能开展相关讲座和培训,增强学生的自我保护意识,降低运动风险。

营养学专家的引进,则有助于引导学生建立健康的饮食习惯,了解食物与运动之间的关系。他们可以通过课堂教学、专题讲座等形式,向学生传授营养学基础知识,帮助学生制定科学合理的膳食计划,为体育锻炼提供坚实的营养支持。这不仅有助于提高学生的体质健康水平,还能培养他们的健康生活方式和终身锻炼的意识。

综上所述,高校引进体育与健康教育专业人才是提升教学质量、促进学生全面发展的关键举措。通过引进体育科学、运动医学、营养学等领域的专家,高校能够为学生提供更加专业、前沿的知识和技能,为培养德智体美劳全面发展的社会主义建设者和接班人奠定坚实基础。

②提升教师能力:为了全面提升现有体育教师的专业素养与教学能力,高校应当采取一系列积极措施,构建一个持续学习与成长的平台。首先,通过定期组织专业培训,邀请国内外知名专家、学者来校授课,为体育教师提供最新的教育理念、教学方法和专业技能。这些培训不仅涵盖体育科学的基础理论,还涉及运动技术、教学技巧、心理辅导等多个方面,旨在帮助教师拓宽视野,提升专业素养。

其次,开展教学研讨与交流活动是促进教师能力提升的重要途径。高校可以定期举办体育教学研讨会,鼓励教师分享教学经验、探讨教学难题、交流教学心得。通过相互学习、相互启发,教师们能够不断优化教学设计,创新教学方法,提高教学效果。同时,还可以组织教师赴其他高校或教育机构进行考察交流,学习借鉴先进的教学理念和管理模式。

此外,鼓励教师参与科研项目和学术交流也是提升教师能力的重要手段。高校应设立专项基金,支持体育教师开展体育教学、运动训练、运动医学等方面的科学研究。通过参与科研项目,教师可以深入了解学科前沿动态,掌握最新的研究成果和技术手段,从而不断更新教育观念和方法。同时,积极参与学术交流活动,如学术会议、论文发表等,也有助于提升教师的学术影响力和社会认可度。

综上所述,通过组织培训、研讨、交流等活动以及鼓励教师参与科研项目和学术交流,高校能够有效提升现有体育教师的专业素养和教学能力。这不仅有助于提高教学质量和效果,还能促进教师的个人成长和职业发展,为培养更多优秀的体育人才奠定坚实基础。

(2)教学设施建设

①完善体育场馆:为了确保学生能够得到全面而优质的体育锻炼,学校应当致力于完善体育场馆的建设与管理。这意味着不仅要确保拥有足够数量的体育场馆,覆盖如田径场、篮球场、羽毛球馆等多样化的运动空间,以满足学生基本锻炼的广泛需求;还要注重设施的质量与安全性,采用先进的材料与设备,打造上乘的运动环境。同时,这些场馆在设计上还需具备拓展性,能够灵活适应不同体育项目的需求变化,以及未来可能引入的新兴运动项目,为学生提供更加丰富多元、充满挑战的体育锻炼平台。

②引进先进设备:为了进一步提升体育教学质量与学生的锻炼体验,学校

应积极引进先进的体育器材和设备。根据具体的教学需求与课程目标，精心挑选并引入诸如心率监测仪、力量训练器等高科技产品。心率监测仪能够实时反馈学生的运动强度与体能状况，帮助学生科学调整锻炼计划，避免运动过量或不足；而力量训练器则为学生提供了专业、安全的力量训练平台，有助于他们增强肌肉力量，提升身体素质。这些先进设备的引入，不仅能让学生更好地了解自己的身体状况，还能显著提升锻炼效果，促进健康与体能的全面发展。

(3)教材与课程设置

①更新教材内容：为了更有效地满足当前大学生体质健康的实际状况与多元化需求，我们亟须对体育与健康教育的教材内容进行全面更新。新教材内容将紧密贴合时代脉搏，不仅广泛涵盖基础的体育知识、深入浅出的健康理论，还将融入多样化的运动技能教学，力求构建一个全方位、立体化的知识体系。特别注重理论与实践的深度融合，通过案例分析、实操演练等形式，使学生在掌握理论知识的同时，也能在实践中锻炼技能、提升体能，真正实现知识的内化与能力的提升。这样的更新，旨在培养出既有扎实理论基础，又具备良好运动习惯和健康生活方式的新时代大学生。

②优化课程设置：为了充分尊重并激发学生的个性化兴趣与需求，我们对体育与健康教育的课程设置进行了精心优化。通过设立必修课确保每位学生都能掌握基础的运动与健康知识，同时增设丰富的选修课和公选课，为学生提供广阔的选择空间，涵盖篮球、足球、瑜伽、游泳等多种热门及特色运动项目。课程设计上，我们注重平衡科学性与趣味性，采用创新教学方法与互动环节，旨在打破传统课堂的沉闷，让学生在轻松愉快的氛围中学习成长，充分激发他们的学习兴趣与参与度，从而促进其身心健康发展。

(4)资金投入与政策支持

①加大资金投入：为了全面提升体育与健康教育的质量与水平，高校应当毅然决然地加大对这一领域的资金投入力度。这不仅是确保教学设施完善、器材先进、场地充足的必要条件，更是推动教学内容与方式不断创新、与时俱进的重要基石。同时，高校还应积极拓宽资金来源渠道，主动与教育部门建立紧密联系，争取更多的政策与资金支持；同时，广泛动员社会各界力量，通过校企合作、校友捐赠、社会赞助等多种形式，汇聚更多资源，为体育与健康教育事业的蓬勃发展提供坚实保障，共同助力培养德智体美劳全面发展的新时代人才。

②制定优惠政策：为了有效激励并促进高校在体育与健康教育领域的投入

与建设,教育管理部门应当积极制定并出台一系列具有吸引力的优惠政策。具体而言,可以针对体育场馆的新建、扩建及现代化改造项目,提供专项补贴或贷款贴息,以降低高校的资金压力;同时,在设备购置方面,可设立专项资金支持,鼓励高校引进先进、科学的体育与健康教学设备。此外,对于积极参与体育与健康教育教学活动的教师,可设立“优秀体育教师”等奖项,给予荣誉表彰及物质奖励;而学生方面,则可通过设立“体育之星”“健康达人”等评选活动,激发学生的参与热情,营造积极向上的校园体育文化氛围。这些优惠政策的实施,将有力推动高校体育与健康教育的全面发展。

加强教育资源建设,作为提升大学生体质健康教育质量的关键路径,其深远意义不言而喻。在这一过程中,师资队伍的建设是基石,需要不断优化教师结构,引进具有专业背景和丰富教学经验的体育与健康教师,同时加强现有教师的在职培训,提升他们的专业素养和教学能力。通过定期组织教学研讨会、经验分享会等活动,促进教师间的交流与合作,共同探索更为高效、科学的教学方法。

教学设施的完善同样重要,包括扩建或升级体育场馆、增设多样化的健身器材、引入智能化教学系统等,以满足学生多样化的学习需求。这些现代化设施的投入,不仅能提升学生的学习体验,还能激发他们的学习兴趣和动力。

此外,教材与课程的优化设置也是关键。应根据学生身心发展的特点,编写或选用符合时代要求的教材,设置科学合理的课程体系,既注重基础知识的传授,又强调实践能力的培养。同时,鼓励跨学科融合,将体育与健康教育与其他学科有机结合,形成综合性的教育模式。

资金投入与政策支持则是教育资源建设的坚实后盾。政府和教育部门应加大对高校体育与健康教育的财政支持力度,确保各项建设项目的顺利推进。同时,出台一系列优惠政策,鼓励社会力量参与教育资源的共建共享,形成多元化的投入机制。通过这些努力,可以为学生提供更加优质、全面的体育与健康教育服务,从而有效提升学生的体质健康水平,促进他们的全面发展。

6.2.2 提升学生参与积极性

在大学生体质健康教育中,学生的参与积极性是关键因素之一。然而,当前大学生普遍面临学业压力大、课余时间有限等问题,导致他们参与体育锻炼的意愿不强。因此,提升学生参与积极性成为一项重要的应对策略。

1. 提升学生参与积极性的策略

(1)创设多样化的体育活动

①举办体育赛事:举办体育赛事是激发大学生参与体育锻炼热情、促进身心健康发展的重要举措。从校级到院级,不同层级的体育赛事如运动会、篮球赛、足球赛等,不仅丰富了学生的课余生活,还为他们搭建了展现自我风采与技能的广阔舞台。这些赛事中,学生们在竞技中挑战自我,在合作中增进友谊,不仅锻炼了体魄,更培养了坚韧不拔的精神和团结协作的能力。同时,体育赛事的举办还极大地增强了学生们的集体荣誉感和团队凝聚力,让他们深刻体会到团结合作的力量,为共同的目标而努力奋斗。

②开展体育俱乐部活动:开展体育俱乐部活动是校园体育文化的重要组成部分,旨在为学生提供多元化、个性化的体育锻炼选择。学校可以成立诸如篮球俱乐部、足球俱乐部、瑜伽俱乐部等多种类型的体育社团,以满足不同兴趣和需求的学生。这些俱乐部不仅为学生提供了交流互动的平台,还通过定期组织活动,如训练、比赛、分享会等,让学生在轻松愉快的氛围中享受运动的乐趣。同时,邀请专业教练进行指导,不仅提升了学生的运动技能,还确保了锻炼的科学性和安全性,促进了学生身心的全面发展。

(2)引入激励机制

①设置体育课程学分:为了全面增强学生的体质与健康水平,学校将体育课程正式纳入学生的必修课程体系,并特别设立了相应的学分要求。这一举措不仅强调了体育锻炼在学生全面发展中的重要性,还通过学分制度的约束力,有效促使学生积极参与各类体育活动。学生们需完成规定的体育课程学习,并达到既定的考核标准,才能获得相应的学分。这样的设置不仅激发了学生对体育的兴趣与热情,还从制度层面确保了每位学生都能获得充足的体育锻炼时间,从而有效提升身体素质,为未来的学习与生活奠定坚实的健康基础。

②设立体育奖学金:为了进一步激发学生的体育热情与潜能,学校特设体育奖学金制度,旨在表彰那些在体育比赛中勇创佳绩或在日常体育锻炼中展现出非凡毅力与卓越表现的学生。此奖学金不仅是对学生体育成就的直接肯定,更是一种强大的激励力量,它鼓励学生超越自我,勇于挑战,不断追求更高的体育目标。通过这一举措,学校希望能在校园内营造一种积极向上的体育氛围,让每一位学生都能感受到体育运动的魅力,从而更加积极地投身于体育锻炼之中,共同促进校园体育文化的繁荣发展。

(3)加强体育与健康知识的宣传教育

①开展健康讲座:为了全面提升学生的健康意识与体育素养,学校定期举办一系列健康讲座活动,特邀业界知名的专家与学者作为主讲嘉宾。这些讲座内容丰富多样,不仅深入浅出地阐述了体育锻炼对身心健康的积极影响,还详细介绍了各类运动的益处及科学有效的锻炼方法。通过生动有趣的讲解与互动环节,学生们得以更直观地理解体育锻炼的重要性,并掌握正确的锻炼技巧,从而在日常生活中更加科学地安排体育活动,为自身的全面发展奠定坚实的基础。

②利用新媒体宣传:为了更有效地传播体育与健康知识,学校积极利用微信、微博等新媒体平台,精心策划并发布了一系列丰富多样的内容。这些内容不仅涵盖了基础的运动技巧教学,如篮球运球、跑步姿势优化等,还深入探讨了健康饮食的重要性,推荐营养均衡的食谱与饮食习惯。此外,还特别关注学生的心理健康,发布了一系列关于压力管理、情绪调节及积极心态培养的文章与视频。通过这种全方位、多渠道的宣传方式,学生们能够随时随地获取到最新的体育与健康资讯,为自己的身心健康保驾护航。

(4)营造良好的校园体育氛围

①建设体育文化设施:为了在校园内深耕体育文化的土壤,学校致力于建设一系列富有特色的体育文化设施。从庄重而富有动感的体育雕塑,到色彩斑斓、充满活力的体育墙画,每一处细节都精心设计,旨在营造一种无处不在的体育文化氛围。这些设施不仅是校园景观的亮点,更是激发学生体育热情、感受体育魅力与价值的重要载体。它们以无声的语言讲述着体育的故事,鼓励学生走出教室,积极投身到体育锻炼中去,享受运动带来的快乐与成就感。

②举办体育文化活动:为了全面激发学生的体育兴趣与热情,学校定期举办多姿多彩的体育文化活动,如盛大的体育节和妙趣横生的体育嘉年华。这些活动不仅极大地丰富了学生们的课余生活,还为他们提供了一个展示自我、挑战自我的舞台。在体育节中,学生们可以参与各类体育竞赛,感受团队合作的力量与竞技的乐趣;而在体育嘉年华上,通过趣味游戏、互动体验等环节,学生们更是能在欢笑与汗水中收获满满的成就感与幸福感。这些活动让学生们深切体会到体育不仅是锻炼身体的方式,更是享受生活、追求梦想的重要途径。

提升学生参与积极性,作为大学生体质健康教育不可或缺的一环,其重要性不言而喻。在当今快节奏、高压力的学习生活环境中,如何有效激发学生的体育参与热情,成了一个亟待解决的问题。为此,我们应采取一系列多元化、创新性的策略。

首先,创设多样化的体育活动是关键。从传统的篮球、足球、田径到新兴的瑜伽、攀岩、定向越野等,丰富多样的体育项目能够满足不同学生的兴趣与需求,让每个人都能找到适合自己的运动方式,从而增加参与的吸引力。

其次,引入激励机制能够显著提升学生的动力。通过设置奖项、颁发荣誉证书、记录运动成就并纳入综合素质评价等方式,让学生感受到努力付出后的认可与回报,这种正向反馈机制将极大地激发他们的参与积极性。

同时,加强体育与健康知识的宣传教育也至关重要。通过开设体育课程、举办健康讲座、利用校园媒体传播健康理念,不仅能够普及科学锻炼的知识与方法,还能增强学生的健康意识,让他们从内心深处认识到体育的重要性。

最后,营造良好的校园体育氛围是持续推动学生参与的基石。学校应鼓励师生共同参与体育活动,组织各类体育社团与俱乐部,举办体育文化节等,让体育成为校园文化的重要组成部分。这种积极向上的氛围将潜移默化地影响每一位学生,使他们在享受运动乐趣的同时,也培养了团队合作精神、集体荣誉感和积极向上的心态,为他们的全面发展奠定坚实的基础。

6.2.3　完善教育评价体系

在教育过程中,评价体系是反馈学生学习效果、教师教学效果以及教育政策实施效果的重要手段。对于大学生体质健康教育而言,完善的教育评价体系不仅能够准确反映学生的体质健康状况,还能为教学改进提供科学依据。

1. 完善教育评价体系的必要性

当前,大学生体质健康教育中普遍存在的挑战之一是评价体系的不完善。传统的评价体系往往只关注体育技能的掌握程度,而忽视了学生的体质健康水平、健康知识的掌握情况以及体育锻炼的习惯等方面。这导致评价结果无法全面、客观地反映学生的体质健康状况,也无法为教学改进提供有针对性的建议。

在教育领域,评价体系是衡量教学质量和学生学习成果的重要工具。然而,在大学生体质健康教育中,传统的评价体系存在着诸多不足,这不仅影响了对学生体质健康状况的全面评估,也制约了教学质量的提升。因此,完善教育评价体系显得尤为必要。

(1)当前评价体系的问题

①单一的评价指标:单一的评价指标在现今高校体质健康教育中仍占据核心位置,尤其是过分聚焦于体育技能的掌握程度。这种评价模式虽直观,却极大地忽略了学生间的个体差异,如体质健康水平的多样性、健康知识积累的不同程度以及体育锻炼习惯的差异。它未能全面反映学生在体质健康领域的综合表现,忽视了促进学生全面发展和终身体育意识培养的重要性。因此,评价结果往往显得片面,无法准确评估学生在体质健康方面的真实状况与成长潜力。

②缺乏对学生健康习惯的关注:健康的体魄构建于多维度的基础之上,体育技能的掌握固然关键,但更为根本的是日常生活中持之以恒的健康习惯。遗憾的是,当前许多传统的教育评价体系在衡量学生体质健康时,往往未能充分关注到这一核心要素。这种忽视不仅限制了学生将所学体育技能转化为实际生活习惯的能力,还可能导致他们在离开课堂后,难以维持良好的健康状态。因此,培养学生的健康习惯应成为体质健康教育不可或缺的一环,以确保学生能够在日常生活中持续受益,真正拥有强健的体魄。

③无法提供有针对性的教学建议:评价体系的不健全,如同迷雾笼罩了教学的精准路径,导致教师在制定教学方案时面临诸多挑战。由于缺乏对学生个性化差异的深入洞察,教师难以准确把握每位学生的学习进度、能力水平及潜在需求,进而无法提供量身定制的教学建议。这种无差别的教学策略,不仅难以激发学生的学习兴趣和动力,还可能造成教学资源的浪费和学生学习效果的打折,从而在根本上限制了教学质量的全面提升。因此,完善评价体系,促进个性化教学,已成为当前教育改革的重要议题。

(2)完善教育评价体系的必要性

①全面评估学生体质健康状况:一个完善的教育评价体系,其核心价值之一在于能够全面而细致地评估学生的体质健康状况。这一体系不仅涵盖了体育技能的熟练度与多样性,深入考量学生是否掌握了基础至进阶的各项运动技能;同时,它也紧密关注学生的体质健康水平,通过科学的测量指标,如心肺功能、耐力、力量与柔韧性等,来综合评判学生的身体状况。此外,对健康知识掌握情况的考察也是不可或缺的一环,确保学生不仅具备强健的体魄,还具备自我保健与疾病预防的意识和能力。这样的全面评估,为教师提供了翔实的数据支持,使他们能够更精准地识别学生的体质健康特点与需求,进而调整教学策

略,促进每位学生的全面发展与健康成长。

②促进学生健康习惯的养成:一个全面且前瞻性的教育评价体系,深刻意识到健康习惯对学生长远发展的重要性,因此将这一维度明确纳入其评价范畴。该体系通过正面激励与反馈机制,积极引导学生关注并实践日常生活中的健康习惯,如倡导均衡饮食、拒绝垃圾食品,鼓励建立规律的作息时间,以及参与适量的体育活动等。这种导向不仅帮助学生认识到健康习惯的价值,更激发了他们内在的动力去持续培养并维护这些习惯。长此以往,学生将逐渐养成一系列受益终身的健康行为模式,为他们未来的学习、工作及生活奠定一个坚实而健康的基础。

③提供有针对性的教学建议:一个精心构建的教育评价体系,其核心优势之一在于其能够精准捕捉每位学生的个体差异与具体需求,并据此提供高度定制化的教学建议。这一功能使得教师能够深入解读评价结果,识别出学生在知识掌握、技能运用或学习策略上的薄弱环节。随后,教师可以依据这些具体的反馈,设计并实施一系列有针对性的辅导计划和强化训练,确保教学资源的优化配置与高效利用。这一过程不仅显著提升了教学质量,还极大地促进了学生个性化发展,使得每位学生都能在适合自己的节奏与路径上取得最佳的学习成效。

(3)具体举例分析

假设某高校在体质健康教育中采用了以下完善的教育评价体系:

①评价指标多元化:在构建全面的学生体育评价体系时,我们强调评价指标的多元化,以确保对学生体育素养的全方位考量。除了核心的体育技能掌握程度外,评价体系还广泛涵盖了体质健康水平、健康知识素养及体育锻炼习惯等多个维度。具体而言,我们采用体质测试来精确衡量学生的心肺耐力、肌肉力量与耐力等生理指标;通过定期问卷调查,深入了解学生对健康饮食、疾病预防等知识的掌握情况;同时,结合日常教学观察,评估学生的体育锻炼参与度、持之以恒的锻炼习惯以及团队合作与竞技精神。这种多维度的评价体系,旨在促进学生身心健康的全面发展。

②设置权重:在构建多元化的学生体育评价体系时,合理地设置各项评价指标的权重显得尤为重要。我们依据各指标对学生体育素养发展的相对重要性,进行了科学的权重分配。具体而言,体质健康水平被赋予了 40%的权重,凸显了良好体质对于学生学习与生活的基础性作用;体育技能占 30%,强调了技

能学习在促进学生体育兴趣和专长发展上的重要性;健康知识占 20%,体现了提升学生自我健康管理能力的必要性;而体育锻炼习惯则以 10%的权重,鼓励学生形成良好的日常锻炼习惯。这样的权重设置,确保了评价体系的全面性和评价结果的客观公正,为促进学生体育素养的全面发展提供了有力支持。

③制定个性化教学方案:在获取了全面而客观的学生体育评价结果后,教师能够精准地把握每位学生的体育发展现状及需求,进而量身定制个性化教学方案。针对体育技能较弱的学生,教师不仅加强基本技能的训练,还设计趣味性的练习项目,激发其学习兴趣;对于健康知识掌握不牢固的学生,教师则通过生动的案例分析和互动讨论,进行深入浅出的知识讲解,增强记忆与理解;至于那些缺乏体育锻炼习惯的学生,教师会采用激励机制与家校合作的方式,逐步引导他们认识到锻炼的重要性,并在日常生活中逐步培养良好的锻炼习惯。这样的个性化教学策略,旨在促进每位学生在体育领域的全面成长与进步。

通过这样完善的教育评价体系,该高校能够更全面地评估学生的体质健康状况,促进学生的健康习惯养成,并为教学改进提供有针对性的建议。这将有助于提高教学质量和学生的学习效果,为学生的健康成长和全面发展奠定坚实的基础。

2. 完善教育评价体系的策略

(1)设立多元化的评价指标

①体质健康水平:体质健康水平是衡量学生身体素质与健康状况的重要指标。为了全面而准确地评估学生的体质健康状况,学校会定期组织一系列体质测试。这些测试包括但不限于 BMI(身体质量指数)的测定,用以评估学生的体重是否处于健康范围内;肺活量的检测,反映学生的呼吸系统功能及体能状况;以及坐位体前屈测试,评估学生的柔韧性。通过这些科学、系统的测试方法,教师能够获取到学生体质健康水平的具体数据,为后续制定针对性的体育教学计划和健康干预措施提供有力依据,进而促进学生体质健康水平的全面提升。

②健康知识的掌握情况:健康知识的掌握情况是衡量学生健康素养的重要指标之一。为了深入了解并评价学生对健康知识的了解程度,学校会采取多种方式进行评估。其中,理论考试是一种直接有效的方法,通过设计涵盖营养学、疾病预防、心理健康等多个领域的题目,全面考察学生的健康知识掌握情况。同时,问卷调查也是不可或缺的评估手段,它能更广泛地收集学生的意见和反馈,了解学生对健康知识的兴趣点、疑惑点以及实际应用能力。通过这些方式,

学校能够精准把握学生的健康知识水平,为后续的健康教育工作提供有力支持,确保学生掌握必要的健康知识,为终身健康奠定基础。

③体育锻炼的习惯:体育锻炼习惯的培养对学生身心健康发展至关重要。为了全面评价学生的体育锻炼习惯,学校会综合考虑多个维度,包括学生日常参与体育锻炼的频率、每次锻炼的时长以及锻炼的强度等具体指标。通过这些详细数据的收集与分析,学校能够直观地了解学生在体育锻炼方面的投入程度与坚持情况。同时,这些数据也为学校制定更加科学合理的体育锻炼计划提供了重要参考,旨在引导学生形成良好的体育锻炼习惯,增强体质,促进全面发展。

(2)引入动态评价机制

在教育领域,传统的评价体系往往侧重于最终成果的评估,却在一定程度上忽视了学生在学习与成长过程中的努力与进步。为了更加全面、公正地反映学生的体质健康状况及其在学习过程中的动态变化,引入动态评价机制显得尤为重要。

动态评价机制强调对学生体质健康水平的持续跟踪与评估,不仅关注最终的测试结果,更重视学生在日常锻炼、营养摄入、生活习惯等方面的改善与提升。通过定期收集学生的体质健康数据,如体重、身高、肺活量、运动能力等,结合学生的锻炼记录、饮食日志等辅助信息,可以构建出一个动态、立体的学生体质健康画像。

在此基础上,学校可以设立“进步奖”等激励机制,鼓励学生根据自身情况设定合理的目标,并通过持续的努力与科学的锻炼方法,逐步提升自己的体质健康水平。这种评价方式不仅能够激发学生的内在动力,促进其积极参与体育锻炼,还能够帮助学生建立正确的健康观念,形成良好的生活习惯,为终身健康奠定坚实的基础。同时,动态评价机制也为教师提供了更加丰富的信息来源,有助于他们更加精准地了解学生的学习状态与需求,从而制定更加个性化的教学方案,促进学生的全面发展。

(3)注重评价的反馈与指导功能

在教育的广阔舞台上,评价结果远远超越了单一的分数或等级范畴,它如同一面镜子,映照出学生的长处与短处,更是一座灯塔,为学生指引前行的方向。因此,在构建评价体系时,我们必须深刻认识到反馈与指导功能的重要性,确保评价不仅仅是一个终结性的判断,而是一个充满温度与关怀的成长过程。

评价的反馈环节,是师生之间沟通的桥梁。通过细致入微的反馈,教师可以清晰地传达出学生在体质健康、技能掌握、学习态度等方面的具体表现,让学生对自己的现状有一个全面而客观的认识。这种认识,是学生自我提升的第一步,也是他们制定个性化提升计划的基础。

而评价的指导功能,则在于为学生量身定制成长路径。根据学生的实际情况,教师可以提出针对性的建议和指导,帮助学生明确自己的发展目标,并设计出切实可行的提升方案。这种个性化的指导,不仅能够激发学生的学习动力,还能有效提升他们的学习效果,使他们在体质健康、知识积累、能力发展等方面实现全面进步。

因此,注重评价的反馈与指导功能,是促进学生健康成长、全面发展的关键所在。我们应当在评价过程中,始终秉持以学生为中心的理念,用心倾听学生的声音,用爱传递成长的力量,让评价真正成为学生成长道路上的良师益友。

(4)加强评价结果的深度运用

在教育实践中,评价结果的运用远不止于表面的记录或简单的奖惩判定,它是推动教学质量提升、促进学生全面发展的强大动力。

首先,评价结果应当成为教学改进不可或缺的指南针。通过深入剖析评价结果,教师能够精准地识别教学过程中的盲点、难点和痛点,从而有的放矢地调整教学策略、优化教学内容、改进教学方法。这种基于数据驱动的教学改进,不仅能够提升教学的针对性和有效性,还能促进教师专业素养的持续提升。

其次,评价结果的合理运用也是激励学生积极参与体育锻炼和健康教育的有效手段。将评价结果作为学生评优、评奖的重要依据,能够让学生深刻感受到自己努力的价值和成果,从而激发他们的学习动力和内在潜能。这种正向激励机制,不仅能够促进学生在体育技能和健康知识方面的主动学习和探索,还能培养他们的竞争意识和团队合作精神,为他们的全面发展奠定坚实基础。

综上所述,加强评价结果的深度运用,是提升教学质量、促进学生成长的重要途径。我们应当充分发挥评价结果的积极作用,让其在教学改进和学生激励中发挥更大的作用,共同推动教育事业的繁荣发展。

3. 案例分析

假设某高校在大学生体质健康教育中引入了多元化的评价指标和动态评价机制。经过一个学期的实施后,他们发现学生的体质健康水平有了显著提高,健康知识的掌握情况也有所改善。更重要的是,学生们对体育锻炼的兴趣和参与度也有了明显提升。这说明完善的教育评价体系能够有效地促进学生的体质健康水平提升和学习效果改善。

案例分析：某高校引入多元化评价指标和动态评价机制提升大学生体质健康水平

(1)背景介绍

在大学生体质健康教育中，传统的评价体系往往只关注学生的体育技能，而忽视了体质健康水平、健康知识的掌握以及体育锻炼习惯等方面的评估。为了更全面地评估学生的体质健康状况，某高校决定引入多元化的评价指标和动态评价机制。

(2)实施策略

①多元化的评价指标

该高校在体质健康教育中，不再单一地以体育技能作为评价标准，而是增加了体质健康水平、健康知识掌握情况以及体育锻炼习惯等多方面的评价指标。

a. 体质健康水平：体质健康水平是衡量学生全面发展不可或缺的一环，它直接关系到学生的身心健康与未来成长。为了全面而科学地评估学生的身体素质，学校实施了一系列定期的体质测试项目。这些测试包括但不限于心肺功能测试，通过测量学生在一定时间内的心率变化和呼吸效率，来评估其心血管系统的健康状态；以及肌肉力量测试，利用专业的设备和方法，检测学生身体各部位的力量水平，以了解他们的肌肉发育状况和潜在的运动能力。通过这些综合性的测试，不仅能够为每位学生提供个性化的体质健康报告，还能为体育教学和健康干预提供科学依据，助力学生全面提升体质健康水平。

b. 健康知识掌握情况：健康知识掌握情况是评估学生健康素养的重要指标之一。为了深入了解学生对健康知识的理解和应用水平，学校采取了多样化的评估手段。首先，通过精心设计的问卷调查，收集学生对日常健康习惯、疾病预防、营养膳食等方面的认知与态度，从而揭示他们在健康知识方面的基本掌握情况。其次，组织定期的知识测试，涵盖生理健康、心理健康、环境卫生等多个维度，以选择题、判断题或简答题等形式，全面考察学生的健康知识掌握程度。这些评估方式不仅有助于学校了解学生在健康知识方面的薄弱环节，还能为后续的健康教育提供有针对性的指导，促进学生健康知识的普及与深化。

c. 体育锻炼习惯：体育锻炼习惯作为学生健康生活方式的重要组成部分，

其评估显得尤为重要。为了全面了解学生的体育锻炼习惯是否良好,学校采取了多种途径进行综合评估。一方面,通过日常观察,如课间活动、体育课表现等,直观了解学生的运动频率、运动强度及参与度,从而判断其体育锻炼习惯的持续性。另一方面,鼓励学生进行自我报告,通过问卷调查或日记记录等方式,分享他们的锻炼经历、感受及变化,以此深入了解学生的个人锻炼偏好、习惯养成过程及面临的挑战。这种综合评估方式不仅有助于学校精准把握学生的体育锻炼现状,还能为制定个性化的运动指导方案提供有力依据,进一步促进学生体育锻炼习惯的养成与改善。

②动态评价机制

除了多元化的评价指标外,该高校还引入了动态评价机制。这意味着评价体系不是一成不变的,而是会根据学生的实际情况和教学需求进行调整和优化。

a. 定期评估与反馈:在促进学生体质健康发展的过程中,定期评估与反馈机制扮演着至关重要的角色。每个学期末,教师都会依据预先设定的全面而细致的评价指标,对学生的体质健康状况进行系统而深入的评估。这些指标不仅涵盖了体能水平、运动技能,还涉及学生的身体形态、生理机能以及心理健康等多方面。评估完成后,教师会及时将评估结果以书面形式或面谈的方式反馈给学生,让学生清晰地了解自己的体质健康状况,认识到自身的优势与不足,从而为他们制定个性化的改进计划提供有力参考。这一过程不仅有助于提升学生的自我认知与自我管理能力,还能够激发他们的运动兴趣与积极性,促进体质健康的全面提升。

b. 教学调整:在教学实践中,教学调整是提升教学质量与效果的关键环节。每当完成对学生体质健康的全面评估后,教师都会细致分析每位学生的评估结果,精准识别出他们在体质发展上的薄弱环节。随后,基于这些分析结果,教师会灵活调整教学内容与方法,设计出更具针对性和实效性的教学计划。例如,对于体能不足的学生,可能会增加体能训练的比例,引入更多趣味性的训练项目;对于运动技能欠缺的学生,则会加强技术指导,通过分解练习、模拟比赛等方式帮助他们逐步掌握技能。这样的教学调整旨在实现因材施教,让每位学生都能在适合自己的节奏中不断进步,最终达到提升教学效果的目的。

c. 学生自我监测:在促进学生体质健康全面发展的过程中,我们高度重视学生自我监测的重要性。我们积极倡导并鼓励学生养成自我监测的良好习惯,通过日常记录自己的体质健康指标，如体重、身高、肺活量等，以及体育锻炼的频次、时长、强度等习惯信息，来构建个人化的健康档案。这一举措不仅有助于学生实时掌握自己的身体状况，还能促使他们更加直观地感受到体育锻炼带来的积极变化，从而激发他们持续参与体育活动的内在动力。同时，自我监测也为教师提供了宝贵的数据支持，有助于更精准地把握学生的体质健康状况，进一步优化教学策略。

(3)实施效果

经过一个学期的实施后，该高校发现学生的体质健康水平有了显著提高，健康知识的掌握情况也有所改善。更重要的是，学生们对体育锻炼的兴趣和参与度也有了明显提升。

a. 体质健康水平提升：在全面促进学生体质健康水平的进程中，我们实施了一系列有效措施。通过定期组织全面的体质测试，结合日常坚持不懈的体育锻炼，学生们的身体状况发生了显著的变化。具体而言，他们的心肺功能得到了显著的增强，无论是长跑耐力还是快速恢复能力都有了大幅提升。同时，学生们的肌肉力量也明显增强，这不仅体现在日常生活中的身体协调性上，更在各类体育活动中展现出更为出色的表现。这些积极的变化，不仅提升了学生的身体素质，更为他们未来的学习与生活奠定了坚实的健康基础。

b. 健康知识掌握情况改善：在加强健康教育的实践中，教师采用问卷调查与知识测试相结合的方法，对学生的健康知识掌握情况进行了深入评估。结果显示，学生们的健康知识掌握情况相较于以往有了显著的改善。他们不仅能够更加准确地理解健康饮食的重要性，学会辨别并选择营养均衡的食物，还深刻认识到运动锻炼对身心健康的积极影响，能够制定出科学合理的锻炼计划并付诸实践。这种知识上的提升，为学生们培养健康的生活习惯、促进身心全面发展奠定了坚实的基础。

c. 学生兴趣和参与度提升：在实施多元化的评价指标和动态评价机制后，学生的体育锻炼兴趣和参与度实现了显著提升。这一变革打破了传统单一的评估方式，让学生在体育锻炼中找到了更多的乐趣和成就感。他们开始主动探索不同的运动项目，积极挑战自我，享受运动带来的身心愉悦。这种积极地参与态度不仅促进了学生运动技能的提升，还帮助他们逐渐形成了持之以恒的锻炼习惯，为终身健康打下了坚实的基础。同时，这种良好的氛围也带动了周围同学的参与，形成了校园内积极向上的体育锻炼风气。

(4)结论

通过引入多元化的评价指标和动态评价机制,该高校成功地提升了大学生的体质健康水平和学习效果。这充分说明了完善的教育评价体系在促进学生全面发展方面的重要性。因此,其他高校在体质健康教育中也可以借鉴该高校的做法,通过完善评价体系来提高学生的体质健康水平和学习效果。

完善的教育评价体系是大学生体质健康教育的重要组成部分。通过设立多元化的评价指标、引入动态评价机制、注重评价的反馈与指导功能以及加强评价结果的运用等策略,可以更加全面、客观地反映学生的体质健康状况和学习效果,为教学改进提供科学依据。同时,这也有助于激发学生的参与热情和学习兴趣,提高他们的身体素质和健康水平。

在接下来的章节中,我们将详细阐述这些挑战的具体表现以及应对策略的实施方法,以期为我国高校体质健康教育的改进与发展提供有益的借鉴和参考。

第7章　大学生体质健康教育的结论与展望

在深入探讨了大学生体质健康教育的挑战与应对策略之后，本章将对本研究的主要成果进行总结，并指出研究过程中的贡献与不足之处。同时，我们也将展望未来的研究方向，以期为大学生体质健康教育的持续发展和完善提供新的思路与方向。

7.1　研究结论

在对大学生体质健康教育进行深入研究后，我们得出了以下几个具体的结论，这些结论涵盖了多个维度，并为大学生体质健康教育的优化提供了有力支撑。

7.1.1　体质健康教育的必要性与紧迫性

研究结果显示，大学生普遍面临着不同程度的体质健康问题，如体能下降、肥胖、心理问题等。这些问题的存在不仅影响了大学生的身体健康，还对其学业、就业以及未来的生活质量产生了负面影响。因此，加强大学生体质健康教育具有必要性和紧迫性。高校应重视体质健康教育，将其纳入课程体系，确保每位学生都能接受到系统、科学的体质健康教育。

1. 体质健康问题的现状

(1)体能下降。由于长时间的坐姿学习、缺乏运动以及不健康的生活习惯，大学生的体能普遍下降。他们在进行简单的体育活动或体力劳动时，常常感到力不从心，甚至出现体力透支的情况。

(2)肥胖问题。随着生活水平的提高和饮食结构的改变，大学生中的肥胖现象日益严重。肥胖不仅增加了患高血压、糖尿病等慢性疾病的风险，还影响了大学生的外貌和自信心。

(3)心理问题。由于学业压力、就业压力以及人际关系等方面的困扰,大学生普遍存在着焦虑、抑郁等心理问题。这些问题不仅影响了他们的心理健康,还可能导致一些不良的行为习惯,如暴饮暴食、过度消费等。

2. 体质健康问题的负面影响

(1)影响学业。体质健康问题可能导致大学生在学习过程中出现注意力不集中、记忆力下降等情况,从而影响他们的学业成绩。

(2)影响就业。在就业市场竞争激烈的今天,良好的身体素质和健康的心理状态是用人单位的重要考量因素。体质健康问题可能使大学生在求职过程中处于不利地位。

(3)影响生活质量。体质健康问题不仅影响大学生的身体健康和心理健康,还可能影响他们的家庭关系、社交活动等,从而降低他们的生活质量。

3. 加强体质健康教育的必要性与紧迫性

鉴于大学生体质健康问题的严重性和负面影响,加强体质健康教育显得尤为必要和紧迫。高校作为培养社会主义建设者和接班人的重要阵地,应该承担起加强体质健康教育的责任。具体来说,高校可以采取以下措施:

(1)将体质健康教育纳入课程体系。高校应该开设专门的体质健康教育课程,确保每位学生都能接受到系统、科学的体质健康教育。这些课程可以包括体育锻炼方法、健康饮食知识、心理健康知识等内容。

(2)加强体育设施建设。高校应该加大对体育设施建设的投入,为学生提供充足的运动场地和器材。同时,高校还可以组织各种形式的体育活动和比赛,激发学生的运动热情。

(3)加强心理健康教育。高校应该关注学生的心理健康问题,开设心理健康教育课程或提供心理咨询服务。通过这些措施,帮助学生缓解压力、调整心态,保持良好的心理状态。

(4)建立健康档案和监测机制。高校可以为学生建立健康档案,记录他们的体质健康状况。同时,建立监测机制,定期对学生的体质健康状况进行评估和反馈。这样可以帮助学生及时了解自己的身体状况,制定个性化的健康计划。

4. 结论

综上所述,加强大学生体质健康教育具有必要性和紧迫性。高校应该重视体质健康教育,将其纳入课程体系,并采取相应的措施来确保每位学生都能接受到系统、科学的体质健康教育。这样不仅可以提高大学生的身体素质和心理素质,还可以为他们未来的学业、就业和生活打下坚实的基础。

7.1.2　体质健康教育的多维度内容

体质健康教育并非单一的体育活动,而是涵盖了身体锻炼、营养健康、心理健康等多个方面的内容。研究指出,大学生在身体锻炼方面普遍缺乏科学性和系统性,营养健康知识也相对匮乏。因此,体质健康教育应注重全面性,从多个方面入手,提高学生的综合素质。高校可以通过开设相关课程、举办讲座、组织活动等方式,向学生传授身体锻炼、营养健康、心理健康等方面的知识,帮助学生树立正确的健康观念,提高自我保健能力。

体质健康教育是一项全面而系统的教育工程,它不仅涉及体育活动的参与,更包含了身体锻炼、营养健康、心理健康等多个维度的内容。下面将详细讲解并举例分析体质健康教育的多维度内容。

1. 身体锻炼

身体锻炼是体质健康教育的核心内容之一。然而,研究指出,大学生在身体锻炼方面普遍缺乏科学性和系统性。他们可能只是偶尔参与体育活动,或者选择的锻炼方式并不适合自己的身体状况和需求。因此,体质健康教育需要注重身体锻炼的科学性和系统性。

举例分析:高校可以开设体育课程,提供多样化的体育选项,如篮球、足球、游泳、瑜伽等,以满足不同学生的兴趣和需求。同时,体育课程应该注重运动技能的传授和锻炼方法的指导,帮助学生了解如何科学地进行身体锻炼,避免运动损伤,提高锻炼效果。

2. 营养健康

营养健康是体质健康教育的另一个重要方面。大学生往往由于学业繁忙、生活不规律等原因,忽视了饮食的营养搭配和健康饮食的重要性。因此,体质健康教育需要注重营养健康知识的传授。

举例分析:高校可以开设营养健康课程或讲座,向学生介绍营养学的基本知识,如食物的营养成分、营养素的作用、健康饮食的原则等。同时,学校还可以提供健康饮食的示范和指导,如开设食堂营养餐窗口、提供健康食谱等,帮助学生养成良好的饮食习惯。

3. 心理健康

心理健康是体质健康教育不可忽视的方面。大学生面临着学业压力、人际关系压力等多种挑战,容易产生焦虑、抑郁等心理问题。因此,体质健康教育需要注重心理健康的教育和引导。

举例分析:高校可以开设心理健康课程或提供心理咨询服务,帮助学生了解心理健康的重要性,掌握心理调节的方法。同时,学校还可以组织心理健康活动,如心理健康讲座、心理剧表演等,提高学生的心理素质和应对能力。

4. 全面性与综合性

体质健康教育应注重全面性和综合性。这意味着体质健康教育需要涵盖身体锻炼、营养健康、心理健康等多个方面的内容,并且这些方面应该相互协调、相互促进。

举例分析:高校可以通过整合各种教育资源,开展综合性的体质健康教育活动。例如,组织"健康周"活动,包括体育比赛、营养知识竞赛、心理健康讲座等,让学生在参与活动的过程中全面了解体质健康教育的多个方面。同时,学校还可以将体质健康教育与其他学科相结合,如将体育锻炼与生物学、心理学等课程相结合,帮助学生从多个角度理解健康的概念。

总之,体质健康教育是一项多维度、全面性的教育工程。高校应该注重从身体锻炼、营养健康、心理健康等多个方面入手,提高学生的综合素质和自我保健能力。

7.1.3 体质健康教育的个性化与差异化

不同学生的体质健康状况存在差异,因此体质健康教育应注重个性化和差异化。研究发现,一些特殊群体如残疾学生、少数民族学生等,在体质健康方面存在更多的困难和挑战。针对这些群体,高校应制定个性化的教育方案,提供专门的指导和帮助,以满足其特殊的体质健康需求。同时,对于不同专业的学生,也应根据其专业特点和就业需求,制定差异化的体质健康教育方案,以提高学生的职业适应能力和竞争力。

体质健康教育在实施过程中,必须充分考虑到不同学生群体在体质健康状况上的显著差异。因此,注重教育的个性化和差异化至关重要。下面将详细讲解并具体举例分析体质健康教育的个性化与差异化。

1. 个性化体质健康教育

(1)定义与意义

个性化体质健康教育是根据每个学生的身体状况、健康需求和个人兴趣,制定有针对性的教育方案,以满足其独特的体质健康需求。

(2)特殊群体举例

①残疾学生:由于身体条件限制,残疾学生在体育活动和锻炼上可能面临诸多挑战。因此,需要为这类学生设计特殊的锻炼项目、调整活动强度,甚至提供专门的辅助设备,以确保其能够在安全、有效的环境中进行锻炼。

②少数民族学生:某些少数民族可能拥有独特的体质特征、文化传统和饮食习惯,这些都会对他们的体质健康产生影响。因此,在体质健康教育中,应充分考虑到这些因素,为少数民族学生提供符合其特点的教育内容和方法。

(3)实施策略

①健康评估:对学生进行个性化的健康评估,了解其身体状况、运动能力和潜在的健康风险。

②方案制定:根据评估结果,制定个性化的锻炼计划和营养指导。

③跟踪反馈:定期对学生的体质健康状况进行跟踪评估,并根据反馈调整教育方案。

2. 差异化体质健康教育

(1)定义与意义

差异化体质健康教育是根据不同专业学生的职业特点和就业需求,制定有针对性的体质健康教育方案,以提高其职业适应能力和竞争力。

(2)不同专业举例

①体育专业学生:这类学生需要接受高强度的体育训练,以提高其专业技能水平。因此,体质健康教育应侧重于运动损伤的预防、恢复性训练和竞技心理的培养。

②计算机专业学生:由于长时间面对电脑工作,这类学生容易出现视力下降、颈椎疼痛等问题。因此,体质健康教育应重点关注视力保护、颈椎锻炼和坐姿调整等内容。

(3)实施策略

①专业分析:对不同专业的职业特点和就业需求进行深入分析,了解其对学生体质健康的具体要求。

②方案定制:根据专业需求,制定差异化的体质健康教育方案,包括课程内容、教学方法和评价标准等。

③实践应用:将体质健康教育与专业实践相结合,让学生在实习、实训等过程中体会体质健康的重要性,并学会如何在工作中保持良好的健康状态。

(4)总结

个性化与差异化是体质健康教育的重要原则。通过实施个性化的教育方案,可以确保每个学生都能得到适合自己的体质健康教育;而通过实施差异化的教育方案,则可以满足不同专业学生的特殊需求,提高其职业适应能力和竞争力。

7.1.4 体质健康教育的长效机制

体质健康教育作为促进学生全面发展、提升国民身体素质的重要环节,其重要性和长期性不言而喻。这一教育过程不仅关乎学生当下的身体状态,更深远地影响着他们的终身健康习惯和生活质量。下面,我将从制度建设、跨部门合作、监督评估三个方面详细讲解,并结合具体例子进行分析。

1. 建立健全的体质健康教育制度

(1)制度建设的必要性

制度是保障工作有序进行的基础。对于体质健康教育而言,一套完善的制度能够明确教育目标、内容、方法以及责任分配,确保教育活动有章可循、有据可依。

(2)具体例子

某高校制定了《大学生体质健康教育与促进计划》,该计划详细规定了体质健康教育的课程目标、教学内容(如体育必修课、选修课、课外体育活动等)、师资要求、教学资源配置、评价体系等。同时,明确了校领导、体育部门、学生工作部门、辅导员等各方的责任与义务,形成了全校联动、齐抓共管的良好局面。

2. 加强跨部门合作

(1)合作的重要性

体质健康教育是一项系统工程,需要多方面的资源和力量共同参与。与体育部门、医疗机构等建立紧密合作,可以共享资源、优势互补,形成合力。

(2)具体例子

某高校与市体育局合作,邀请专业教练进校园开展特色体育项目教学,如瑜伽、攀岩、跆拳道等,丰富了体育课程内容,激发了学生参与体育活动的兴趣。同时,与当地医疗机构合作,定期开展学生体质监测和健康讲座,为学生提供个性化的健康指导和干预措施。这种合作模式不仅提升了体质健康教育的专业性,也增强了其实效性。

3. 加强对学生的监督和评估

(1)监督评估的必要性

监督和评估是检验教育效果、发现问题并及时改进的重要手段。通过定期的监督评估,可以了解学生在体质健康方面的进步与不足,为调整教育策略提供依据。

(2)具体例子

某高校实施了学生体质健康监测与反馈机制,每年对全校学生进行一次全面的体质测试,包括身高、体重、肺活量、立定跳远、坐位体前屈等多个项目。测试结果不仅作为学生体育成绩的一部分,还作为学校调整体育课程、改进教学方法的依据。同时,学校还建立了学生健康档案,记录学生的体质数据、锻炼习惯、健康状况等信息,以便进行长期的跟踪和个性化的健康指导。对于体质较差或存在健康问题的学生,学校会及时安排专门的辅导和干预措施,帮助他们改善体质状况。

体质健康教育需要建立长效机制,通过制度建设、跨部门合作和监督评估等多方面的努力,才能确保其持续性和有效性。这些措施的实施不仅有助于提升学生的身体素质,更有助于培养他们终身体育锻炼的意识和习惯。

综上所述,大学生体质健康教育研究得出了一系列具体结论,这些结论为我们更好地推进大学生体质健康教育提供了有力支撑。高校应重视体质健康教育,从多个方面入手,提高学生的综合素质和健康水平。同时,高校还应建立长效机制来保障体质健康教育的持续性和有效性,为培养健康、全面发展的新时代大学生做出更大的贡献。

7.2 研究贡献与不足

本研究在理论和实践层面均做出了一定的贡献。首先,在理论上,本研究丰富了大学生体质健康教育的理论体系,为未来的研究提供了有价值的参考。

其次,在实践上,本研究提出的应对策略和建议可以为高校和相关部门提供决策依据,促进大学生体质健康教育的改进和提升。然而,本研究也存在一些不足之处,例如样本量较小、研究方法有限等,这些问题需要在未来的研究中加以改进和完善。

7.2.1 贡献

1. 提高健康意识

(1)研究强调了大学生体质健康的重要性,通过宣传教育、课程设置等方式,显著提高了大学生的健康意识。

(2)学生开始更加重视体育锻炼、营养搭配和心理健康,形成了较为完善的健康观念。

2. 推动教育改革

(1)研究指出了高校在体质健康教育方面存在的问题,如课程设置单一、教学方法陈旧等,推动了高校体育课程的改革和创新。

(2)高校开始增加体育课程的多样性,引入更多的体育项目和活动,提高了学生的参与度和兴趣。

3. 提供实证依据

(1)通过调查研究和数据分析,研究为高校制定体质健康教育政策提供了实证依据。

(2)例如,统计数据显示[参考文章 3],我国高校年度体育教育经费比例偏低,这一数据为增加体育教育投入提供了有力支持。

4. 促进学术交流

(1)大学生体质健康教育研究促进了国内外学者之间的学术交流与合作,推动了相关领域的学科发展。

(2)通过学术研讨会、期刊论文等方式,不同观点和方法得以碰撞和融合,为大学生体质健康教育的优化提供了更多思路。

7.2.2 不足

1. 重视程度不足

①尽管研究强调了大学生体质健康教育的重要性,但在实际操作中,高校对体质健康教育的重视程度仍然不足。

②这体现在体育教育经费比例偏低、体育课程资源有限等方面，影响了体质健康教育的质量和效果。

2. 个性化教育缺失

①研究虽然提出了体质健康教育的个性化与差异化需求，但在实际教学中，个性化教育仍然缺失。

②不同学生的体质基础和需求存在差异，但高校往往采用统一的教学模式和方法，难以满足学生的个性化需求。

3. 长效机制不完善

①研究指出需要建立长效机制来保障体质健康教育的持续性和有效性，但目前高校在这方面的机制尚不完善。

②缺少有效的监督、评估和反馈机制，导致体质健康教育的质量和效果难以得到保障和提升。

4. 研究深度与广度有限

①目前关于大学生体质健康教育的研究主要集中在现状调查、问题分析等方面，缺乏深入的理论探讨和实践探索。

②同时，研究的广度也有待拓展，需要更多地关注不同地域、不同专业、不同群体的大学生体质健康教育问题。

综上所述，大学生体质健康教育的研究在提高健康意识、推动教育改革、提供实证依据和促进学术交流等方面做出了重要贡献。然而，在重视程度、个性化教育、长效机制和研究深度与广度等方面仍存在不足，需要进一步加强和完善。

7.3　未来研究方向与展望

展望未来，大学生体质健康教育面临着新的机遇和挑战。随着社会的发展和科技的进步，人们对健康的认识和需求也在不断提高。因此，未来的研究可以从以下几个方面展开：一是进一步探讨大学生体质健康教育的创新模式和方法；二是加强跨学科研究，将体质健康教育与心理学、营养学、医学等学科相结合；三是关注特殊群体如残疾学生、少数民族学生的体质健康教育问题；四是利用大数据、人工智能等先进技术手段提升体质健康教育的效果和效率。通过这些研究,我们可以为大学生体质健康教育的持续发展和完善提供新的思路和方向,为培养健康、全面发展的新时代大学生做出更大的贡献。

7.3.1 未来研究方向

1. 多元化教育内容与手段的探索

(1)体教多元化,新兴项目引领

展望未来,大学生体质健康教育将迈入一个全新的发展阶段,其显著标志便是内容的多元化与手段的持续创新。在保留并优化传统体育课程精髓的基础上,教育体系将广泛吸纳新兴体育项目,如瑜伽以其身心和谐的理念、攀岩激发的冒险与挑战精神以及街舞展现的青春活力与创造力,共同构建出一个丰富多彩、充满活力的体育课堂。这样的变化不仅极大地拓宽了学生的选择空间,更能够精准对接每一位学生的兴趣点与个性化需求,从而有效提升其参与体育锻炼的积极性与持久性,为培养全面发展的高素质人才奠定坚实基础。

(2)科技赋能体育学习

在深化大学生体质健康教育的进程中,我们同步探索并融合现代科技手段,如虚拟现实(VR)与增强现实(AR)技术,旨在为学生构建一个前所未有的、既丰富又充满趣味的体育学习环境。通过这些高科技工具,学生们能够在安全的环境中模拟极限运动、深海潜水、高山滑雪等多样化的体育体验,不仅极大地拓宽了学习边界,还激发了他们对体育运动的无限热爱与探索欲。这种科技与体育的深度融合,不仅提升了教学效果,也促进了学生身心健康的全面发展。

2. 个性化与差异化教育的深化

(1)个性体质教育,数据定制方案

针对不同学生的体质基础和个性化需求,我们积极推行精准化、差异化的体质健康教育模式。通过引入先进的大数据分析技术,我们能够全面、细致地收集并分析每位学生的体质健康数据,包括但不限于体重、身高、心肺功能、运动能力等关键指标。基于这些翔实的数据,我们为学生量身定制体育锻炼计划和营养膳食指导方案,确保教学活动既符合学生当前的身体状况,又能有效促进其体质的全面发展与提升。这种个性化、科学化的教育方式,旨在帮助每位学生最大化地发挥潜能,享受健康成长的乐趣。

(2)身心并重,健康全育并进

在全面促进学生发展的教育体系中,我们必须深刻认识到学生心理健康的重要性,并将其置于与体质健康同等重要的地位。学校应加强对学生心理健康的持续关注与引导,通过开设心理健康教育课程、建立心理咨询与辅导机制、营造积极向上的校园文化氛围等多种途径,有效预防和干预学生可能遇到的心理问题。同时,将心理健康教育与体质健康教育有机融合,让学生在强健体魄的同时,也拥有健康的心理状态,从而全面提升学生的身心健康水平,为他们未来的成长与发展奠定坚实的基础。

3. 跨学科融合的研究

在深入探讨大学生体质健康教育的道路上,我们愈发认识到这一领域并非体育学科的独角戏,而是与营养学、医学、心理学乃至社会学、教育学等多个学科紧密相连的复杂系统。未来的研究趋势将显著加强跨学科融合的力度,倡导并实践多学科交叉的研究方法。通过体育学与营养学的结合,我们能够更好地理解饮食对学生体质的影响;与医学的紧密合作,则有助于及时发现并干预潜在的健康风险;而心理学的融入,则能深入探索心理因素对体质健康的调节作用。这种全方位的、多维度的研究视角,将为大学生体质健康教育的优化提供更加丰富、全面且科学的依据,进而推动教育实践的不断创新与发展。

4. 长效机制与评估体系的建立

(1)大学生体质健康长效教育机制

为了确保大学生体质健康教育的持续性和有效性,我们致力于构建一个完善的长效机制。这一机制的核心在于制定科学合理的课程体系,该体系应涵盖体育技能、健康知识、营养指导等多个方面,以满足学生全面发展的需求。同时,我们注重完善教学设施,包括现代化的体育场馆、健身器材以及先进的健康监测设备等,为教学提供坚实的物质保障。此外,培养一支专业、敬业的师资队伍也是关键所在,他们不仅具备扎实的专业知识,还应具备创新思维和实践能力,能够灵活应对教学中的各种挑战,确保教育质量的稳步提升。

(2)体质评估促教育调整

为了全面促进大学生体质健康水平的提升,我们需同步构建一套科学且高效的评估体系。这一体系将定期、系统地对大学生的体质健康状况进行多维度、全方位的评估,涵盖体能测试、健康指标监测及心理健康评估等多个方面。通过详尽的数据分析与反馈,我们能够准确掌握学生的体质健康现状,并据此灵活调整教育策略与方法。这样不仅能确保体质健康教育的针对性和实效性,还能激发学生自我提升的动力,共同推动校园体质健康文化的繁荣发展。

7.3.2 展望

1. 全民参与,共建健康校园

在当今社会,随着生活节奏的加快与健康意识的普遍觉醒,全民参与、共建健康校园的理念已成为高等教育不可或缺的一部分。这一理念不仅体现了对学生身心健康的深切关怀,也是推动社会整体健康水平提升的重要举措。

未来,大学生体质健康教育将迈入一个全新的发展阶段,其核心在于"全民参与"。高校作为知识传播与文化引领的高地,将积极扮演起倡导者和实践者的角色,通过组织丰富多彩的体育活动、健康讲座及工作坊,激发学生的运动兴趣,培养其终身体育的习惯。同时,高校还将打破校园界限,邀请教职工及周边社区居民加入这一行列中来,通过联合举办运动会、健康挑战赛等形式,增进彼此间的交流与合作,共同营造一个充满活力与正能量的健康社区。

在这个过程中,高校将注重构建全方位、多层次的健康教育体系,将体育教育与营养膳食、心理健康、疾病预防等知识有机融合,为学生提供更加全面、科学的健康指导。此外,借助现代信息技术手段,如开发健康 App、建立在线健康咨询平台等,高校将进一步拓宽健康教育的传播渠道,让健康知识触手可及,实现健康教育的全覆盖和个性化服务。

总之,全民参与、共建健康校园是一项长期而艰巨的任务,需要高校、学生、教职工及社区居民的共同努力和持续投入。只有当我们每个人都成为健康生活的倡导者和实践者时,我们的校园才能真正成为充满生机与活力的健康乐园。

2. 国际合作与交流

(1)国际交流促体质教育国际化

为了进一步提升我国大学生体质健康教育的质量与国际竞争力,加强与国际先进国家和地区的交流与合作显得尤为关键。这不仅意味着我们要积极寻求与国际教育机构的对话平台,参与国际体质健康教育论坛与研讨会,更要在实践中引进并融合那些经过验证的、科学的体质健康教育理念和方法。

通过国际合作,我们能够接触到全球最新的研究成果与实践经验,比如创新的体育教学模式、高效的体能训练技术以及基于大数据与人工智能的个性化健康评估系统等。这些先进理念的引入,将有效促进我国大学生体质健康教育的创新发展,使其更加符合国际化标准,同时也能激发学生的国际视野与跨文化交流能力。

此外,加强国际交流还有助于构建国际化的教育合作网络,为我国大学生提供更多参与国际体育赛事、交流访问的机会,从而在国际舞台上展示中国大学生的风采与实力,推动我国大学生体质健康教育的国际化发展迈上新台阶。

(2)国际合作提升体质教育影响

我国教育界应秉持开放包容的态度,积极投身于国际学术交流的广阔舞台,主动寻求与世界各国在大学生体质健康教育领域的合作契机。通过参与国际学术会议、研讨会以及共同研究项目,不仅能够引入国外先进的理论体系与实践经验,丰富我国大学生体质健康教育的内涵与外延,还能够向世界展示我国在这一领域所取得的独特成果与创新思路。这种双向互动不仅促进了知识的共享与融合,更显著提升了我国大学生体质健康教育研究在国际舞台上的影响力和竞争力,为我国教育事业的国际化发展注入了新的活力与动力。

3. 创新发展,应对新挑战

(1)新时代大学生体健教育创新发展

面对新时代的浪潮,大学生体质健康教育正站在一个全新的起点上,既面临前所未有的挑战,也迎来了诸多宝贵的发展机遇。为了适应社会进步和健康需求的变化,大学生体质健康教育领域正积极探索与革新,致力于构建一个更加全面、科学、高效的教育体系。

在这一过程中,我们积极拥抱新技术,如智能穿戴设备、大数据分析及人工智能等,精准监测学生的体质状况,为个性化教学提供科学依据。同时,引入创新的教学方法和互动手段,如游戏化训练、虚拟现实体验等,不仅增强了学习的趣味性和参与度,还使得体质健康教育更加贴近学生实际需求,极大地提升了教学效果。

此外,我们还不断拓宽教育视野,融入心理健康、营养膳食、运动损伤预防等多学科知识,力求为大学生提供全方位、多层次的体质健康教育服务,助力他们健康成长,迎接未来的挑战与机遇。

(2)科技时代下的健康新护航

在快速变化的社会环境中,我们不仅要关注大学生体质健康的提升,还需积极应对由社会变革和科技发展所引发的新挑战,尤其是网络成瘾与心理健康问题日益凸显的背景下。为此,我们致力于构建一个全方位、多层次的健康教育体系,以更加全面、细致的态度为大学生提供必要的支持和引导。

针对网络成瘾问题,我们开展专项教育活动,通过案例分析、心理辅导和时间管理培训等方式,帮助学生树立正确的网络使用观念,增强自我控制能力。同时,加强校园网络建设与管理,营造健康、积极的网络环境。

在心理健康方面,我们增设心理咨询中心,配备专业心理咨询师团队,提供一对一咨询服务,帮助学生解决心理困扰,提升心理韧性。此外,还定期举办心理健康教育讲座、工作坊和团建活动,普及心理健康知识,增强学生的心理调适能力,为他们的全面发展奠定坚实基础。

总结而言,大学生体质健康教育的未来研究方向将更加注重多元化、个性化、跨学科融合和长效机制建设等方面。同时,全民参与、国际合作和创新发展将是未来发展的重要趋势。通过不断探索和创新实践,将为大学生提供更加优质、高效的体质健康教育服务,促进他们身心健康的全面发展。

参考文献

[1] 张见有. 大学生健康价值观与自我效能感、健康行为的特点及关系研究[D]. 重庆:西南大学,2015.

[2] 陈晴. 青少年学生的体育兴趣与运动场馆设施状况关系分析[J]. 南京体育学院学报:社会科学版, 2003, 17(3):3.

[3] 郭艳花,史岩,张永红,等. 青少年体育锻炼瓶颈问题及其对策研究[J]. 湖北体育科技, 2017, 36(10):4-5.

[4] 张翔宇,牛志培,崔钰琪. VR 技术对我国冰雪运动发展的应用分析[C]//第十二届全国体育科学大会论文摘要汇编:专题报告(运动训练分会). 2022.

[5] 宋秀丽,肖林鹏. 我国学生体质健康教育现状分析[J]. 体育文化导刊, 2012(5):4-6.

[6] 王安平. 大学生体质与健康现状分析及对策[J]. 卫生职业教育, 2008, 26(21):2-3.

[7] 龚婉敏,张林宝. 大学生健康体质教育模式现状与改革创新实践思考[J]. 牡丹江教育学院学报, 2016(3):2-4.

[8] 王春,吴昊. 篮球教练赛一体化内容,教法及实施策略构建[J]. 当代体育科技, 2024(13):12.

[9] 邓丕超. 浅析高校体育教学中核心素养的培养与发展[J]. 科技资讯, 2021, 19(9):3.

[10] 胡江邦. 论高校体育教育目标与综合素质人才培养问题[J]. 继续教育研究, 2012(6):2-5.

[11] 尚永恒. 体育拓展训练课程对高校应用型人才培养的研究[J]. 当代体育科技, 2017, 7(17):3-4.

[12] 华琦嵩,刘龙柱. 中国体育与健康课程与美国体育与健康课程教育模式的比较研究[J]. 当代体育, 2021(36):14.

[13] 王冬,金素娟,张斌彬. 拓展训练模式教学法的探索性研究[J]. 新课程, 2016(18):1-3.

[14] 姚瑞华. 健美操教学中如何提升学生的审美意识[J]. 当代体育科技, 2017, 7(20):2-4.

[15] 赖伟兴. HIIT 和 MICT 对我国大学生体质健康影响的 Meta 分析与实证研究[D]. 南昌:江西师范大学,2023.

[16] 李洁明,洪煜. 身体功能训练+饮食干预对肥胖男大学生 FMS 和体质健康影响的实效性研究[C]//第十一届全国体育科学大会论文摘要汇编,2019.

[17] 黄萍婷,杨奇. 当代大学生体质健康意识和行为的调查研究[J]. 文体用品与科技, 2022(16):3-4.

[18] 胡正春. 大学生生活习惯与体质健康的相关性研究[D]. 上海:华东师范大学,2024.

[19] 陈希. 网络对当代大学生自我认知的影响及对策研究[D]. 成都:成都理工大学,2024.

[20] 孙卓雅. 大学生肥胖人群的监控与干预的研究[D]. 武汉:华中科技大学,2022.

[21] 丁婉娟. 大学生“双习”时间配置调查与优化研究[J]. 创新创业理论研究与实践, 2019(10):15-17.

[22] 潘晓宁. 将团体心理辅导应用于高校心理健康教育的实践探索[J]. 华东理工大学学报(社会科学版), 1999(3):4-6.

[23] 周雅琴. 团体辅导在高职院校心理健康教育中的应用研究[J]. 山西青年, 2023(20):175-177.

[24] 张丽. 团体心理辅导在高等职业院校学生心理健康教育课程教学中的应用研究[J]. 校园心理, 2018, 16(1):21-23.

[25] 刘留. “立德树人”背景下体育规则教育育人价值的实践路径[C]//第十一届全国体育科学大会论文摘要汇编,2019.

[26] 张正文,夏树花. 核心素养下中国健康体育课程模式的实施路径研究:以河南实验学校为例[C]//第十一届全国体育科学大会论文摘要汇编,2019.

[27] 庞辉,顾阳. 建国以来“健康第一”指导思想内涵演变的历史动因及对后疫

情时代学校体育的启示[C]//第十二届全国体育科学大会论文摘要汇编:专题报告(体育社会科学分会),2022.

[28] NONE.教育部体育卫生与艺术教育司“学校体育美育”专项任务结题评审总结暨成果交流会在清华大学召开[J].美育学刊,2020,11(2):1-4.

[29] 王宇恒.集体项目运动员心理相容性训练研究[C]//2023年全国运动训练学学术研讨会论文摘要集(墙报交流),2023.

[30] 王东.经常锻炼对大学生体质健康状况的影响及最佳锻炼模式的建立[J].活力,2018(23):1-2.

[31] 逄金柱.学生体育锻炼与营养补充[J].中国学校体育,2003(2):1-3.

附　　录

一、个人信息(为保护个人隐私,在这里略去)

本次问卷调查共发出500份问卷,收回425份,有效问卷425份,其中男生271份,女生154份,有效率85%。

二、体质健康状况

1. 您认为自己的身体健康状况如何?(　　)

A. 非常好;B. 较好;C. 一般;D. 较差;E. 非常差(其中,认为身体健康状况非常好的150人,较好的200人,一般的50人,非常差25人)

2. 您是否有定期进行体育锻炼的习惯?(　　)

A. 每周锻炼3次及以上(50人);B. 每周锻炼1~2次(60人);C. 偶尔锻炼(252人);D. 几乎不锻炼(63人)

3. 您每次进行体育锻炼的时间大约是(　　)。

A. 30分钟以下(320人);B. 30~60分钟(60人);C. 60~90分钟(22人);D. 90分钟以上(23人)

4. 您参加体育锻炼的主要目的是(可多选)(　　)。

A. 增强体质(380);B. 减肥塑形(30人);C. 缓解压力(10人);D. 兴趣爱好(62人);E. 社交需求(10人);F. 其他(20人)

5. 您是否有过因身体原因而影响学习或生活的经历?(　　)

A. 经常(150人);B. 偶尔(120人);C. 很少(88人);D. 从未(67人)

6. 您是否患有以下慢性疾病(可多选)?(　　)

A. 高血压(20人);B. 糖尿病(3人);C. 心脏病(21人);D. 肥胖症(44人);E. 其他(52人);F. 无(285人)

7. 您的视力状况如何?(　　)

A. 正常(120人);B. 轻度近视(300度以下230人);C. 中度近视(300~600

度 50 人);D. 高度近视(600 度以上 25 人);E. 其他(0 人)

8. 您的睡眠状况如何？(　　)

A. 很好,每天能保证 7~8 小时的睡眠时间(156 人);B. 较好,每天能保证 6~7 小时的睡眠时间(205 人);C. 一般,每天能保证 5~6 小时的睡眠时间(55 人);D. 较差,每天睡眠时间不足 5 小时(9 人)

三、饮食习惯

1. 您是否有规律的饮食习惯？(　　)

A. 非常规律,每天按时进餐(181 人);B. 比较规律,偶尔会有不按时进餐的情况(150 人);C. 不太规律,经常会不按时进餐(52 人);D. 非常不规律,进餐时间很随意(42 人)

2. 您的饮食结构主要包括(可多选)(　　)。

A. 谷类(251 人);B. 蔬菜(150 人);C. 水果(100 人);D. 肉类(255 人);E. 蛋类(85 人);F. 奶类(110 人);G. 豆类(66 人);H. 油脂类(185 人);I. 其他(25 人)

3. 您是否有吃零食的习惯？(　　)

A. 经常吃(162 人);B. 偶尔吃(42 人);C. 很少吃(200 人);D. 几乎不吃(21)人

4. 您是否有饮酒的习惯？(　　)

A. 经常饮酒(无);B. 偶尔饮酒(32 人);C. 很少饮酒(281 人);D. 从不饮酒(112 人)

5. 您是否有吸烟的习惯？(　　)

A. 经常吸烟(10 人);B. 偶尔吸烟(51 人);C. 曾经吸过,现已戒烟(2 人);D. 从不吸烟(362 人)

四、心理健康状况

1. 您是否经常感到焦虑或压力过大？(　　)

A. 经常(110 人);B. 偶尔(220);C. 很少(80 人);D. 从未(15 人)

2. 您是否有过抑郁情绪或心理问题？(　　)

A. 经常(无);B. 偶尔(55 人);C. 很少(185 人);D. 从未(185 人)

3. 当您遇到心理问题时,您会选择(可多选)(　　)。

A. 自我调节(155 人);B. 向朋友倾诉(220 人);C. 寻求家人的帮助(30 人);D. 咨询专业心理医生(10 人);E. 其他(10 人)

4. 您对学校的心理健康教育和咨询服务是否满意?( )

A. 非常满意(180 人);B. 满意(110 人);C. 一般(101 人);D. 不满意(10 人);E. 非常不满意(24 人)

五、对体质健康的认知和态度

1. 您认为大学生体质健康的重要性如何?( )

A. 非常重要(285 人);B. 重要(88 人);C. 一般(10 人);D. 不太重要(无);E. 不重要(无)

2. 您对学校的体育课程和体育活动的评价如何?( )

A. 非常满意(130 人);B. 满意(125 人);C. 一般(102 人);D. 不满意(55 人);E. 非常不满意(23 人)

3. 您认为学校应该如何加强大学生体质健康工作(可多选)?( )

A. 增加体育课程的数量和质量(230 人);B. 完善体育设施和场地(160 人);C. 开展更多样化的体育活动(288 人);D. 加强健康教育和宣传(88 人);E. 建立科学的体质健康监测和评价体系(301 人);F. 其他(2 人)

4. 您对自己未来的体质健康状况有何期望?

A. 保持良好的健康状态(225 人);B. 逐步改善健康状况(178 人);C. 维持现状即可(20 人);D. 不太关注(2 人)